古代歷史文化研究輯刊

初編

王明蓀 主編

第2冊

西周禮治文化探論

王瑞傑 著

國家圖書館出版品預行編目資料

西周禮治文化探論／王瑞傑 著—初版—台北縣永和市：花
木蘭文化出版社，2009〔民98〕

目 2+234 面；19×26 公分
（古代歷史文化研究輯刊 初編；第2冊）

ISBN：978-986-6449-30-7（精裝）

1. 禮俗　2. 文化史　3. 西周

530.92　　　　　　　　　　　　　　　　　98002270

ISBN - 978-986-6449-30-7

9 789866 449307

古代歷史文化研究輯刊
初　編　第 二 冊　　　　　　　ISBN：978-986-6449-30-7

西周禮治文化探論

作　　者	王瑞傑	
主　　編	王明蓀	
總 編 輯	杜潔祥	
出　　版	花木蘭文化出版社	
發 行 所	花木蘭文化出版社	
發 行 人	高小娟	
聯絡地址	台北縣永和市中正路五九五號七樓之三	
	電話：02-2923-1455／傳真：02-2923-1452	
網　　址	http://www.huamulan.tw 信箱 sut81518@ms59.hinet.net	
印　　刷	普羅文化出版廣告事業	
初　　版	2009 年 3 月	
定　　價	初編 20 冊（精裝）新台幣 31,000 元	

西周禮治文化探論

王瑞傑　著

作者簡介

王瑞傑，國立臺灣大學歷史系、國立臺灣師範大學歷史研究所碩士班及博士班畢業，現於國立
中央大學等幾所公私立大學擔任兼任助理教授，講授中國上古史等相關課程。專長中國上古史、
禮制史、思想史及史學史等方面，在臺灣及韓國等地學術期刊發表過〈周官源流歷代考辨述要〉
等多篇論文，並在博士班研讀期間獲得臺灣師範大學劉真獎學金殊榮。在歷史教育方面，曾參
與教育部歷史文化學習網及高三歷史教科書編寫。

提　要

　　本論文嘗試以綜觀的視野對西周時期的禮治文化作一鳥瞰式的認識，並尋繹出西周禮治文
化在中國歷史發展上所具有的時代性意義，儘管當代對於中國古代的「禮」有不少的論述，但
能在時間上聚焦在西周時期，並對於當時禮治文化所形成的背景、核心價值、作用、性質等幾
個面向作一番綜觀性的考察則仍未見，而這也正是本論文精神之所在。拜現今豐碩的研究成果
之賜，本論文在前人研究的基礎上，透過各種紙上及地下材料的爬梳以及參考考古學及人類學
等相關學科的知識理論才得以完成，希望對於西周時期的禮樂文明能有更為透徹的認識。

　　從第二章「西周禮治文化的形成」、第三章「西周禮治文化的核心價值」、第四章「西周禮
治文化的作用」及第五章「西周禮治文化下的國家形態與社會性質」等各章的論述來綜觀西周
時期的禮治文化，可知周人的「禮治」對於當時以及後世中國政治與社會的影響是深遠的，西
周禮治文化所蘊含以等級尊卑的倫理價值所建立起來的一種具有自律性的道德標準，不僅滲透
於中國古代的政治與社會之中，而且也成了中華文化的重要內涵之一。因此，以「禮治」為治國
之基的西周時期實是中國社會道德文明的啟蒙時期。

目

次

第一章 緒 論

第一節 研究動機

　　「禮」在中國歷史發展的過程中被視爲是「文明」的象徵，春秋時代所強調的「夷夏之別」即是以「禮」作爲區隔的重要內涵。如在《左傳・僖公二十一年》即有：「崇明祀，保小寡，周禮也；蠻夷猾夏，周禍也。」〔註1〕之語，又韓愈在〈原道〉一文中闡述孔子之《春秋》大義則謂：「諸侯用夷禮則夷之，進於中國則中國之。」〔註2〕可見「禮」成了標誌文明的重要象徵，也是中國文化的根本。在這樣的背景下，對於「禮」的探討和研究，自春秋以來即逐漸爲學者所重，尤其是儒家學者對於「禮」的探究可說是不遺餘力，十三經中的「三禮」即可視爲是儒家學者總結自先秦以至漢代時期的禮學研究成果，也成了認識中國古禮的禮學經典，其內涵主要包括了兩大部分：一是「禮儀」，主要以《周禮》、《儀禮》二書爲代表，前者以國家典章制度的內容爲主，〔註3〕後者則是以人生各種禮儀爲主，所謂「禮儀三百，威儀三千」盡在二書之中矣。二是「禮義」，則是以《禮記》一書爲代表，其內容主要是

〔註1〕《春秋左傳・僖公二十一年》，《十三經注疏》本，藝文印書館，台北，民國86年，頁242。

〔註2〕唐・韓愈撰、清，馬其昶校注，《韓昌黎文集校注》，漢京文化事業有限公司，台北，民國72年，頁10。

〔註3〕有關《周禮》成書年代的探討歷來討論甚夥，學者紛紛提出不同的主張，但不論主張爲何，《周禮》一書應多少亦反映了西周時期的典章制度。詳見以下第二節之「三禮成書年代的探討」一文。

講述各種「禮儀」所蘊含的「義理」，而這也正是禮之所以爲禮的意義所在。因此，「禮儀」及「禮義」即成了歷來學者探討「禮」的重要內容，也成了長期以來人們所認識的「禮」之內涵。

不過，這樣的情況到了近代因研究方法的改進而有了變化，即是將「禮」的現象視爲一個認識研究古代中國有關典章制度、風俗習慣的「客體」，亦即是以「歷史」的眼光視野來認識中國古代的禮。然而這樣的研究取向，迄今爲止仍多僅止於對於「禮」的靜態性描述，而少動態性的探討，亦即大都只是針對制度本身的內容、性質、作用作一番考察，而忽略了從時間的縱向面來看「禮」對於當時橫向面的政治社會所具有的整體性作用及其意義。王國維的〈殷周制度論〉可說是當代有關西周「禮制」的研究中較具有「宏觀」性視野的代表性論著，他在通篇文章中不斷反覆申論周人禮制之大要，藉此以明其對於當時周人政治與社會所具有的作用與特性，如他在文章前面即開宗明義的說：

> 欲觀周之所以定天下，必自其制度始矣。周人制度之大異於商者，一曰立子立嫡之制，由是而生宗法及喪服之制，並由是而有封建子弟制、君天子臣諸侯之制；二曰廟數之制；三曰同姓不婚之制。此數者，皆周之所以綱紀天下。其旨則在納上下於道德，而合天子、諸侯、卿、大夫、士、庶民以成一道德之團體，周公制作之本意，實在於此。〔註4〕

而這也成了他全文論述的主旨，在這樣的論述主旨下，讓我們認識了西周的禮制所具有的「歷史性」意義。不過，王國維的論述對於後人雖具有「開創性」的啓發作用，但是其主張卻也有可議之處，如胡厚宣對此即認爲殷與西周實爲一個文化單位，其劇變當在東周以來，且周初之文化制度非周公所獨創亦非周代所特有，苟非出於後世之附會，則皆可於殷代得其前身。〔註5〕又陳夢家則認爲王氏之錯誤則在於他處處以「周制」爲正確來找殷制之不同，把互相因襲

〔註4〕 王國維，〈殷周制度論〉，《觀堂集林》收於《王觀堂先生全集》冊二，文華出版公司，台北，民國57年，頁435～436。

〔註5〕 見胡厚宣，〈殷代封建制度考〉，《甲骨學商史論叢初集》（上），大通書局影印，台北，民國61年，頁105。胡氏在本文中除了論述殷代在武丁以下即已有封建之制以駁王氏之非外（頁103），另外在〈殷代婚姻家族宗法生育制度考〉一文中亦認爲殷人已有立嫡之制、同姓不婚之制等（見《甲骨學商史論叢初集》（上），頁168～169）。凡此皆可看出胡氏對於王氏看法之駁論。

的一些制度認爲是對立的，並且對於殷周制度如何不同、何以不同並沒有加以闡明，也根本沒有指出殷、周制度的基本特徵和社會性質。〔註6〕

　　雖然如此，本文以爲王氏〈殷周制度論〉可議之處的主要癥結還是在於殷周制度的相承問題，若捨此不論，王氏在論述中以立子立嫡之制、廟數之制、同姓不婚之制等三者將之作「有機性」的結合，提供了吾人以整體性的宏觀視野來認識西周禮制所具有的政治性及社會性的意義，而相較於前人所無，這不可不謂是王氏的貢獻。雖然隨著這幾十年來不斷出土的地下材料以及新的研究成果，使得〈殷周制度論〉在「歷史觀」及「方法論」上引起了一些學者的批判與討論，不過雖然如此，本文仍認爲王氏此文對於西周禮制的研究卻仍有其「開創性」的學術價值，而本文即是在這樣的基礎上，希望對於有關西周禮制的研究加以系統的檢視並回顧、考察，作一番更加深入而細微的「動態性」論述。

　　儘管現今有關西周禮制的研究已累積了一些成果，但能夠具備以「整體性」的「歷史」眼光〔註7〕來認識西周禮制卻不多見。年鑑學派大師布勞岱（Fernand Braudel）在《地中海》一書中曾將歷史畫分爲三大不同時間的演進層次，其中有一類即是指節奏緩慢的社會史時間，指包括經濟、國家、社會、文明等局勢性或結構性的歷史演變。〔註8〕因此，若要以「歷史」的眼光來認識西周的「禮」，當不可忽視「禮」在「長時間」的社會演進中所起的橫向的

〔註6〕　陳夢家，《殷墟卜辭綜述》，大通書局影印，台北，民國60年，頁631。此外，陳氏還認爲王氏的「周制」並不是西周之制，更不是周公之制，因其所引的材料都是晚於西周時期以後的資料，如七十子後學之說的〈喪服小記〉、〈大傳〉和〈喪服〉，以及《左傳》、《公羊傳》等（頁630）。不過，本文認爲儘管王氏所引雖非西周時期的材料，但不能因此就論定其中不見有關西周的典章制度，這些材料應當保有西周時期部分的實況，畢竟這些晚出的材料之所以能流傳當不可能只是出於一時以及少數人的杜撰，其中應當含有部分史實爲素材才是。

〔註7〕　本文所謂「整體性的歷史眼光」即是指從長時間的歷史發展中來觀察省思西周禮制對於當時以及後來的政治、社會所具有的整體性作用與意義。

〔註8〕　布勞岱在《地中海》一書中首次將歷史劃分爲三種不同的時間演進層面：一是幾乎靜止的歷史——人同他周圍環境的關係史。這是一種緩慢流逝、緩慢演變、經常出現反覆和不斷重新開始的週期性歷史；二是相對緩慢的但有節奏的社會史時間，指包括經濟、國家、社會、文明等結構性或局勢性的歷史演變；三是變化顯著的事件史時間，是個人規模的歷史，指傳統歷史學研究的政治、軍事、外交等的變化。見費爾南‧布勞岱（Fernand Braudel），《地中海史》第一卷，台灣商務印書館，台北，2002年，頁8～9。

與縱向的作用。在這樣的背景下，本文希望能對於西周的禮制作一番整體而宏觀的認識，由於本文強調西周禮制的「動態性」，因此在題目上以「禮治」為名，藉此以凸顯出禮制在整個西周歷史發展過程中對於當時的政治與社會所具有的歷史性意義。

第二節　西周禮制及其相關問題研究之回顧

「禮」的研究自先秦以來即是學者探討的「顯學」，春秋戰國時期的諸子百家均在嘗試尋繹出各種關於「禮」的闡釋，也因此使得各種有關「禮」的理論得以充分地發展，禮學思想於焉形成。自此以後，「禮學」逐漸成為中國歷代學者所鑽研的重要學術領域，雖然據當代學者的分類，中國古代的禮學研究可以分為禮經學、禮儀學、禮論、泛禮學等四類，〔註9〕不過在這些林林種種的禮學研究中，仍是以直接鑽研《三禮》內容的章句訓詁、微言大義等「經學」性質的研究佔絕大多數，僅是漢唐舊注以及清人新疏即已超過了千餘卷，而這樣的研究也就成了中國古代禮學研究的主要內涵。

在這樣的情況下，儘管中國古代的禮學研究有著驚人的成果，然而發展到了清代卻只是專注於名物制度的煩瑣考證，可謂「見木不見林」，無法從歷史整體發展的宏觀視野中去充分掌握「禮」所具有的時代性意義，禮學研究至此還是無法擺脫經學的範疇而自成一格，這即是古代禮學研究最大的盲點，儘管清初史學家章學誠曾謂：「六經皆史也。古人不著書；古人未嘗離事而言理，六經皆先王之政典也。」〔註10〕又謂：「盈天地間，凡涉著作之林，皆是史學。六經特聖人取此六種之史以垂訓者耳。子、集諸家，其源皆出於史。」〔註11〕不過，章氏的見解並未能讓禮學研究擺脫長期以來一直是經學

〔註9〕 所謂的「禮經學」，它的研究對象是禮經以及其它儒家經典中記載的禮，屬於經學的範疇。禮經是指《周禮》、《儀禮》、《禮記》這三部禮書。「禮儀學」的側重點則在「儀」，它包涵兩方面的內容：儀制的操作和儀制的研究。「禮論」則是對於禮的本質、價值、功能和歷史作用等問題進行理論性的論證和闡發。「泛禮學」即是研究禮所影響浸淫至制度、器物、行為、觀念、心態等各個層面的泛化的禮學。見楊志剛，〈中國禮學史發凡〉，收入陳其泰等編，《二十世紀中國禮學研究論集》，學苑出版社，北京，1998 年，頁 122～126。

〔註10〕 章學誠，《文史通義·內篇一·易教上》，見《章學誠遺書》本，文物出版社，北京，1985 年，頁 1。

〔註11〕 章學誠，《文史通義·外篇三·報孫淵如書》，見《章學誠遺書》本，頁 86。

附庸的宿命，而這種「見木不見林」的禮學研究也正是在晚清「經世致用」
的思潮下爲人所詬病之處。〔註12〕

　　到了民國以後，中國的禮學已有了新的研究取向，禮學研究發展至此，
已逐漸擺脫了只是經學範疇的研究，而具備了歷史學研究的特性，梁啓超即
曾謂：「禮學的價值到底怎樣呢？幾千年很瑣碎很繁重的名物（宮室、衣服、
飲食之類）、制度（井田、封建、學校、軍制、賦役之類）、禮節（冠昏喪祭
之類），勞精敝神去研究他，實在太不值了。雖然，我們試換個方向，不把他
當做經學，而把他當做史學，那麼，都是中國法制史、風俗史、……史、……
史的第一期重要資料了。」〔註13〕中國古代學者所留下的禮學研究及《三禮》
著述成了當代史家研究的史料，章學誠「六經皆史」的主張至此得到眞正的
發揚，古代禮學所積累的材料成了當代史學研究的重要瑰寶，是吾人認識古
代典章制度、風俗名物、禮儀稱謂、等級姓氏……等的第一手的資料來源，
賦予了古代禮學研究新的歷史意義。

　　隨著禮學研究的新取向以及甲、金文等地下材料的不斷出土，使得當代
學者對於先秦時期的禮學研究累積了不少豐碩的成果，這些研究成果據最近
的學者分類，大概分別是：禮的起源、三禮成書年代及傳授研究、禮制研究、
禮樂文化研究、禮學思想研究等五個方面。〔註14〕這五個方面的研究成果大
致反映了當今學者對於先秦禮學研究所專注的面向。

　　不過，上述的分類是以先秦爲斷限，且在分類上涵蓋的範圍較廣，對
於認識西周禮制等相關問題的研究概況仍有其侷限，因此以下將以近二十
年來與西周禮制有關的研究爲主，並舉其要者分爲以下五類來加以介紹。
〔註15〕

〔註12〕 如魏源對於乾嘉之學即曾謂：「以詁訓音聲蔽小學，以名物器服蔽《三禮》，
　　　　 以象數蔽《易》，以鳥獸草木蔽《詩》，畢生治經，無一言益己，無一事可驗
　　　　 諸治者乎？」見氏著《魏源集》，中華書局，北京，1976 年，頁 24。

〔註13〕 梁啓超，《中國近三百年學術史》，台灣中華書局，台北，民國 76 年，頁 191。

〔註14〕 劉豐，《先秦禮學思想與社會的整合》，中國人民大學出版社，北京，2003 年，
　　　　 頁 4～29。

〔註15〕 對於以下分類要說明的是：「祭祀」本該屬於「禮俗」的一部份，不過有關「祭
　　　　 祀」的研究不少，再加上周人有所謂的：「國之大事在祀與戎」，祭祀活動在
　　　　 當時所有的禮俗中是一項非常重要的國家社會事務，因此有關「祭祀」的研
　　　　 究將自成一類。另外有關祖先崇拜，以及與祖先崇拜有關的廟制、昭穆制等
　　　　 均與「祭祀」有關，因此將之歸於祭祀一類。

一、三禮成書年代的探討

關於《三禮》的成書年代，歷來學者多有不同的意見，《周禮》、《儀禮》，及《禮記》的成書年代至今仍未取得一致性的共識。其中以《周禮》的討論分歧最多，主要有西周說、〔註16〕春秋說、〔註17〕戰國說、〔註18〕西漢說〔註19〕等等。至於《儀禮》近來學者有人主張成於魯哀公末年、悼公初年至魯共公十年前後，即西元前五世紀中期到四世紀中期的一百多年間。〔註20〕《禮記》則有學者認為非成於一時一人之手，蓋成於東漢末年。〔註21〕

綜觀以上的論述，本文以為《三禮》縱非西周時期的作品，但應仍保留有部份西周時期的禮制或是其精神，後人當不可能完全憑空杜撰這麼完備的制度，「《三禮》的著作時代，各不相同。其中所載的禮制，早的或行於殷商，晚的或行於戰國後期，上下的跨度很大，而且有的古代確有此事，有的僅是古代的傳說，或者出於作者的設想。」〔註22〕因此，從《三禮》中仍可認識西周禮制的部分實況。

二、西周禮俗的綜合性探討

常金倉所著《周代禮俗研究》是一部對於西周時期禮俗研究較有系統的著作，作者從禮俗的概念和理論開始說起，對於「禮」和「俗」的差異、禮的本質、制禮的主要原則，以及禮的使用範圍等等均做了精闢的論述，接著

〔註16〕如蒙文通在〈從社會制度及政治制度論《周官》成書年代〉（收於氏著，《經史抉原》，巴蜀書社，成都，1995年。）一文中即主此說。

〔註17〕如劉起釪在〈《周禮》真偽之爭及其書寫成的真實依據〉（收於氏著，《古史續辨》，中國社會科學出版社，北京，1991年。）一文雖主成於春秋時代，不過也認為《周禮》中也含有西周時期的成分。

〔註18〕如錢穆的〈周官著作時代考〉（收於氏著，《兩漢經學今古文平議》，商務印書館，北京，2001年。）、顧頡剛的〈「周公制禮」的傳說和《周官》一書的出現〉（收於陳其泰等編，《二十世紀中國禮學研究論集》，1998年，頁199～226。）等則主此說。

〔註19〕如彭林在《《周禮》主體思想與成書年代研究》（中國社會科學出版社，北京，1991年。）一書中認為成於西漢初期。徐復觀在《《周官》成立之時代及其思想性格》（上海書店出版社，台北，2002年。）一書中認為成於王莽、劉歆之手。

〔註20〕見沈文倬，〈略論禮典的實行和《儀禮》書本的撰作〉，收於陳其泰等編，《二十世紀中國禮學研究論集》，1998年，頁246～265。

〔註21〕見蔡介民，〈《禮記》成書之時代〉、〈《禮記》成書時代再考〉，收於陳其泰等編，《二十世紀中國禮學研究論集》，1998年，頁145～153、154～172。

〔註22〕錢玄，《三禮通論・前言》，南京師範大學出版社，南京，1996年，頁2。

再對於周代禮俗進行分析，其中分為生命禮節，包括年齡禮、誕生禮儀、教育、冠笄之禮、婚禮、養老、喪葬；物質生活中的禮，包括衣服、宮室、車旗、飲食；社會交往，包括贄禮與庭實的啟示、社交禮在三代的演變；宗教與巫術，包括自然崇拜、祖先崇拜、巫術等。最後則對於西周禮樂文化的解構，以及中國古代文化的類型及其兩個特徵來做為終結。在本論文中，周代禮俗分析是作者著力最多的部份，所佔篇幅也最多，是本論文的核心。作者嘗試以「文化學」的方式〔註23〕來研究禮學，同時透過這樣的方式藉由與其他異文化的比較分析來認識周代禮俗的特性，並以此找出中國古代文化的類型特徵，即法天地與典範政治；自然不平等與等級制度等，這樣的研究取向給予吾人認識周代禮俗以新的文化視野，而這正是此論文主要特色。

三、西周禮俗的個別性探討

（一）人生禮儀〔註24〕

如楊寬的〈「冠禮」新探〉，〔註25〕透過人類學、文字學、金文以及各種文獻材料，以科際整合的方式，對於西周時期的「冠禮」提出了新的看法。

丁鼎所著的《《儀禮‧喪服》考論》〔註26〕則是透過《儀禮‧喪服》來體現周人的社會關係和倫理觀念，以及林素英的《喪服制度的文化意義──以《儀禮‧喪服》為討論中心》，〔註27〕則是從傳統的禮書討論中兼而論及西周宗法社會的特性，這兩本論著提供了吾人對於周人的倫理觀一些系統性的認識。

（二）交接禮儀〔註28〕

如楊寬的〈「射禮」新探〉、〈「鄉飲酒禮」與「饗禮」新探〉、〈「贄見禮」

〔註23〕 本書作者所採取的「文化學」的方法是一種結構分析的方法。作者認為一個文化體系可以分解為若干相對單純的文化元素，而這些元素彼此之間結構方式的不同引起了文化面貌的差異。透過文化元素的聚合離散過程，我們便可以把握各個元素固有的性質及其構合的條件。常金倉，《周代禮俗研究》，文津出版社，台北，民國82年，頁3。

〔註24〕 有關「人生禮儀」之意涵與用語可參見第三章第二節之「一、人生禮儀中的社會等級儀節」之論述，見頁97。

〔註25〕 楊寬，《西周史》，台灣商務印書館，台北，1999年。

〔註26〕 丁鼎，《《儀禮‧喪服》考論》，社會科學文獻出版社，北京，2003年。

〔註27〕 林素英，《喪服制度的文化意義──以《儀禮‧喪服》為討論中心》，文津出版社，台北，2000年。

〔註28〕 有關「人生禮儀」之意涵與用語可參見第三章第二節之「二、交接禮儀中的社會等級儀節」之論述，見頁106。

新探〉等內容，〔註29〕文中作者除了徵引傳統的文獻史料外，也引用了金文以及田野調查等材料以提出說明。

四、西周祭祀的綜合性探討

　　張鶴泉的《周代祭祀研究》〔註30〕則是在研究古代祭祀活動的論著中以周代為主要斷限而將各類祭祀活動詳加介紹的一部論著，作者嘗試在前人的研究基礎上，對周代祭祀問題作進一步系統性的考察，因此作者側重在以下四個方面：諸神神性、等級差別的禮儀形式、不同種類的祭祀活動、祭祀的動態等。透過這四個方面的考察，並輔之以靜態的研究方法，以及運用金文、《尚書》、《詩經》、《左傳》、《國語》、《周禮》、《儀禮》、《禮記》等史料，作者對於周代的祭祀活動提出了詳細的論述。

　　在文中作者首先論及祭祀活動在周代國家事務中所具有的重要地位，接著再論述各類祭祀活動的種類及特點，之後並對於這些祭祀活動作詳細的論述，分別介紹了祭天、祭社、宗廟祭祀等重要的活動，最後再論及犧牲、粢盛、祭服的來源和管理，以及對於春秋戰國時期的祭祀變化作了結尾性的考察。在這些祭祀活動中作者論述最為多者是宗廟祭祀，而這也反映了宗廟祭祀在所有祭祀活動中的重要性。透過作者鉅細靡遺的介紹，對於周人的祭祀系統提供給吾人一個完整性的認識。

　　另外系統性的介紹周人祭祀活動的還有傅亞庶的《中國上古祭祀文化》，不過在此書中是殷周兼述，與前書不同的是，本書強調從「文化性」的角度來認識周人的祭祀活動，〔註31〕從此書以「祭祀文化」為名即可窺知，而這也正是本書的特色。本書分為四部份，第一編探討商周以前的早期祭祀，其中包括了祭祀的起源、自然神崇拜、祖先神崇拜、生殖神崇拜等內容。第二編則是介紹商周時代的祀典與祭祀禮儀，其內容有社祀、廟制、時祭、五祀與七祀、郊祀、祭祀禮儀，其中的廟制，還特別分為商、周兩節來加以介紹。第三編則介紹祭祀的運行與操作，內容是神職人員與司祭之官、犧牲與諸物

〔註29〕見楊寬，《西周史》。

〔註30〕張鶴泉，《周代祭祀研究》，文津出版社，台北，2000 年，民國 82 年。

〔註31〕本書從文化的角度切入，以上古的祭祀為綱，內容涉及古代歷史、天文、考古、語言、文學、哲學、音樂、美術、民族、人類學、神話學、古典文獻等諸多社會領域。傅亞庶，《中國上古祭祀文化·前言》，東北師範大學出版社，長春，1999 年，頁 1。

品。第四編則是餘論，介紹了祭祀與其他社會文化形態，其中有祭祀與樂舞、祭祀與詩歌、祭祀與繪畫等內容。從其內容來看，誠如作者所言，包含了諸多社會領域。此書可與前述《周代祭祀研究》互相補充發明，可以對於周人的祭祀活動有更深刻的認識。

　　林素英的《古代祭禮中之政教觀——以《禮記》成書前爲論》，〔註32〕則是以《禮記》成書前作爲其探討古代祭禮的時間斷限，雖論及殷周，不過書中所述以周代爲要，作者大體是根據《禮記》之議禮資料與《周禮》之政制資料爲主來探討殷周時期祭禮中的政教觀，從殷周的祭祀活動中以認識其背後的教化作用，是本書論述的主旨。因此，透過祭禮進而探討其形而上的人文道德教化作用，則是此書論述的特色。

　　另外有關祭禮的綜合性論述還可見楊寬〈重要祭禮簡釋〉，〔註33〕內容誠如作者所說是爲「簡釋」，只是根據紙上文獻及甲、金文資料，對於郊祭、社祭、禘祭、衣祭、烝祭等祭禮的內容及性質等所作的一番淺說，可以作爲資料性的參考。

五、西周祭祀之個別性探討

（一）祖先崇拜研究

　　秦照芬的《商周時期的祖先崇拜》，〔註34〕作者主要根據甲、金文，以及考古資料，並配合典籍的記載，對於商周時期的祖先形象與祭祖場所、祖先祭祀、祖先崇拜下所形成的社會組織與功能，以及對祖先的厚葬追思等內容，提出了精闢扼要的論述，運用大量的地下材料以介紹殷周時期的祖先崇拜是本論文很大的特色。

　　劉源的《商周祭祖禮研究》，作者「通過綜合分析文獻、甲骨文、金文史料，對商周祭祖儀式的類型、儀式內容、儀式過程及商周祭祖禮反映的祖先觀念、社會關係作斷代的細緻考察，進而探求商周祭祖禮演進的過程和規律。」〔註35〕文中，作者從祭祖禮進而到周代宗法制的細緻性的探討，對於吾人認識周人祭祖禮及其相關的意義則提供了一個新的視野。

〔註32〕林素英，《古代祭禮中之政教觀——以《禮記》成書前爲論》，文津出版社，台北，1997年。

〔註33〕見楊寬，《西周史》。

〔註34〕秦照芬，《商周時期的祖先崇拜》，蘭臺出版社，台北，民國92年。

〔註35〕劉源，《商周祭祖禮研究》，商務印書館，北京，2004年，頁17。

（二）廟制研究

劉正的《金文廟制研究》，〔註36〕作者透過金文對於周人廟制作了一番綜合性的探討，舉凡金文中所見的大廟和諸廟、宮和諸宮、室、寢等的實際意涵作了番論述，另外對於告廟、毀廟、遷廟、用牲、用舞人數、盟約和宗廟用器、宗廟祭品、姓氏異同、四時祭祀等問題，以金文材料為主，輔之以典籍，作了概略性的探討。從金文來看周人廟制，則是作者論述的主要核心。

（三）昭穆制研究

最後則是李衡眉的《論昭穆制度》，此書是近來所見對於「昭穆制度」的探討較為有系統的論著，雖然書中亦論及了歷代的昭穆制度，但其主要的著眼點仍在對於周人昭穆制的來由及內容來作一番學理性的探討，儘管至今對於周人昭穆制的來由並未有確切的定論，然而其認為昭穆制度產生於由原始的兩合氏族婚姻組織向地域性的兩合氏族婚姻組織轉變的過程之中，而其產生的直接原因則是由男孩轉入舅舅集團改變為轉入父親集團而引起的。〔註37〕這樣的論點仍有其相當的參考價值。

第三節　本文章節架構

眾所周知，西周的禮樂文明對於此後中國的政治與社會產生了深遠的影響，而這也使得中國發展出了不同於西方文明的特性，一言以蔽之，即是西周禮治文化中其具有人文特性的「道德」精神融鑄在後世的制度及思想之中。首先就政治來看，於制度而言則促進了「法治」的出現，使得中國在秦漢時期即步進了以「律令」為治的大一統國家階段；就思想而言則敬德保民的「德治思想」成了後世統治者治國思想的根本，若以制度為表，思想為裡來看「法治」與「德治」的關係，則「法治」體系的背後則是蘊含著保民思想的「德治」主張。其次再就社會來看，於制度而言，宗族組織中的宗法制度以及親屬關係稱謂；於思想而言，以孝為基礎而以仁為核心的儒家道德體系，這兩者之間亦互為表裏，即宗族成員的關係稱謂反映了儒家以孝親為本之等級差別的「親親」關係，從家、宗族、以至社會，由近及遠而形成了人們的等級親疏之愛，而宗族則是位於樞紐的地位，以同姓、同祖男系血親為基並輔之

〔註36〕劉正，《金文廟制研究》，中國社會科學出版社，北京，2004年。
〔註37〕李衡眉，《論昭穆制度》，文津出版社，台北，民國81年，頁77。

以儒家倫理論述所摶成的宗族團體則成爲了當時穩定社會的基石。

　　從上述可以看出西周禮治文化可以說是中國歷史文明重要的活水源頭之一，而本論文即在嘗試透過對於西周禮治文化的探討，藉此以明周人禮治的特性以及對於中國歷史文明發展所具有的積極性意義。附帶一提的是，在本論文各章節中所指涉的「禮」〔註38〕是含有「多重層次」概念的，大致可分爲政治方面的國家體制、典章制度，以及社會方面的人生禮儀及交接禮儀等，這即是本論文所論述的「禮」的範疇。

　　本論文共分六章十三節，除了第一章緒論及第六章結論外，第二章到第五章則是探討西周禮治文化的主文。

　　第二章「西周禮治文化的形成」，著重於思想層面的探討，論述殷周之際，周人從殷人濃厚的神權思想到進入西周時期轉化爲禮治思想的過程。第三章「西周禮治文化的核心價值」論述在周人禮治思想的指導下所出現以等級差別作爲核心價值的政治與社會形態，本章旨在彰顯周人制度中所具有的等級色彩及其所形成的意義與作用。第四章「西周禮治文化的作用」論述周人的禮治對於當時的政治、社會所產生的文化作用。第五章「西周禮治文化下的國家形態與社會性質」論述周人禮治下的國家形態以及社會性質有何根本的特性，本章旨在嘗試透過與前人不同的角度──即「禮治」，來看待西周的國家形態與社會性質，既然禮治是周人施政的精神，相信若能從這個角度來考察這個問題，應當更能切合當時實際的面貌，而經由這樣探討當更有助於吾人認識周人禮治對於後世的影響才是。

　　這四章的內容若將之整合來看各章的性質，第二章可以視爲是西周禮治文化出現的「背景」；第三章則是對於西周禮治文化「靜態性」的論述，亦即從各種制度內容來認識周人「等級差別」的核心價值；第四章及第五章則是在第二章的內容基礎上，來看周人的各項制度對於當時的政治社會所起的文化作用，以及在這樣的作用下，周人的政治社會所具有的性質爲何，並由此而看出對於後世的影響，因此這兩章即是對於西周禮治文化「動態性」的論述。這四章以周人「禮治」爲核心論述，分別以「背景」、「靜態性」、「動態

〔註38〕禮，《說文・示部》：「禮，履也，所以事神致福也。」（許愼撰，段玉裁注，《說文解字注》，浙江古籍出版社，杭州，1998年，頁2。）對此金景芳認爲：「以履釋禮是對的。因爲禮、履二字音近，履是踐履，是行動；而禮正是行動的準則。」見氏著，〈談禮〉，收入《二十世紀中國禮學研究論集》，頁1。

性」等內容對於西周時期的禮治文化作「有機性」的整合則正是本論文所要
表達的特色之所在。

第二章 西周禮治文化的形成

　　殷周之際變革的根本內涵即是對於「神」、「人」關係調和態度上的不同，而這樣的不同卻也反映了殷人與周人在政治及社會「意識形態」上的根本差異，從《禮記・表記》中所載孔子之言即可充分看出：「殷人尊神，率民以事神，先鬼而後禮，先罰而後賞，尊而不親」「周人尊禮尚施，事鬼敬神而遠之，近人而忠焉，其賞罰用爵列，親而不尊」。〔註1〕由此可知，殷人「尊神」、周人「尊禮」反映了殷周之際在意識形態上的重大「變革」，雖然如此，其意識形態本身及其所反映了的殷周禮樂文化卻是有其因革的關係，孔子說：「周因於殷禮，所損益可知也」，〔註2〕又說：「周監於二代，郁郁乎文哉！」〔註3〕即同時道出了周人在「尊禮」的意識形態下所體現的禮樂文化自有其因革損益於殷人的一面，充分說明了殷周文化之間同中有異，異中有同的傳承關係。因此，本章旨在探討殷周之際如何從「尊神」走向「尊禮」，亦即周人在克商前後，從殷人以「神權」思想為核心進入到西周時期以「禮治」思想為核心的「轉化」過程，而這樣的轉化過程也正是西周禮治文化形成的重要基礎。

第一節　殷周之際神權思想的因革

　　在人類早期文明演進的過程中，「神權思想」在很長的一段時間裡是普遍存在的一種現象，〔註4〕所謂的神權（divine right），即是指統治者權力來自於

〔註1〕　《禮記・表記》，《十三經注疏》本，藝文印書館，台北，民國86年，頁915～916。
〔註2〕　《論語・為政》，《新編諸子集成》本，世界書局，台北，民國80年，頁39。
〔註3〕　《論語・八佾》，《新編諸子集成》本，頁56。
〔註4〕　在一些東方的古老國家特別流行國家是神所創造的「神權論」，例如古希伯來

神靈，直接對神靈負責，被統治者不得反抗，這即是一種「君權神授」的觀念。而「神權思想」的出現則跟原始社會的初民們即普遍具有宗教信仰有很大的關係。〔註5〕宗教對於人類早期文明的影響可說是廣泛而深遠的，甚至對於當時的人類社會亦起了支配性的作用；人們將自然力予以神化，成為社會信仰及崇祀的對象，並且與個人、家庭及社會的命運聯繫在一起，而在這樣的形勢發展下，使得早期的人類社會即出現了神權的社會體制。〔註6〕

在中國，早期的初民社會原本是一個「民神不雜」的神權社會，在「民神異業」各有所司的情況下，「神權」是掌握在氏族貴族階層的手中，所謂的男覡女巫正是唯一溝通天地神明之人，他們主宰了當時的社會秩序，跟貴族階層是合而為一的，這正是一個「民神不雜」、「民以物享」的神權社會。〔註7〕

不過，到了所謂傳說時代少皞之世的初民社會，卻是一個「民神雜糅」的神權社會。當時少皞氏衰微，所謂的「神權」不再只掌握在氏族貴族階層的手中，家家可為巫覡，令出多方，整個社會秩序為之大亂，在這個「民神雜糅」的時代氛圍裡，不只是「民神同位」，人們似乎也掌握了某種程度的「神權」，這對氏族貴族階層的利益而言實是一大威脅，因此到了顓頊之時才又「使復舊常」，從此神民之間「絕地天通」，〔註8〕「神權」再度為氏族貴族所掌握。〔註9〕

人認為他們的政府是由上帝所創造。到了中世紀，當神聖羅馬帝國皇帝與教皇在爭領導權之時，聖羅馬帝國皇帝認為他的權威是直接來自於上帝的賦予。再者，在早期西方的政治思想中對於統治者即有所謂的「神聖權利論」（divine right of king），其論述即是：「權力具有宗教的起源和認可。」而這種觀念即是源自於一種非常久遠並且得到普遍認可的思想變形。參見賽班（George H. Sabin）著，李少軍、尚新建譯，《西方政治思想史》，桂冠圖書公司，台北，1992 年，頁 408。

〔註5〕 據學者研究，其實早在五六千年以前，即可以充分肯定當時的人類已有了繁複的宗教活動。而其產生的原因則是源自於人們一種為求生存的潛在意識，宗教可以說是人類危機意識的產物。參見潘顯一、冉昌光主編，《宗教與文明》，四川人民出版社，成都，1999 年，頁 29～30、32。

〔註6〕 參見陳淳，《考古學的理論與研究》，學林出版社，上海，2003 年，頁 568。

〔註7〕 當時的情況，從以下楚國大夫觀射父與楚昭王的對話中，或可窺知一二：「古者民神不雜。民之精爽不攜貳者，而又能齊肅衷正，其智能上下比義，其聖能光遠宣朗，其明能光照之，其聰能聽徹之，如是則明神降之，在男曰覡，在女曰巫。……於是乎有天地神民類物之官，是謂五官，各司其序，不相亂也。民是以能有忠信，神是以能有明德，民神異業，敬而不瀆，故神降之嘉生，民以物享，禍災不至，求用不匱。」《國語・楚語下》，上海古籍出版社，上海，1995 年，頁 559～560。

〔註8〕 所謂「絕地天通」反映了初民社會中巫覡與政治的密切關係，對此李宗侗即

　　自此以後至夏商周三代，整個社會則是一個「民神不雜」的神權社會型態，所謂的「神權」又掌握在統治階層的手中。〔註10〕

　　雖然三代時期具有「民神不雜」的神權社會的特徵，然而對於「神權」的態度，亦即在調和神、人關係的態度上，三代是有其差異的，如前引〈表記〉所言：

> 夏道遵命，事鬼敬神而遠之，近人而忠焉……殷人尊神，率民以事神，先鬼而後禮……周人尊禮尚施，事鬼敬神而遠之，近人而忠焉……。〔註11〕

從以上所言來看，夏人及周人均是「事鬼敬神而遠之，近人而忠焉」，而殷人則是「率民以事神，先鬼而後禮」，從這裡可以充分看出夏商周三代對於神、人關係在態度上的根本差異，亦即夏人、周人較通達人情事理，而殷人則較迷信鬼神，而這樣的差異當與殷人的民族傳統特性有關，這也同時反映了三代時人對於「神權」的態度，亦即殷人的「神權思想」較之夏人及周人而言應有其更爲「強化」的一面，反之夏人及周人的「神權思想」較之殷人則又體現了較爲「淡化」的一面，相信這應是滿符合當時的社會情況的。

一、殷人神權思想的強化

　　眾所周知，殷人是一個相當迷信的族群，呈現在當時的政治、社會來看，則是一個「神權」充斥的局面，而其背後所反映的意識形態則正是一個「神權思想」獨尊的時代，從現今出土數以萬計的甲骨卜辭材料中，可說是充分

指出初民社會本無政權與教權之分，王即是巫，此後政權與教權漸分，再由王分化出巫來。見氏著，《中國古代社會史》，中國文化大學出版部，台北，民國43年，頁118～125。又張光直認爲自天地交通斷絕之後，唯有控制著天人之間溝通手段的人才握有統治的知識，即權力，巫遂成了宮廷中不可或缺的成員。見氏著，《美術、神話與祭祀》，遼寧教育出版社，瀋陽，2002年，頁29。

〔註9〕 據前引觀射父謂：「及少皞之衰也，九黎亂德，民神雜糅，不可方物。夫人作享，家爲巫史，無有要質。民匱於祀，而不知其福。烝享無度，民神同位。民瀆齊盟，無有嚴威。神狎民則，不蠲其爲。嘉生不降，無物以享。禍災薦臻，莫盡其氣。顓頊受之，乃命南正重司天以屬神，命火正黎司地以屬民，使復舊常，無相侵瀆，是謂絕地天通。」《國語・楚語下》，頁562。

〔註10〕 觀射父謂：「其後，三苗復九黎之德，堯復育重、黎之後，不忘舊者，使復典之。以至於夏、商，故重、黎氏敍天地，而別其分主者也。其在周，程伯休父其後也，當宣王時，失其官守，而爲司馬氏。」《國語・楚語下》，頁563。

〔註11〕 《禮記・表記》，《十三經注疏》本，頁915～916。

說明了這種現象。﹝註 12﹞既然殷人的社會具有濃厚的「神權」色彩,因此透過對其「神權思想」各種面貌的了解則將有助於吾人認識殷人社會的特性,除此之外,亦可進而看出殷周之際因革損益的關係以及周人不同於殷人的社會特性。

殷人「神權思想」的面貌如何?欲明乎此,當從以下三個層面來加以考察:即神權崇祀之神靈、天命觀、儀式(即問神與酬神)等。透過這三個層面的探討,相信對於殷人神權思想的內涵當能有具體而周延的認識。

(一)神權崇祀之神靈

殷人「神權」的「神」,所指的對象爲何?從其卜筮及祭祀的神明對象即可從中窺知一二。

卜筮在古代社會是一個非常普遍的現象,如《禮記・表記》云:「昔三代明王皆事天地之神明,無非卜筮之用,不敢以其私,褻事上帝。是故不犯日月,不違卜筮。」﹝註 13﹞之所以如此,是因爲當時的人們面對許多不確定的人事,覺得唯有透過對於神明的卜問與其指示才能得到行事的準則與指導,這種透過卜筮的方式來實踐神明的意旨則正是「神權」的充分展現,而「神權」則賦予了統治者以決策行事的權力基礎,卜筮也就因此成了時人常以之作爲「決疑」的一種重要手段。﹝註 14﹞

再者,祭祀也是古代社會中伴隨著宗教信仰而至爲普遍與重要的活動,《禮記・祭統》云:「凡治人之道,莫急於禮。禮有五經,莫重於祭。夫祭者,非物自外至者也,自中出生於心也;心怵而奉之以禮。是故,唯賢者能盡祭之義。」﹝註 15﹞時人透過祭祀活動展現了對於神明的敬畏之心,並藉此以得到神明的福佑,而在神明的福佑下不僅祈求風調雨順、國泰民安外,對於統治者而言,則更是護佑其權力穩固的一種根本保障,《國語・魯語上》說:「夫祀,國之大節也,而節,政之所成也。」﹝註 16﹞祭祀已成了「神權」重要的象徵之一。

﹝註 12﹞ 見晁福林,〈論殷代神權〉,《中國社會科學》1990 年第一期,頁 99。
﹝註 13﹞ 《禮記・表記》,《十三經注疏》本,頁 920。
﹝註 14﹞ 《禮記・曲禮上》:「龜爲卜,筴爲筮者,先聖王之所以使民信時日,敬鬼神,畏法令也;所以使民決嫌疑,定猶與也。故曰:『疑而筮之,則弗非也;日而行事,則必踐之。』」《十三經注疏》本,頁 61～62。
﹝註 15﹞ 《禮記・祭統》,《十三經注疏》本,頁 830。
﹝註 16﹞ 《國語・魯語上》,頁 165。

　　因此，卜筮與祭祀在古代神權社會中不僅是解決其現實生活問題的重要手段，對統治階層而言更是以之作為「神權」的重要象徵，藉此以維護其權力來源的正當性。而從殷人幾乎到了無事不卜、〔註17〕無神不祀〔註18〕的迷信程度來看，可以看出作為殷人卜問及祭祀的神明對象是相當多的，而這些神明在殷人的心目中也正是統治階層權力來源的守護者，這些諸神的種類跟數量之多也正反映了殷人統治者對於大自然敬畏及其對自身權力來源缺乏自信的心理，正因為如此，殷人才須借助更多神祇的「加持」以穩固其自身的權力，由此也可看出殷人神權思想有其較為「強化」的一面。

　　殷人所卜問及祭祀的神明對象，一言以蔽之，即是其所「崇拜」的神靈，唯有「崇拜」，也才會「問」、會「求」，而這些殷人所「崇拜」的諸神則正是護佑殷人的守護神，也是「神權」的來源對象。至於殷人所崇拜的神靈有那些，以下將根據部分相關的卜辭內容並參考學者們的分類，〔註19〕擇要將之

〔註17〕據董作賓的統計分類，殷人所卜問之事有以下幾類：卜祭、卜告、卜敦、卜行止、卜田漁、卜征伐、卜年、卜雨、卜霽、卜瘳、卜旬、雜卜等十二類。見氏著，〈商代龜卜之推測〉，收於《中國現代學術經典・董作賓卷》，河北教育出版社，石家莊，1996年，頁465。

〔註18〕殷人所崇祀的神靈有上帝、各類自然神，以及祖先神等，商王及貴族們對於這些神祇們均進行繁複及頻繁的祭祀。可參見表一。

〔註19〕根據卜辭關於殷人所崇拜祭祀神祇的分類，舉其要者大約有以下幾種：一、如陳夢家在《殷墟卜辭綜述》中分為天神、地祇、人鬼等三大類；二、日人島邦男在《殷墟卜辭研究》則分為自然神、高祖神、先王、先妣以及父母兄子等、先臣神等四大類；三、宋鎮豪在《夏商社會生活史》中分為上帝、天地間自然神祇和祖先神三大信仰系統，以及四、晁福林在〈論殷代神權〉一文中的天神、自然神及祖先神等。綜觀這些分類來看，大致反映了學者們對於殷代神祇的性質與地位在看法上的部份差異而有分類上的些微不同，如陳夢家據《周禮・大宗伯》而與之相應分類，島邦男則認為自然神只有上帝、河、岳、土（社）等，而且對於屬於「人鬼」的神祇則加以強調並作更為細緻的分類，宋鎮豪則認為上帝不是天神，是自然社會神的綜合、抽象和昇華，唯其神格尚未上升為中心神或至上神。而晁福林則認為帝是天神的代表，而祖先神則是殷人神靈世界中佔有主導的最重要地位，自然神、天神和祖先神互不統轄，呈三足鼎立之勢。從卜辭以及以上諸位學者的論述來看，關於「帝」的地位及性質實頗有爭議之處，除了前述宋氏、晁氏所主張者外，朱鳳瀚在〈商周時期的天神崇拜〉一文中亦主張「帝」不是殷人的至上神。由於「帝」的地位的爭議性牽涉到甲骨文的釋讀問題以及出土材料的限制，至今似乎仍未有絕對的共識，由此則更反映了「帝」在殷人的神靈信仰中有其地位的特殊性，基於此，本文採取宋鎮豪的意見，即「帝」（上帝）不是天神，他是殷人自然神與社會神的綜合體，儘管「帝」擁有廣泛的權能，但卻也還未能達到所謂「至上神」的地位，因此，在「表一」的分類中，個人將採取帝（也

作成表一。

　　從表一所列大致反映了目前卜辭所見有關殷人神靈崇拜的系統，在這些神靈崇拜系統中，可以發現殷人所崇拜的神靈相當廣泛，可以說是將原始社會人們「萬物有靈」的宗教信仰推展到一個更爲「規範化」及「制度化」的信仰系統。〔註 20〕殷人在這些「規範化」及「制度化」了的神靈系統中，賦予了各個神靈不同的神性與地位。

表一：卜辭所見殷人崇拜神靈表

神　　靈			卜　辭　內　容
帝（上帝）〔註21〕			貞，今三月帝令多雨。(《合集》14136) 叀五鼓，上帝若，王〔受〕佑。(《甲》1164)
自然神	天神	日〔註22〕	壬子卜，旅貞，王賓日，不雨。(《合集》22539)
		東母、西母〔註23〕	壬申卜，貞，侑于東母、西母，若。(《合集》14335)
		雨	貞，呼祭雨。(《合集》12869 正乙)
		風	丙午卜，亙貞，今日風囧。(《合集》13369)

稱上帝)、自然神（分爲天神和地祇兩類）、祖先神（分爲高祖神和先王先妣諸神兩類）等三大分類，藉此以明瞭殷人所崇拜的神靈體系。

〔註20〕 有學者認爲到了夏商時代，早先的信仰系統即已趨於規範化和制度化，而在神域領域之中也有一定的領屬關係。與此同時，這些神靈與王權的建立和強化相對應，逐漸產生了一個比原有諸神更強而有力的大神，即超自然色彩的上帝崇拜。見宋鎮豪，《夏商社會生活史》，中國社會科學出版社，北京，1994年，頁 452～453。

〔註21〕 帝是管理自然與下國的主宰，擁有很大的權威，據卜辭所見，其權能如下：令雨、令風、令雨（即雲霞之氣）、降莫（即饉、旱等）、降禍、降飮（潦）、降食、降若（順、祥）、帝若（允諾）、受又（授佑）、受年芑年（受年害年）、允（帝咎王）、帝與王（缶、福、十，均是對於時王的善義的保護）、帝與邑、官（憂）、帝與其它（即帝令）。從上述帝的權能中，可分爲善義與惡義，前者如令雨，降若、食，受佑、年、若、邑，王佐、缶、福，年受等；後者如令風，降禍、莫、不若，受不佑、不若，邑終、禍、不若，年芑等；不明的有令雨，降飮，邑孜，王允。帝所管的事項是年成、戰爭、作邑、王之行動。他的權威或命令所的對象是天時、王、我、邑（當指當時殷的都邑）。此外，帝自有朝廷，有使、臣之類供其奔走。見陳夢家，《殷墟卜辭綜述》，大通書局影印，台北，民國 60 年，頁 561～573。

〔註22〕 陳夢家認爲：「所祭者是日、出日、入日、各日、出入日，入日、各日即落日。」見氏著，《殷墟卜辭綜述》，頁 573。

〔註23〕 陳夢家認爲東母、西母大約指日月之神。見氏著，《殷墟卜辭綜述》，頁 574。

		雲	己丑卜，爭，貞呼雀燎于雲，犬。（《合集》1051 正）
自 然 神	天 神	雷	貞，帝其及今十三月令雷。（《合集》14127 正）
		雪	其燎于雪，有大雨。（《英藏》2366）
		雹	癸未卜，賓貞，茲雹唯降固。（《合集》11423 正）
	地 祇	山	癸巳貞，其燎十山雨。（《合集》33233 正）
		川	王其侑于滴，在有石燎有雨。（《合集》28180） 庚午卜，其侑于洹有雨。（《合集》28182） 戊午卜，王燎于瀧三宰。（《合集》14362）
		社	于亳土御。（《粹編》21）
		方（四方） 〔註24〕	其求年于方，受年。（《合集》28244）
		四戈	癸卯卜，貞，酌求乙巳，自上甲二十示一牛、下示羊、土燎 牢、四戈彘、四巫豕。（《合集》34120）
		巫（四巫）	癸巳卜，其禘于巫。（《合集》32012）
祖 先 神	高 祖 神	夔、王亥、土、 季、王恆、岳、 河、兒、王吳、 戠等〔註25〕	唯高祖夔祝用，王受佑。（《粹編》1） 癸卯，貞弜唯高祖王亥彳，唯燎。（《合集》32083） 貞燎于土三小牢，卯一牛，沉十牛。（《前編》1.24.3） 辛未，貞求禾高祖河，于辛巳酒燎。（《合集》32028） 于兒父燎，雨。（《摭續》22）
	先 王 先 妣 諸 神	自先公上甲開 始，先妣自示 壬之配妣庚開 始以十天干爲 日名〔註26〕	甲申卜，乙酉侑祖乙三宰，曹三十牛。（《合集》1513） 壬午卜，其又歲于妣癸，叀小宰。（《合集》27572） □未卜，求自上甲、大乙、大丁、大甲、大庚、大戊、中丁、 祖乙、祖辛、祖丁十示，率羘。（《合集》32385） 丙申卜，貞，王賓大乙奭妣丙，矞，亡尤。戊戌卜，貞，王 賓大丁奭妣戊，矞，亡尤。（《合集》36196 丙）

　　所謂的「帝」或「上帝」，從其卜辭中所見的權能來看，大體上可以看出其
具備了兩個部份，其一是對於自然氣候天象的支配，由此並進而影響世間人們

〔註24〕對此陳夢家認爲：卜辭之祭土，有二事應加注意：一是社與方的關係，「方」
　　　　指四方的土地而「土」指生產農作物的土地，兩者皆爲地示，皆與農事相關，
　　　　而稍稍不同；二是殷人只有社而無稷，周人的「社、稷」包括培植農作之土
　　　　和農作培植之穀物。見氏著，《殷墟卜辭綜述》，頁 583。

〔註25〕前列卜名的殷人高祖神是根據陳夢家從卜辭的統計中列出上甲以前較常見而
　　　　重要的高祖神，還有其它尚未列出。詳見陳夢家，《殷墟卜辭綜述》，頁 336
　　　　～345。

〔註26〕見王宇信、楊升南主編，《甲骨學一百年》，社會科學文獻出版社，北京，1999
　　　　年，頁 600。

的吉凶禍福，意即上表中有關對於「天神」方面的神祇，上帝對其是有其支配的影響力；其二是對於人世間的統治者及現象亦有其支配性的影響力量。而後者的情況，在《詩經》及《尚書》等文獻中亦有所見，如《詩經・商頌》中的〈玄鳥〉：「古帝命武湯，正域彼四方。方命厥后，奄有九有。」〔註27〕〈長發〉：「有娀方將，帝立子生商。……帝命不違，至於湯齊。昭假遲遲，上帝是祗。帝命式于九圍。」〔註28〕又在《尚書》中的〈湯誓〉：「夏氏有罪，予畏上帝，不敢不正。」〔註29〕〈盤庚下〉：「肆上帝將復我高祖之德，亂越我家。」〔註30〕等，均表明了「帝」在人世間有其支配性的影響力。〔註31〕因此，綜合以上兩者來看，「帝」或「上帝」實是殷人所虛擬出的一個具有統攝「自然」與「人間」兩大支配力量的「上位神」，他的影響力超越了一般的神祇，是殷人統治階層「神權」來源的「上位代表」，「唯上帝的神格尚未上升為中心神或至上神，僅僅為維護統治集團上層具體利益而顯其權威。」〔註32〕而這正是「帝」或「上帝」在殷人神權思想中所具有的特殊而超然的神聖地位，殷人所虛擬的「帝」或「上帝」的權威神性，成為了統治者重要的權力來源。

其次，就「自然神」來看，在原始社會「萬物有靈」的泛靈信仰下，天神及地祇均成了天地山川、氣候現象的神靈代表，他們具有呼風喚雨的能力，影響著人世間的災禍，人們既畏懼自然神靈的降災，也感謝自然神靈的恩賜，〔註33〕由於大自然的天候變化直接影響著人民的生活生計，因此這些自然神便成了人們最早的崇拜對象，〔註34〕在古代社會的宗教信仰中自有其重要的地位，從其列為祀典即可反映出來，在《禮記・祭法》即有如下的記載：「及

〔註27〕 《詩經・商頌・玄鳥》，《十三經注疏》本，藝文印書館，台北，民國86年，頁794。

〔註28〕 《詩經・商頌・長發》，《十三經注疏》本，頁800～801。

〔註29〕 《尚書・湯誓》，《十三經注疏》本，藝文，台北，民國86年，頁108。

〔註30〕 《尚書・盤庚下》，《十三經注疏》本，頁134。

〔註31〕 有學者即認為商代的上帝崇拜在本質上是將原先所崇拜的自然神和社會神加以綜合、抽象和昇華，也反映了商族戰勝並統治他族的社會現實。不過，商人上帝的神性，主要是滿足人們所提出的具體要求，還未被視為支配社會命運的中心力量來崇拜，與社會道德、政治制度的結合還不多，因此應該視為較初期的信仰產物。見朱天順，《中國古代宗教初探》，谷風出版社，台北，1986年，頁245～250。

〔註32〕 宋鎮豪，《夏商社會生活史》，頁459。

〔註33〕 見呂大吉，《宗教學通論新編》，中國社會科學出版社，北京，1998年，頁163。

〔註34〕 見呂大吉，《宗教學通論新編》，頁159。

夫日月星辰，民所瞻仰也；山林川谷丘陵，民所取材用也。非此族也，不在
祀典。」〔註35〕

　　殷人承繼了這樣的信仰，認知到自然神靈雖不直接干預人間的禍福恩怨
但卻掌管著天候變化與人們的收成，〔註36〕因此統治階層透過對於自然神靈
祭祀範圍的掌控以達到其統治權力具有神權色彩的神聖性，〈祭法〉即云：

> 燔柴於泰壇，祭天也；瘞埋於泰折，祭地也；用騂犢。埋少牢於泰
> 昭，祭時也；相近於坎壇，祭寒暑也。王宮，祭日也；夜明，祭月
> 也；幽宗，祭星也；雩宗，祭水旱也；四坎壇，祭四時也。山林、
> 川谷、邱陵，能出雲為風雨，見怪物，皆曰神。有天下者，祭百神。
> 諸侯，在其地則祭之，亡其地則不祭。〔註37〕

〈祭法〉中記述了對於自然神靈的祭祀，所謂「有天下者，祭百神。諸侯，
在其地則祭之，亡其地則不祭。」雖然充份說明了最高統治者在其所統轄的
境內對於所有的自然神祇擁有兼容並包的最高祭祀權力，不過，就另一個層
面來看，透過這樣的祭祀權力，卻也象徵著最高統治者所具有的「神權」地
位，亦即唯有最高統治者才可與諸自然神靈「交通」，在這樣的情況下，只有
最高統治者才是人世間擁有最多自然神靈護持的代表，因此也只有他才能夠
代表全天下的人民向自然神靈祈求更多的護佑，這在無形之中自然提高了統
治者的地位，對其地位及權力增添了更多神權加持的神秘性色彩。由於自然
神靈與人民的日常生活息息相關，而人民又唯有仰賴統治者與「百神」交通，
因此在這樣的情勢下，就「神權」的角度而言，這些自然神靈自然就成了維
護統治階層權力來源的重要後盾之一。既然自然神靈的「神威」直接影響著
人民的生活生計，在殷人的神權思想中，自然神靈也就成了統治者穩固其權
位的重要神權來源對象之一，因為唯有能祭祀「百神」等自然神靈的最高統
治者才能代表世間為自己及人民得到最多自然神靈的護佑，而統治者透過這
樣特殊而神聖的地位也才能有機會假神權之名以行穩固其統治之實。

　　最後，就「祖先神」來看，所謂的「祖先神」實是人類從原始社會走向
氏族社會的產物，透過對於氏族祖先和領袖的崇祀，不僅可以凝聚族人的向
心力，成為氏族成員敬仰的中心，而其靈魂也逐漸昇華為氏族團體的保護神。

〔註35〕《禮記‧祭法》，《十三經注疏》本，頁803。
〔註36〕見晁福林，〈論殷代神權〉，頁107。
〔註37〕《禮記‧祭法》，《十三經注疏》本，頁797。

〔註38〕不過，在殷人的神靈崇拜系統中，「祖先崇拜」似乎是所有的神祇中最為殷人所崇重的，這從卜辭中所見殷人對於祖先神祭祀之數量與規模上來看，〔註39〕即可看出這樣的特色。何以殷人對於「祖先神」的祭祀如此的崇重？這大概可以分為兩個部份來看，一是相信祖先神具有廣泛的神能，可以給殷人帶來福佑，避免災禍或降禍，〔註40〕而且可以帶來人民生活生計之所需，如《詩經・商頌・那》：「奏鼓簡簡，衎我烈祖。湯孫奏假，綏我思成。」〔註41〕而「綏我思成」據屈萬里引馬瑞辰說，意謂：「先祖安我以多福也。」，〔註42〕而類似祈求祖先福佑在《商頌》的其它詩篇以及卜辭〔註43〕中亦有所見；另外在卜辭中還可看到殷人對於祖先神的祈求，如祈田、祈禾、祈牛、祈羊、祈雨、御疾、御疾齒〔註44〕等，可見祖先神在殷人的心目中對於國運及人們生活是擁有相當大的神威影響性。

另一個部份是，祖先神對於促進殷人與其它氏族或方國的和諧關係有促進的作用，殷人曾為這些氏族或方國代為向殷人的祖先神來祈求福佑，免除災害，〔註45〕藉由這樣的和諧關係，可以免除帶來戰爭衝突的可能危機，即《詩經》所謂：「鬷假無言，時靡有爭」，〔註46〕在這樣的關係下，使得殷人的祖先神也間接成了其它氏族與方國的共同神祇，同時也受到了其它氏族或

〔註38〕見呂大吉，《宗教學通論新編》，頁164。

〔註39〕首先就卜辭所見祭祖辭例的數量來看，商代從上甲以來，據卜辭記載絕大部份均受到了隆重的祭祀。如迄今所見所有的卜辭中，確認為祭祀祖先則總共有15000多條，若以數量看，祖先祭祀方面的辭例則遠超過其它種類辭例的數量。再者，就祭祀的規模來看，殷人不僅把遠古先祖、女性先祖、一些異性部族的先祖等都和列祖列宗一起網羅於祀典，且有完整而周密的祭祀制度，這些都反映了殷人對祖先神高度的崇敬。見晁福林，〈論殷代神權〉，頁100、104。

〔註40〕雖然殷人相信祖先神可以免除災禍，但亦會降下災禍，如卜辭：「乙未卜，爭貞，王亥崇我。」（《合集》7352正）。

〔註41〕《詩經・商頌・那》，《十三經注疏》本，頁789。

〔註42〕屈萬里，《詩經詮釋》，聯經出版事業公司，台北，1983年，頁618。

〔註43〕如卜辭：「唯高祖夒祝用，王受祐。」（《粹編》1）。

〔註44〕分別參照《合集》28276、《合集》23717、《合集》22186、《合集》10111、《合集》32385、《合集》1720、《合集》13652等，其例甚多，不再列舉。

〔註45〕如殷人曾為興方（《合集》270）、井方（《合集》1339）、危方（《合集》10084）等方國，以及鄲（《合集》4325）、戠（《合集》39492）等氏族祈求福佑消災。

〔註46〕《詩經・商頌・烈祖》，《十三經注疏》本，頁791。屈萬里釋為：「此謂神降臨雖無所言，亦可使國中平安無戰爭也。」屈萬里，《詩經詮釋》，頁620。

方國的祭祀。〔註47〕因此，就這個角度而言，殷人的祖先神實具有影響其它殷人治下的氏族與方國福祉的神性。

　　從以上兩個部份來看，殷人的祖先神不僅是影響著殷人的福祉，同時也可能影響其它氏族方國的福祉。殷人將這些神格化了的先公先王先妣們塑造成一群具有影響人世間祥災禍福的神靈，藉由對於先祖血緣的聯繫，這些祖先神似乎成了守護殷人的「母神」，在所有的殷人神靈系統中似乎只有祖先神才能真正守護殷人的子民們，並且透過對於祖先神的信仰促進了宗族意識發達進而有助於族人的團結一致，因此，在殷人的神權思想中，祖先神成了神權來源的一個重要神祇，統治者藉由與祖先神在血緣上的聯結關係強化了其權力來源的神聖性與確定性，唯有如此，也才能賦予統治者以祭祀擁有廣泛神性而且能真正守護自己子孫的祖先神的權力進而藉此展現統治者所具有的神權色彩。同時殷人為了深化其勢力影響所及範圍下統治者的神權色彩，殷人的祖先神也成了間接保護諸方國氏族的神靈，藉此以拉攏諸方國氏族的關係，並有助於殷人統治者在這些方國氏族心目中更具有崇高神聖的神權地位。因此，殷人的祖先崇拜不論是對於殷人氏族本身或是其他氏族方國而言，不僅蘊含了維護人民生計的社會性神權作用，更是賦予了殷人統治者以之作為團結同族籠絡異族的政治性神權地位。

　　綜合以上三者來看，殷人神權的來源對象大致有三大系統：帝、自然神、祖先神，這三大神靈系統，大體上都是殷人的保護神，〔註48〕其中帝可以視為殷人的「上位神」，因其具有廣泛的神能並能駕馭天神，其地位頗受殷人尊崇與畏懼；而自然神則反映了殷人對於大自然的畏懼與感恩，撫育了萬民生活之所需，或可視為「產能神」；而祖先神則是殷人的「宗族神」，也是殷人祭祀最力的神祇，基於血親的認同關係應可說是在三大神靈系統中最為殷人

〔註47〕如周原甲骨：「貞，王其衣（祈）又（佑）大甲，冊（冊）周方白（伯）：□（此為缺字，應為盡）叀（惟）足，不（丕）左于受又（有）又（佑）。」（H11：84）據學者考釋，認為是有關周文王祭祀殷先王太甲的卜辭。相關的考釋內容見王宇信，《周原甲骨探論》，中國社會科學出版社，北京，一九八四，頁56～61。

〔註48〕不過，有學者認為「帝」不是殷人的保護神，認為殷人在卜辭中有關年成及戰事方面不見得能得到「帝」的庇佑，而且也不見殷人向「帝」祈求禳除疾病等等。（見朱鳳瀚，〈商周時期的天神崇拜〉，《中國社會科學》1993年第四期，頁196～197。）不過本文以為，在卜辭中還是能夠見到其它有關「帝」對於殷人的福佑，只是「帝」在殷人的心目中比較是「天威難測」罷了。

所信任的保護神。這些神靈由於是殷人的保護神，三者雖各有其地位與職司，「但卻都或多或少地各自干預著同一個人世間的風雨晴旱和吉凶禍福，其影響嵌入到社會生活的每個角落。」〔註 49〕因此也就成了統治者重要的神權來源對象，透過它們不同的神性賦予了殷人統治者權力來源的神權依據，進而有助於殷人的神權統治。

（二）天命觀

天命觀可以說是伴隨著神權思想而存在著的一種宗教觀，當人們面對不可確定的人事天象等問題，「天命」便成了人們決定或解釋種種現象的重要思想基礎，是人們行事的重要依據，整個天地人間的運行道理均來自於人們所擬想出的所謂的「天命」，這似乎是古代社會的人們用來解決「未知」現象最好的工具，而這樣的天命觀也一直為後世所承繼，對於講求迷信的殷人而言，更是遑論其需要天命的啟示。

不過，殷人的「天命觀」與殷人是否已具有「天」的觀念似乎沒有太大直接的關係，因為就宗教的角度來看，所謂的「天命」就是「神意」，〔註 50〕既然是「神意」，「天」是否已存在殷人的心中似乎並不影響吾人認識殷人的天命觀，畢竟在殷人的宗教信仰中已經具備了龐雜的諸神信仰系統，而這些諸神信仰即可以視為殷人「神意」的來源。因此，在卜辭中雖不見有「天」、「命」二字的連用，但卻可以見到有關「天命」或者可說是「神意」這樣相關意涵的字眼：如「帝令」（《乙編》5323）、「帝于令」（《前編》3.24.6）等；然而在文獻中也可以見到以下幾種有關「天命」（即神意）意涵的字句，如：

《詩經·商頌·烈祖》：「……我受命溥將。……」〔註 51〕

《詩經·商頌·玄鳥》：「天命玄鳥，降而生商。……古帝命武湯，正域彼四方。……商之先後，受命不殆，……」〔註 52〕

《詩經·商頌·長發》：「……帝命不違，至於湯齊。……帝命式于九圍。……」〔註 53〕

〔註 49〕 晁福林，〈論殷代神權〉，頁 112。

〔註 50〕 所謂的「神意」或「天命」即是人類對於人的意志和命令的一種異化而將之移植到宗教幻想世界，認為自然世界和人間生活是按照這種神意和天命，服從於神靈的支配和操縱。見呂大吉，《宗教學通論新編》，頁 207。

〔註 51〕 《詩經·商頌·烈祖》，《十三經注疏》本，頁 791。

〔註 52〕 《詩經·商頌·玄鳥》，《十三經注疏》本，頁 793～794。

〔註 53〕 《詩經·商頌·長發》，《十三經注疏》本，頁 801。

《詩經‧商頌‧殷武》:「……天命多辟,設都于禹之績。……天命
降監,下民有嚴。……命于下國,封建厥福。……」〔註54〕

《尚書‧湯誓》:「……有夏有罪,天命殛之。……」〔註55〕

《尚書‧盤庚上》:「……先王有服,恪遵天命;……」〔註56〕

《尚書‧西伯戡黎》:「……非先王不相我後人,惟王淫戲用自絕。
故天棄我……」〔註57〕

〈烈祖〉一詩據朱熹傳曰:「此亦祀成湯之樂。」〔註58〕在這首祭祖的篇章中,
所謂「我受命溥將」雖未明言「受命」於誰,但從全詩以祭祀歌頌先祖之意
來看,似乎有「受命」於先祖的意涵,唯其能不違祖先之道,祖先也才願意
「來假來饗,降福無疆」。再者,〈西伯戡黎〉中祖己謂:「非先王不相我後人」
「故天棄我」更反映了祖先神在天命神權中所扮演的角色。至於上述其它的
文獻則可見「帝命」、「天命」等字眼,這些字句的種種均反映了殷人所謂的
「天命觀」。

綜合上述卜辭及文獻資料來看,已充分反映了殷人的天命觀其實就是「神
意觀」,也就是似乎不能將「天」視為一個獨立於殷人三大神靈系統之外的神
祇,或是將「天」視為只是「帝」的代稱,設若殷人已有所謂「天」的觀念,
〔註59〕則從上述「帝令」、「帝命」、「受(祖)命」、「天命」等字眼綜合來看,
其實「天」在殷人心目中應有位於天上諸神泛稱之意,〔註60〕尤其是對於「帝」
以及「祖先神」,因為此二者有其獨特的關係,亦即在殷人三大神靈信仰系統
中只有「祖先神」可以「賓帝」,如卜辭中即有:「貞,下乙〔賓〕于帝」(《合
集》1402)等之語,此句意謂「下乙(即祖乙)為帝所迎」,〔註61〕如此可以

〔註54〕 《詩經‧商頌‧殷武》,《十三經注疏》本,頁804～805。

〔註55〕 《尚書‧湯誓》,《十三經注疏》本,頁108。

〔註56〕 《尚書‧盤庚上》,《十三經注疏》本,頁126～127。

〔註57〕 《尚書‧西伯戡黎》,《十三經注疏》本,頁145。

〔註58〕 宋‧朱熹,《詩經集傳》,學海出版社,台北,民國81年,頁244。

〔註59〕 唐蘭即認為卜辭中的「天」字與「大」字是相通的,因此殷人已有天的概念。
(見唐蘭,《西周青銅器銘文分代史徵》,中華書局,北京,1986年,頁12。)
不過陳夢家卻認為西周時代才開始有了「天」的觀念(見氏著,《殷墟卜辭綜
述》,頁562。)

〔註60〕 其實在卜辭中亦可見到「天」被視為崇拜祭祀的對象,如:「□子卜,貞,方
天?」(《契卜》608)、「己亥卜,侑歲于天?」(《乙編》5384)。

〔註61〕 參晁福林,〈論殷代神權〉,頁110。

看出祖先神在殷人心目中之隆重以及所具有的特殊地位，而這樣的關係，陳夢家還將之發揮爲：「所謂賓帝，發展爲周人的配天。」〔註62〕由此可以看出，在殷人的認知裡祖先去世後是可以在天庭與帝共同配享的，也就是「帝」與「祖先神」可以共同在天上享有人間的祭祀，而這兩者的地位在殷人的神權思想中又是具有尊崇的地位，因此在殷人大自然概念下的「天」，〔註63〕在某種程度上即成了以「帝」與「祖先神」爲主的神靈的代名詞，是故殷人所謂的「天命觀」即是一種以「帝」及「祖先神」爲主的「神意觀」，〔註64〕而這也正是殷人天命觀的重要內涵之一。

殷人天命觀另一個重要內涵即是「天命有常」的觀念。這種天命有常觀即是統治者賴之以「神權」統治的重要基礎，這樣的觀念在殷王紂的身上可說是發揮得淋漓盡致，即使是到了商王朝已飽受威脅之時，他仍堅信這樣的觀念，這在《尚書·西伯戡黎》一文中即可見一般：

> 西伯既戡黎，祖伊恐，奔告于王。曰：「天子！天既訖我殷命：格人元龜，罔敢知吉。非先王不相我後人，惟王淫戲用自絕。故天棄我：不有康食，不虞天性，不迪率典。今我民罔弗欲喪，曰：「『天曷不降威？大命不摯！』今王其如台？」王曰：「嗚呼！我生不有命在天？」祖伊反曰：「嗚呼！乃罪多參在上，乃能責命于天！殷之即喪，指乃功：不無戮于爾邦。」〔註65〕

面對周人的威脅，紂王仍謂：「我生不有命在天？」這樣的觀念充份反映了殷人統治者愚昧的「天命有常」神權觀，在這樣的觀念下，殷人統治者可以爲自己的政行視而不見，認爲自己仍受到天命的庇佑，可以得到「先王相我後人」，藉由這樣的觀念可以穩固殷人統治者的地位。不過，天命有常的觀念並非爲所有的殷人所接受，如在本文中的紂臣祖伊即不認爲紂王擁有永遠的天命，從上文中祖伊之言即可以充分看出。儘管如此，天命有常的觀念仍爲紂

〔註62〕見氏著，《殷墟卜辭綜述》，頁573。

〔註63〕如卜辭即有：「貞，□旱天？」（《前編》6.8.4）

〔註64〕從卜辭中所見殷人幾乎是事無巨細，皆須秉天命而後行，但這種天命觀念並不具有無限的性質，殷人也不認爲人事一切都由上帝天命所決定。因爲殷人認爲，除上帝之外，還有一些次級神也在發號施令。殷人對祖宗神的崇拜尤其虔誠，相信祖宗神對他們的切身利害更爲關心。因此，從大多數的卜辭內容可以見到殷人是通過祖宗神而向上帝乞求指示的。見呂大吉，《宗教學通論新編》，頁210～211。

〔註65〕《尚書·西伯戡黎》，《十三經注疏》本，頁144～145。

王所崇信，也正因爲如此，紂王最終也走向了滅亡之途。

從以上綜合來看，殷人的天命觀實是以「帝」及「祖先神」爲主要崇拜的神靈，藉由對於它們的崇祀以獲得「天命有常」的神權統治基礎，而這即是殷人天命觀的實質內涵。

（三）儀 式

具有宗教性質的問神及酬神儀式，亦即卜筮及祭祀等相關活動可說是統治者在神權社會體制下充分展現其神權統治的象徵，同時也是神權思想的形式表現，透過這些活動，樹立了統治階層可以與神靈交通的神聖地位，讓統治者成了神靈在人間的世俗代表，藉此也奠定了統治者的權力基礎。

首先就卜筮來看，其在古代社會中所具有的具體作用與影響，即誠如司馬遷所言：

> 自古聖王將建國受命，興動事業，何嘗不寶卜筮以助善！唐虞以上，
> 不可記已。自三代之興，各據禎祥。塗山之兆從而夏啓世，飛燕之
> 卜順故殷興，百穀之筮吉故周王。王者決定諸疑，參以卜筮，斷以
> 蓍龜，不易之道也。〔註66〕

太史公之言除了說明卜筮對於古代國家社會的發展所具有的重要作用外，同時也反映了古代先王藉由卜筮以決疑進而有助於穩固其權位的神權作用。然而從殷墟所發現甲骨卜辭的數量來看，〔註67〕這樣的情形在殷代可說是達到了顛峰，〔註68〕而這些卜辭的數量與內容也正反映了殷人「在管理國家時，占卜是所有其他祭祀活動的基礎，也是所有其他活動的先導。」〔註69〕由此

〔註66〕《史記‧龜策列傳》，鼎文書局，台北，民國82年，頁3223。

〔註67〕有關甲骨文的發現與數量可以參看王宇信、楊升南主編，《甲骨學一百年》第二章第三節「殷墟考古發掘出土的甲骨文」，頁41～55。據本書的估計約有十一萬多片左右的甲骨拓片，唯其仍有爭論。

〔註68〕龜卜文化經過夏代，到了商代進一步地受到了統治者的重視，成爲商代以之作爲政教合一統治的理論支柱。確切地說，商代是龜卜文化發展的鼎盛時期。見劉玉建，《中國古代龜卜文化》，廣西師範大學出版社，桂林市，1993年，頁88。

〔註69〕張光直，《商代文明》，北京工藝美術出版社，北京，1999年，頁186。對此，張光直還進一步地說明：「占卜是爲詢問20多種不同的活動服務的，這些不同的活動可以進一步分爲4個主要種類：1. 進一步的祭祀活動，如犧牲，問詢天氣有雨或是晴朗；2. 一段時間內（例如一旬、一個晚上）王的運氣；3. 所期待活動的可能的結果，如戰爭、狩獵、運動、出遊等；4. 對一件單獨事件有可能出現的結果的解釋，如：做夢、自然災難、生育、疾病、死亡等。」（見

可見卜筮在殷人社會中的重要性及其與祭祀活動的密切關係。

根據卜辭及考古資料來看，占卜活動並不限於統治階層，一般的平民似乎也有占卜活動，不過是有等級差別的限制。例如在河南安陽小屯所發現的卜甲數以萬計，大的卜甲也不少，最大長 44 公分，而這些卜甲的問疑者多是商王。侯家莊南地所出大龜七片長 27～29 公分。花園莊東地 H3 甲骨坑則有卜甲一千五百多片，大甲也不少，最大的長約 34.5 公分。從這些地區所發現的甲骨來看，可知這些卜問者不是王，就是與王關係密切的高級貴族。他們所用的龜甲尤其是尺寸較大的，據卜辭中有「貢龜」的記載來看，應均是來自於南方。而這些龜甲在整治、鑿鑽灼的排列、以及鑿的形態等等均有較多的共同性，不過也有一些區別。另外，在其它殷墟遺址如苗圃北地等九處遺址所出卜甲則不到六百片（已發表），且多為較小的卜甲，至今仍未發現 28 公分以上的卜甲。從這些遺址尚未發現較大的房基，以及當地還有鑄銅作坊來看，這裡的居民應是小貴族及平民才是。他們所使用的卜甲亦較小，所反映的是他們不能使用貢龜，而是使用本地或附近所產的龜來占卜。此外，他們在整治卜用甲骨方面，則不如前面王及高級貴族所整治的精緻、規範。〔註70〕

以上所述來看所反映的意義是，殷人從占卜所用的材料（卜甲大小）、整治方式等是有等級之分的，而且從卜甲卜骨整治的精緻度跟規範度來看，位於統治階層的殷王及高級貴族是有其專責的占卜機構，〔註71〕這顯示了占卜活動在殷人社會中有其相當的專業性，儘管平民也有占卜的權利，但均遠不

　　　前引書，頁 186。）

〔註70〕 參考整理自河南省文化局文物工作隊第一隊，〈1955 年秋安陽小屯殷墟的發掘〉，《考古學報》1958 年第三期。郭沫若，〈安陽新出土的牛胛骨及其刻辭〉，《考古》1972 年第二期。中國社會科學院考古研究所安陽工作隊，〈1991 年安陽花園莊東地、南地發掘簡報〉，《考古》1993 年第六期。中國社會科學院考古所安陽隊，〈1982～1984 年安陽苗圃北地殷代遺址的發掘〉，《考古學報》1991 年第一期。劉一曼，〈安陽殷墟甲骨出土地及其相關問題〉，收於《商文化論集（上）》，文物出版社，北京，2003 年，頁 356～367。（原載《考古》1997 年第五期。）

〔註71〕 當時的占卜機構既要占卜國家大事又要占卜王的日常生活瑣事，且一事多卜，從正面、反面反覆卜問。由於卜事極為頻繁，因此占卜機構內就需要較多的人員，從甲骨的整治、貞卜、契刻或占卜以後甲骨的處理等都有專人負責。他們多經過專門訓練，在各項工作中有一定的操作規程，因此王的卜甲、卜骨已相當的規範化。見劉一曼，〈安陽殷墟甲骨出土地及其相關問題〉，頁 367。

及統治階層的精緻度及規範度，因此從這個角度來看，儘管占卜的權利並未為統治階層所完全壟斷，然而就專業性而言，統治階層似乎比一般平民更多了一層天命啓示的保證，而在這樣的情形下，位於統治階層的「巫」及「貞人」因其所具有獨特的專業性，〔註72〕也就成了殷王神權統治的重要權威的來源。透過巫及貞人與「占卜」的專業性結合，使得一般的平民以及小貴族們更能服從於殷王的神權統治，而從殷人占卜機構的專門性以及「巫」所具有的崇高地位，〔註73〕可以看出殷人藉由卜筮以強化其神權統治的心態。

其次就祭祀來看，眾所周知，殷人祭祀的種類繁多且次數頻繁，根據甲骨文非完全的統計，殷人的祭名就有一百多種，而大多不見於後世，有的後世可見但內容略有不同。〔註74〕而其祭祀對象有帝、自然神及祖先神等，而其中又以祖先神的祭祀活動最多。這些祭祀活動有其複雜性，殷人進行的方式大概有兩類：一是所謂的周祭，即是以翌祭、祭祭、劦祭、舀祭、彡祭等，對先祖進行周而復始的祭祀；另外一種則是常用兩種或兩種以上的祭祀來重疊進行。〔註75〕不過，這麼多繁雜的祭祀活動除了反映了殷人神權迷信的心態外，而對於祭祀權掌握在統治者手中的情形，也反映了殷人統治者藉由這樣的方式以達到神權統治的目的。在《管子・國准》中即云：「殷人之王，諸侯無牛馬之牢，不利其器。」「諸侯無牛馬之牢，不利其器者，日淫器而一民心者也。」〔註76〕從這裡來看，諸侯似乎是在祭祀權力上受到了限制，「牢」只有殷王才能使用，象徵了祭祀權高度集中於殷人統治階層，而這樣隆重的

〔註72〕高級巫職可參與占卜決疑政務，而一般的巫職則擔任求雨降神的巫術。至於貞人則是司理王朝的占卜事宜，通過溝通神人的幻術，實際參與著政治決策的參謀作用，從甲骨文來看，殷人前後共有一百二、三十名貞人，形成了龐大的占卜集團。見王貴民，《商周制度考信》，明文書局，台北，民國78年，頁181。

〔註73〕據卜辭來看，巫可以和殷先公先王共同受祭，也可享有最高的祭禮「禘」，如「乙丑卜，酒伐辛未于巫。」（《合集》32234）、「壬午卜，燎土，誕巫禘。」（《合集》21075）由此可知「巫」在殷人社會中地位之崇高。

〔註74〕見趙誠，《甲骨文與商代文化》，遼寧人民出版社，瀋陽，2000年，頁175～176。

〔註75〕趙誠，《甲骨文與商代文化》，頁190。

〔註76〕《管子・國准》，《新編諸子集成》本，世界書局，台北，民國80年，頁388。針對此段的內容即有學者根據卜辭材料將之解釋為「殷代諸侯方國不是沒有牛馬，而是由於祭祀權力的限制，在祭祀時不能用『牢』。」見王暉，《商周文化比較研究》，人民出版社，北京，2000年，頁110。

祭牲唯有王才能用之以展現其對於神靈祭祀的誠意，也才能獲得諸神對於王所擁有的天命的福佑。

從卜辭來看，殷人的祭牲大致分為兩大類：一是物牲，有牛（如《合集》21575）、牢（如《合集》22274）、羊（如《合集》27164）、宰（如《合集》22889）、豕（如《合集》12980）、豚（如《合集》15521）、麑（如《合集》20737）、馬（如《合集》32435）、犬（如《合集》21074）、兕（如《合集》32603）、虎（如《合集》22065）、象（如《合集》8983）等，而這些物牲相較於後世不同的地方是祭祀的數量多，如牛一千頭（如《合集》1027 正）、牢三百頭（如《合集》22274）、羊一百頭（如《合集》22099）、三百四十頭（如《合集》34149）、豕一百頭多（如《合集》32674）、豚一百頭（如《合集》15521）、犬三百頭（如《合集》16241）等；另外則是有些祭牲體積龐大，如麑、馬、兕、虎、象等，這兩點充分顯示出殷人在祭牲上的特色。另一種是人牲，可分為四類：人，即是一種人牲的名詞（如《合集》1051 正）；羌，將俘虜來的羌人被做為人牲（如《合集》501）；伐，即指將已砍了人頭的人牲用於祭祀（如《合集》892 正）；及，將被俘虜捕獲之人做為人牲（如《合集》743）。從以上兩大類的祭牲來看，殷人對於神靈的祭祀可說是用盡了當時統治者在人間所擁有的各類的享受以之用來祭祀神靈，這樣的祭祀規模相較於後代來看絕無僅有，〔註 77〕其中尤其是人牲的部份，根據卜辭及考古資料來看，雖然到了殷商晚期人牲數量稍減，〔註 78〕但人牲的總數仍達到一萬七千人，〔註 79〕而這些人牲除少數用於天神、地祇的祭祀以及建築的奠基之外，

〔註77〕據學者根據甲骨卜辭中有關祭牲資料的統計，殷人最常用的犧牲是牛、羊、豬、狗等。祭祀的數量不一，最少一次用一隻，最多一次可達一千隻。一般一次用牲從幾隻到數十隻都有。十隻以下的所有數目均被用過，而二十隻以上，則往往是十的倍數。見張秉權，〈祭祀卜辭中的犧牲〉，《中研院史語所集刊》第 38 本，1968 年，頁 181～231。

〔註78〕到了殷代晚期人牲的數量已稍減，多為婦孺，估計青壯年俘虜中已有相當一部份轉化為生產奴隸。見黃展岳，《古代人牲人殉通論》，文物出版社，北京，2004 年，頁 116。

〔註79〕有學者根據殷墟發掘資料作了以下的統計：小屯宗廟區發現牲人遺骨七百○二具（其中乙組基址六百四十一具，丙組基址三十二具，F1 基址二十九具）；侯家莊王陵區祭祀場發現牲人遺骨三千四百五十五具（包括第一次發掘估定的二千人）；小屯、后崗、大司空三個圓形祭祀坑發現牲人遺骨九十具，花園莊長方形祭祀坑發現牲人遺骨二具；殷墟墓葬中發現牲人遺骨二百七十具。以上四項殷墟牲人合計為四千五百一十九人。如果加上甲骨刻辭所見的人牲

多數則用於祖先的祭祀。〔註 80〕從人牲用於對神靈的祭祀，尤其是對於祖先神的祭祀來看，雖然殷人在物質文明的發展上已有了長足的進步，但在精神文明上卻反映了殷人為了祈求神靈福佑卻忽略了尊重生命價值的人道精神，十足表現出神權至上的「原始」色彩。

　　綜合占卜及祭祀來看殷人的神權思想，可以看出這兩者對於殷王天命神權的維繫有其重要的作用，「通過占卜、祈禱和犧牲來影響王的才能，祖先精神的意願使其集中政治權利成為合法化，所有的權利皆來自神，並驅散祖先能侵擾百姓的災禍，通過他提供的犧牲和舉行的祭祀以及進行的占卜等，王給臣民帶來了豐碩的收穫和盡可能的勝利。」〔註 81〕在這樣的情形下，殷人統治者即得以透過隆重而盛大的占卜及祭祀等儀式充分展現出殷王所具有的神權特性，以建立其天命永續的權力基礎。

二、周人神權思想的淡化

　　周人早在克商之前在文化上即已受到了殷人的影響，這從當時周人青銅器形制已深染殷人風格即可見一般。〔註 82〕當時殷周之間交流的主要方式之一即是透過聯姻，如《詩・大雅・大明》載有：「摯仲氏任，自彼殷商；來嫁于周，曰嬪于京。乃及王季，維德之行。大任有身，生此文王。」〔註 83〕即表明了季歷之妻、文王之母大任來自於殷商，透過貴族間的聯姻自然有助於

　　　　一萬三千零五十二人（不包括未記用人數的一千一百四十條卜辭），扣除部份
　　　　重複，總數估計一萬七千人。見黃展岳，《古代人牲人殉通論》，頁 111～114。
〔註 80〕黃展岳，《古代人牲人殉通論》，頁 111。
〔註 81〕David Keightley, *The Religious Commitment: Shang Theology and the Genesis of Chinese Political Culture*, pp.212～213。轉引自張光直，《商代文明》，頁 185。
〔註 82〕關於先周時期青銅工業的發展，根據鄒衡先生的研究認為：「第一類商式銅器
　　　　種類最多，數量最大；第二類商周混合式銅器次之；第三類周式銅器最少。
　　　　這就清楚地說明，先周青銅文化的主要來源是商文化。第二類商周混合式銅
　　　　器和第三類周式銅器，無疑地都是周人自己（或俘虜來的商人）鑄造的。至
　　　　於第一類商式銅器，根據其所包含的族徽來分析，可知其中絕大部分也是周
　　　　人（或俘虜的商人）鑄造的，而直接來自殷墟或其他商文化區域的為數並不
　　　　太多。換句話說，所謂商式銅器，實際上也是周人（或俘虜來的商人）仿商
　　　　式製造者居多，而直接（擄獲或通過其他方式）用商人鑄造的銅器（即商人
　　　　器）較少。由此可見，先周文化在接受商文化的鑄造技術的基礎上，已經有
　　　　了自己的非常發達的青銅鑄造工藝。」鄒衡，〈論先周文化〉，收於《夏商周
　　　　考古學論文集（第二版）》，科學出版社，北京，2001 年，頁 325。（可參看圖
　　　　一）
〔註 83〕《詩經・大雅・大明》，《十三經注疏》本，頁 540～541。

殷周兩族文化的交流,而在這樣的背景下,周人的宗教信仰在某種程度上是有可能受到殷人影響的,這從周原甲骨中所出現的若干祭名如:「禋」、「寅」、「祭」、「祟」、「祀」等在殷卜辭中亦早有所見即可以看出。〔註84〕由此推論來看,則克商以前的周人在神權思想上當已受到殷人的影響,而其面貌從文獻上或可窺知一二,如《詩·大雅·大明》:「維此文王,小心翼翼。昭事上帝,聿懷多福。」〔註85〕《禮記·表記》:「子言之:昔三代明王皆事天地之神明,無非卜筮之用,不敢以其私,褻事上帝。」〔註86〕不過,這些記載只能看出周人神權思想的表象,整體而言周人的神權思想較之殷人已淡化了許多,所謂「周因於殷禮所損益可知矣」正點明了這樣的特性。為明瞭周人神權思想淡化的實質情形,以下將從前面曾經論述的三個層面:神權崇祀之神靈、天命觀、儀式等來加以考察。

(一)神權崇祀之神靈

據《周禮·春官·大宗伯》所記大宗伯的職司可知周人的神靈崇拜系統:

> 大宗伯之職,掌建邦之天神人鬼地示之禮,以佐王建保邦國。以吉禮事邦國之鬼神示以禋祀祀昊天上帝,以實柴祀日月星辰,以槱燎祀司中司命飌師雨師,以血祭祭社稷五祀五嶽,以貍沈祭山林川澤,以疈辜祭四方百物,以肆獻祼享先王,以饋食享先王,以祠春享先王,以禴夏享先王,以嘗秋享先王,以烝冬享先王。〔註87〕

從上述周人祭祀的對象來看,大致上亦相應了殷人的神靈崇拜系統,即帝、自然神及祖先神等。這大三神靈系統在殷周之際似乎並沒有什麼大的改變,只是在各類神靈信仰中的部分神祇有些許的差異,茲舉其較重要者如在地祇方面,殷人無「稷」神,又在祖先神方面,周人則專祀先王為主等等。〔註88〕其實這些所崇拜神祇的差異並不是殷周之際神權思想中有關神權對象來源中

〔註84〕 朱歧祥,《周原甲骨研究》,台灣學生書局,台北,1997年,頁117。

〔註85〕 《詩經·大雅·大明》,《十三經注疏》本,頁541。

〔註86〕 《禮記·表記》,《十三經注疏》本,頁920。

〔註87〕 《周禮·春官·大宗伯》,《十三經注疏》本,藝文,台北,民國86年,頁270～273。

〔註88〕 周人的祖先崇拜以祭祀先王為主,這可以從金文的材料得到印證,有學者並據此指出整個周代單獨祭祀女性祖先並不普遍,同時在周人的祭祖禮中女性祖先從屬于男性祖先。見劉源,《商周祭祖禮研究》,商務印書館,北京,2004年,頁168～172。

關鍵的不同處，周人相較於殷人不同的地方主要在於周人所崇拜的神靈較之殷人而言更加地人格化並強化了其社會性的職能。而這些現象所反映的意義則正是周人逐漸重視「人事」而不再只是獨尊「神事」的神靈崇拜特性，也反映了周人神權思想淡化的一面。

圖一：先周文化青銅兵器、工具與骨刀

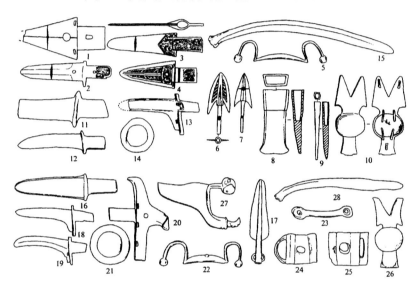

1、5、7、8、9、13、16、18、22、24、25. 商式；2、3、4、6、11、12、17、19. 商周混合式；10、20、26、27. 周式；1～15. 第一期；16～28. 第二期。1～9. 岐山贺家村 M1；10～14. 宝鸡斗鸡台 B3；15. 鸡台 L5；16、17. 长安马王村墓；18～26. 宝鸡蛴泉墓；27. 泾阳高家堡墓；28. 斗鸡台 N4；1、4. 铜大戈；2、3、11、12、13、16、18、19、27. 铜戈；5、22. 铜弓形器；6、7. 铜镞；8. 铜斨；9. 铜斝；10、26. 铜当卢；14、21. 铜甲泡；15、28. 骨刀；17. 铜矛；20. 铜戣；23. 铜衔；24、25. 铜镳

資料來源：鄒衡，《夏商周考古學論文集（第二版）》，科學出版社，北京，2001 年，頁 296

　　就上述所言，首先來看三大神靈系統的「帝」，在周人的觀念裡「帝」（或「上帝」）與「天」是同一個神祇，這從《詩經》、《尚書》等文獻中，周人常將之並用於同一文章段落中可以得見。先看以下所述《詩經》的例子：

> 《詩經·大雅·文王》：「……有周不顯，帝命不時。……假哉天命，
> 有商孫子。……上帝既命，侯于周服。……殷之未喪師，克配上
> 帝。……宣昭義問，有虞殷自天。上天之載，無聲無臭。……」[註89]

上文中周人先言「帝命」，後又言「天命」，既言「上帝」，亦言「上天」，在

〔註89〕《詩經·大雅·文王》，《十三經注疏》本，頁 533～537。

整段詩篇中，周人以「帝」及「天」福佑周人來強調天命在身的觀念，若將文句中的「帝」與「天」等相關名詞互換，其實意義上並不會有任何的改變，由此正反映了在周人的觀念中是常將「帝」與「天」並用的。類似將「帝」「天」並用在文章中甚而可以互換而不改其義的例子還出現在〈大明〉、〈皇矣〉、〈板〉、〈蕩〉、〈雲漢〉、〈思文〉等。另外在《尚書》中亦可見到類似的情形，如在〈大誥〉中通篇多提及「天」，但在篇末之處卻提及到「上帝」：

> 王曰：「嗚呼！肆哉爾庶邦君，越爾御事。爽邦由哲，亦惟十人，迪知上帝命。越天棐忱，爾時罔敢易法，矧今天降戾于周邦？……天命不僭，卜陳惟若茲。」〔註90〕

從〈大誥〉整篇的文意來看，是欲假天命在身以平管蔡之亂，因此通篇幾乎在強調「天」的眷佑，不過卻在文末又提及到「上帝」，通觀全文之意來看，這裡的「上帝」即有「天」之意涵，如此也才能貫通全文之大意，由此來看「帝」跟「天」在周人的觀念裡是二而合一的。類似的情形還可見於〈金滕〉、〈康誥〉、〈召誥〉、〈多士〉、〈君奭〉、〈多方〉、〈顧命〉、〈呂刑〉等篇章。

就金文來看，類似的情形也可見到以下的例子：

> 〈師詢簋〉：王若曰：「師訇（詢），丕顯文武，雁（膺）受天令。……肄皇帝亡昊臨保我有周，……。」〔註91〕

> 〈㝬簋〉：王曰：「有余隹（雖）小子，……用配皇天。……其瀕（頻）才帝廷陟降，龘（重）圛（恪）皇帝大魯令，……。」〔註92〕

前述〈師詢簋〉的「天令」、「皇帝」以及〈㝬簋〉的「皇天」、「帝廷」、「皇帝」等的用語各自出現在同一篇的銘文中亦反映了周人「天」、「帝」合一的觀念。另外在其它的金文中則可見到「天」、「帝」等具有同樣概念的用語分別使用在銘文中，如〈毛公鼎〉：「皇天引厭氒德」，〔註93〕〈大克鼎〉：「肄克□于皇天」〔註94〕〈天亡簋〉：「事喜（糦）上帝」〔註95〕〈牆盤〉：「上

〔註90〕《尚書·大誥》，《十三經注疏》本，頁194。

〔註91〕釋文引自馬承源主編，《商周青銅器銘文選》第三卷，文物出版社，北京，1988年，頁174（彝銘拓片參見附錄三之圖一）。

〔註92〕釋文引自馬承源主編，《商周青銅器銘文選》第三卷，頁278（彝銘拓片參見附錄三之圖二）。

〔註93〕釋文引自馬承源主編，《商周青銅器銘文選》第三卷，頁316（彝銘拓片參見附錄三之圖三）。

〔註94〕釋文引自馬承源主編，《商周青銅器銘文選》第三卷，頁216（彝銘拓片參見附錄三之圖四）。

帝降懿德大糲」〔註96〕等，相關的情形例多，於此不再盡舉。據此來看金文中的情形亦可以與《詩經》、《尚書》等文獻資料互爲發明，因此，在周人的觀念中「天」即是「帝」，「帝」即是「天」應是無可疑義的，儘管有學者從兩者間部份的差異認爲天與帝仍非完全的一致，〔註97〕不過證諸文獻及金文資料來看，這應只是周人在行文中所產生文字敘述上些微的差異罷了，例如《詩經》所見天降天災的敘述，如〈大雅·雲漢〉中「天降喪亂，饑饉薦臻」〔註98〕之句，周人以「天」來指稱而不以「帝」，這是因爲旱災饑饉等災禍是屬於天災大自然的現象，而「天」又是大自然的象徵，是故周人在行文上即很自然地以「天」來指稱，而不以「帝」，因此這裡的「天」應是具有大自然的意涵似乎較爲妥切，即非如此，在本詩篇之後還有「昊天上帝，則不我遺」「昊天上帝，寧俾我遯」〔註99〕等句子，將天與帝合而爲用，亦突顯了天與帝在周人觀念裡二而合一的地位。

　　綜合以上所述，從周人不斷重覆使用「天」、「帝」等相關用語來彰顯其「天命」及「福佑」的概念以及「昊天上帝」等「天」、「帝」二字連用來看，周人當不至於對於「天」、「帝」有那麼細緻的分別才是。不過，從文獻及金文資料中所見周人將「天」與「帝」合爲一詞使用如「昊天上帝」，或常見兩詞交互使用來看，這種「天」、「帝」一體的概念所反映的正是「天」的自然屬性已逐漸被「人格化」，因爲「帝」是殷周時的人們所虛擬出來的具有社會屬性的「人格神」，雖然殷周時的人們不斷強化「帝」的神性與權能，但卻還

〔註95〕釋文引自馬承源主編，《商周青銅器銘文選》第三卷，頁 14（彝銘拓片參見附錄三之圖五）。

〔註96〕釋文引自馬承源主編，《商周青銅器銘文選》第三卷，頁 154（彝銘拓片參見附錄三之圖六）。

〔註97〕如杜而未的《中國古代宗教研究》第二編「上帝與天不同」，朱鳳瀚的〈商周時期的天神崇拜〉等即採取這樣的看法。如朱鳳瀚即認爲：「天在人格化程度上不如上帝而接近於自然，天有並非周人保護神的一面，其意志難以揣測，似乎反映了周人對支配世界的客觀規律的探求（按其這一神性而言，頗似商人之上帝）；作爲天所主宰之命運的『天命』與道德觀的結合是周人爲尋找客觀規律所作的一種努力與嘗試，使其宗教色彩較之上帝已明顯淡化。」頁 208。

〔註98〕《詩經·大雅·雲漢》，《十三經注疏》本，頁 659。朱鳳瀚即據此認爲「天」會降災，與保護周人的「帝」是有些不同的（見朱鳳瀚，〈商周時期的天神崇拜〉，頁 205）。不過，從本詩篇中又有「昊天上帝」一詞連用來看，似乎又不是如此。

〔註99〕《詩經·大雅·雲漢》，《十三經注疏》本，頁 661、662。

脫離不了「帝」是人間政治社會權力的反映投射，因此在這樣的情形下，當「帝」與「天」被周人合爲一體之後，「天」的自然屬性已大爲降低，它雖然還能降下自然的災禍，但它已是具有影響人世間所有禍福的「人格神」了，因此在文獻及金文中也就可見到類似《詩經》裡所謂「天監在下，有命既集」〔註100〕等賦予「天」具有「人性」色彩的詩句了。

除了「天」經由與「帝」的合一而加強了其「人格化」的特性外，同時周人的「帝」也較殷人的「帝」更加地「人格化」，這種人格化的特色表現在以下幾個方面：1. 帝具有如人的形象：它有威嚴的容貌氣勢，在〈大雅‧皇矣〉中即有：「皇矣上帝，臨下有赫」。〔註101〕它可以眼觀四面耳聽八方，〈大雅‧皇矣〉：「監觀四方，求民之莫」。〔註102〕它可以與人直接交談，〈大雅‧皇矣〉：「帝謂文王：『無然畔援，無然歆羨，誕先登于岸。』」〔註103〕它可以行走留下足跡，在〈大雅‧生民〉中即有：「履帝武敏歆，攸介攸止」。〔註104〕2. 帝具有如人的情緒：它會發怒憎惡，〈大雅‧皇矣〉：「上帝耆之，憎其式廓」。〔註105〕3. 帝具有如人間帝王般強大的權能：它能決定人世間的王位，如〈大雅‧文王〉：「上帝既命，侯于周服」。〔註106〕它能享受如人世間的貢服並給予對方護佑，如〈大雅‧大明〉：「昭事上帝，聿懷多福」。〔註107〕它會考察人間的善惡，如〈大雅‧皇矣〉：「帝度其心，貊其德音」。〔註108〕從以上所列舉帝的形象，周人的「帝」似乎更具有了「人性」，彷彿是擁有龐大權力而且充滿情緒好惡懲惡揚善的人間君主，雖然周人對於「天」的形象描述不若「帝」如此的細緻，但天所具有「人格化」特性大體上與帝是沒有什麼大的差別的。

天與帝不僅是二合一的「人格神」，而且是周人的「至上神」，由其是周人至上神的地位來看，其背後所反映的正是強化了天帝具有「社會性」職能的角色。天帝是周人的至上神，當雒邑完成之後，召公在告誡成王之辭中即說：

王來紹上帝，自服于土中。旦曰：「其作大邑，其自時配皇天：毖祀

〔註100〕《詩經‧大雅‧大明》，《十三經注疏》本，頁541。
〔註101〕《詩經‧大雅‧皇矣》，《十三經注疏》本，頁567。
〔註102〕同上註。
〔註103〕《詩經‧大雅‧皇矣》，《十三經注疏》本，頁571。
〔註104〕《詩經‧大雅‧生民》，《十三經注疏》本，頁587。
〔註105〕《詩經‧大雅‧皇矣》，《十三經注疏》本，頁567。
〔註106〕《詩經‧大雅‧文王》，《十三經注疏》本，頁535。
〔註107〕《詩經‧大雅‧大明》，《十三經注疏》本，頁541。
〔註108〕《詩經‧大雅‧皇矣》，《十三經注疏》本，頁570。

于上下，其自時中乂。王厥有成命，治民今休。」王先服殷御事，
比介于我有周御事。〔註109〕

召公引周公之言以勉誡成王，其中有「其自時配皇天：毖祀于上下」之語，
句中即反映出了天帝是眾神之首，也唯其是眾神之首，成王以人間最高統治
者的身份以其有豐功偉業也才能順應上天並與之匹配，人間之主的周王與眾
神之首的天帝分別成了世俗與神靈相對應的同等地位，如此人間的君王也才
能配天祭祀自天帝及其以下的上下各類神祇。在〈虢鐘〉中亦曰：

……隹皇上帝百神，保余小子。……我隹司（嗣）配皇天，王對乍
宗周寶鐘。……〔註110〕

文中將「上帝百神」分別並稱而且將「上帝」排在「眾神」之前，反映了上
帝在眾神中所具有的獨尊地位，同時在後文虢王還自我誇耀得以「司配皇
天」，這樣的語句背後亦反映了如同前述的意義。再者，在〈虢簋〉中有：

……用康惠朕皇文剌（烈）且考，其各（格）前文人，其瀕（頻）
才帝廷陟降，繵（重）圖（恪）皇帝大魯令，用鰲保我家、朕立（位）
虢（胡）身。……〔註111〕

文中敘述周人先王之靈庇附於帝廷在天帝左右，並且恪遵天帝的使命，由此
可知天帝是有無上的權威可以號令周人的先祖。又天帝是可以號令自然神靈
的，據〈大雅‧雲漢〉：「祈年孔夙，方社不莫。昊天上帝，則不我虞」，〔註112〕
透露出即使對於天帝祈年甚早，對於方社等自然神靈亦祭祀不晚，但依然得
不到天帝的庇助，由此反映出在周人的心中自然神靈當不敢自作主張以庇助
人民，還須得到天帝的應許才是。〔註113〕因此，綜合以上的論述，天帝在周
人心目中為眾神之首統御百神大致是沒有問題的。

　　周人將天帝塑造為眾神之首統御百神是有其世俗的社會性意義，因為周
人克商之後儘管還是延續了殷人的封建制度，但在內涵上已有所不同，即王

〔註109〕《尚書‧召誥》，《十三經注疏》本，頁220～221。
〔註110〕釋文引自馬承源主編，《商周青銅器銘文選》第三卷，頁279（彝銘拓片參見
　　　　附錄三之圖七）。
〔註111〕釋文引自馬承源主編，《商周青銅器銘文選》第三卷，頁278（彝銘拓片參見
　　　　附錄三之圖二）。
〔註112〕《詩經‧大雅‧雲漢》，《十三經注疏》本，頁662。
〔註113〕據此朱鳳瀚亦提出相似的看法：「按詩人之意，既祭方、社等自然神，上帝就
　　　　應該因滿意而給予自己佑助，則方、社必當為上帝下屬之神。」見朱鳳瀚，〈商
　　　　周時期的天神崇拜〉，頁201。

已是諸侯之君而非諸侯之長，〔註114〕在這樣的情形下，周王擁有了人世間至高無上的地位，所謂「溥天之下，莫非王土，率土之濱，莫非王臣。」〔註115〕周王不僅是人間最高統治者，相應於三大神靈的眾神，周人爲了顯現王在人間至尊的地位，對於諸神的地位關係，周人亦創造了如同人間的地位關係一般，將天帝塑造爲眾神之首以統御百神，天帝成爲了周人神靈信仰中的至上神，其地位有如王在人間至尊的地位一般不可搖撼，而周人爲了連接世間的王與天上天帝的關係，除了藉此以維繫周王所具有的神權身份外，同時亦有以之作爲人與神之間的地位相應關係的作用，因此，周人創了「天子」一詞，〔註116〕周王成了天帝在人世間的繼承者與代言人，而天帝則成了世俗最高統治者的投射，即天帝在帝廷所擁有的權能，亦反映了周王在世間朝廷所擁有的權能，天帝至此已成了一個具有社會性職能的人格神，它一方面反映了世俗的王所擁有的權能，一方面卻也對世俗擁有更多的影響力。反觀周王，因爲周人塑造了其具有「天子」的身份，反而增加了周王「神性」的色彩，不過雖然如此，周人的神權思想卻不見強化而是更見淡化，這關鍵之處即在於周人的天帝觀是帶有倫理道德色彩的，即在周人的理解裡，所謂的「天」與「天命」是具有「敬德」和「保民」的道德內涵，〔註117〕強調天帝對於人世間的影響作爲，是在於人在世間的道德表現，而非僅靠祭祀，而周王雖具有天子的身份，也必須謹身而行才可得到天帝的庇佑，這樣的天帝觀在《詩經》、《尚書》以及金文中可以見到許多。由此可以看出周人心中的天帝是有其道德性格的，在這樣的道德性格下，貴爲天子的周王當然也得遵行天帝之道而行，如〈大雅‧文王〉云：「文王陟降，在帝左右，亹亹文王，令聞不已。」〔註118〕是故表面看來周王加上了天子的稱號似乎是強化了周王的神權色彩，其實不然，反而是增加了周王道德性的束縛，而這則正是周人天帝觀相較於

〔註114〕王國維，〈殷周制度論〉，見《觀堂集林》今收於《王觀堂先生全集》冊二，文華出版公司，台北，民國57年，頁449。

〔註115〕《詩經‧小雅‧北山》，《十三經注疏》本，頁444。

〔註116〕天子一詞目前所見最早見於康王時的〈邢侯簋〉：「……魯天子𩁹（受）厥瀕福，……朕臣天子。……」（釋文引自馬承源主編，《商周青銅器銘文選》第三卷，頁45（彝銘拓片參見附錄三之圖八）。）不過，有關的概念有可能更早出現。

〔註117〕陳來，《古代宗教與倫理——儒家思想的根源》，三聯書店，北京，一九九六，頁168。

〔註118〕《詩經‧大雅‧文王》，《十三經注疏》本，頁534。

殷人最大的不同之處，由周人的天帝具有道德性社會職能的人格神性質來看，正反映了周人在神權思想淡化的一面。

　　其次，除了上述天帝所具有的人格神與社會性職能的特性外，其它的自然神與祖先神亦具有這樣的特性。在《國語‧魯語上》記載了魯國大夫展禽反對魯卿臧文仲對一隻莫名飛來停在魯國都城東門已經三天名爲「爰居」的海鳥予以祭祀，其反對的理由中即透露了周人對於所崇拜的神靈是有其原則的：

　　　夫聖王之制祀也，法施於民則祀之，以死勤事則祀之，以勞定國則
　　　祀之，能禦大災則祀之，能扞大患則祀之，非是族也，不在祀典。……
　　　加之以社稷山川之神，皆有功烈於民者也；及前哲令德之人，所以
　　　爲明質也；及天之三辰，民所以瞻仰也；及地之五行，所以生殖也；
　　　及九州名山川澤，所以出財用也。非是不在祀典。〔註119〕

展禽的話說明了周人的國家祀典的對象，尤其是對於自然神及祖先神的崇拜不是盲目的而是有其標準的，即如其所言：「法施於民、以死勤事、以勞定國、能禦大災、能扞大患」等，而這些都是以「民」的福祉爲依歸，不是有功於民，即是可爲人民的道德典範，如前述的社稷山川之神、前哲令德之人、天之三辰、地之五行、九州名山川澤等，這些神靈各有其職司，各有其貢獻，並以傳說中人物作爲代表，「夫仁者講功，而智者處物」，〔註120〕這些規範正充分說明了周人的神靈崇拜所具有的人格化及強調其社會性職能的特性。

　　另外，在《左傳》中也有相類的記載，當時有龍出現於晉國絳地的郊外，晉卿魏獻子據此詢問於晉大史蔡墨，在他們的對話中也透露了這樣的訊息：

　　　獻子曰：「今何故無之？」對曰：「……故有五行之官，是謂五官，實
　　　列受氏姓，封爲上公，祀爲貴神。……」獻子曰：「社稷五祀，誰氏
　　　之五官也？」對曰：「少皞氏有四叔，曰重、曰該、曰修、曰熙，實
　　　能金、木及水。使重爲句芒，該爲蓐收，修及熙爲玄冥，世不失職，
　　　遂濟窮桑，此其三祀也。顓頊氏有子曰犁，爲祝融；共工氏有子曰句
　　　龍，爲后土，此其二祀也。后土爲社；稷，田正也。有烈山氏之子曰
　　　柱爲稷，自夏以上祀之。周棄亦爲稷，自商以來祀之。」〔註121〕

〔註119〕《國語‧魯語上》，頁166～170。
〔註120〕《國語‧魯語上》，頁170。
〔註121〕《左傳‧昭公二十九年》，《十三經注疏》本，藝文印書館，台北，民國86
　　　　年，頁923～926。

在上述的對話中，可見周人將傳說中的人物列為五行之神，而這五行之神即如前引展禽之言是負責人民之食物生產也，這些神祇除了以傳說中的人物將其人格化之外，更有其社會性的職司以供人民生產所需。周人透過對於自然及祖先神靈的「人格化」及強調其社會性的職能，其背後亦含有倫理道德的價值思維在其中，如展禽所言的這些被祭祀的神祇，或有功烈，或有明質，或能指引瞻仰，或能產殖等等，而這些神祇也大多以傳說中的人物作為神祇的代表，即如前引蔡墨所言的五行之官等等，這些傳說人物均成了「世不失職」而為人民所景仰的道德表徵。

周人對於自然神靈強調其「社會性職能」以藉此表彰其有功於人民的德性，並結合了傳說中具有正面形象的人物將其「人格化」，就在這雙重性質的結合下，使得周人對於自然神靈的崇拜不再只是祈求對於人民生活的保障而已，自然神靈已是具有人世間的道德性而不是喜怒無常不可捉摸的神靈，它們已成了世間人們的道德典範，民神之間的距離也因此而拉近了，在自然神靈擁有呼風喚雨以掌控人民生計的「神性」之中已含有了道德的「人性」在其中，使人民對於自然神靈的崇拜有了道德性的依循。

至於祖先神的崇拜，周人已不若殷人般地以求「福佑」避免祖先「作祟」〔註122〕等的功利心態，反而是增加了祖先神的「道德性」，強調祖先的功績與德性是周人祖先崇拜的一個特色，這在前面的展禽之言中即已透露出這樣的現象，在《詩經》中亦可看到，如在〈大雅‧文王〉中即歌頌文王及武王的德性功業，在〈大雅‧緜〉中則歌頌太王、文王為周人奠基開拓之功，〈大雅‧思齊〉篇中亦歌頌文王之德，而在〈大雅‧皇矣〉篇中則表彰太王、太伯、王季之德，並記文王伐密、崇之功，〈大雅‧下武〉則是頌美成王的德性，〈大雅‧生民〉則是敘述周人始祖后稷之功，〈大雅‧公劉〉則歌頌公劉遷豳之功與德等等，從這些篇章中均反映了周人對於祖先崇拜的根本之處，而「道德化」了的祖先神也正反映了周人將祖先神強調其具有道德人性的「人格化」的特色，與殷人將祖先視為會降災的不可捉摸的形象有很大的不同，在這樣的情形下，周人的祖先神亦扮演了具有「收族」作用的社會性職能的角色，而周人的宗法制度即藉由祖先之德性與功業作為族人的楷模，以收宗族凝聚之效。

〔註122〕有學者根據卜辭提出：殷人認為祖先會作祟，即會帶來災禍、疾病跟不祥等，於是舉行祭祀以討好他們。見劉源，《商周祭祖禮研究》，頁239～249。

綜合以上周人所崇拜的三大神靈系統來看，周人的神靈系統在本質上較之殷人已有了很大的不同，即是這些神靈都具有道德性並且強化其社會性職能的人格神，它們不再是令人民無所適從而恐懼的神靈，它們所具備的「道德性」拉近了神民之間的距離，調和了神人之間的關係，在這樣的情形下，使得周人的神權統治中帶有「人本」的道德性特色，淡化了神權思想的色彩，而這也充分投射了周人政治社會結構中所具有的道德性本質。

（二）天命觀

周人天命觀的內涵較之殷人有很大的轉變，其主要的不同即在於周人出現了「天命靡常」的觀念，這四個字可見於《詩經‧大雅‧文王》：「侯服于周，天命靡常。」〔註123〕而這樣的概念也普遍出現在《詩經》的詩篇以及《尚書》的誥文之中，藉此以誡惕周人的後代子孫，避免再重蹈殷人亡國的後轍，如此才能永保天命在身，〈大雅‧文王〉篇中即有「宜鑒于殷，駿命不易」之句。不過，這種天命靡常的觀念背後所反映的是周人對於「人事」的重視，強調統治者現世的事功表現，而不是在於「神事」的隆重，所謂「上天之載，無聲無臭。儀刑文王，萬邦作孚。」〔註124〕儘管上天無聲無臭，但它卻是監看著天下統治者的作為，而文王的表現則正是統治者儀型的典範，唯有效法文王也才能令萬邦信服周人的統治，這正體現了周人天命觀的精神。

周人雖然透過歌頌祖先的豐功偉業、節操德行以規範現世君主的言行表現，然而從這些歌頌的人物事蹟中，卻也象徵周人先祖蓽路藍縷的艱苦奮鬥過程，不過這樣的艱辛過程似乎有助於誘發周人產生憂患意識的精神自覺，而在這樣的自覺下進而讓周人體認到「天命」其實是來自於自身的努力，而非永遠的命定，而這樣「天命靡常」的觀念從太王有「翦商」〔註125〕之志即可充分展現出來，因為唯有「天命靡常」，周人才敢有「翦商」之志，否則殷人真是能夠「天命永常」的話，周人又何以敢違逆天意步步進逼，挑戰殷人的政權？因此「天命靡常」觀實源自於周人的「憂患意識」，而這兩者同時也是周人天命觀一體之兩面。

有關周人憂患意識的出現，據《易‧繫辭下》可知：「易之興也，其於中

〔註123〕《詩經‧大雅‧文王》，《十三經注疏》本，頁536。
〔註124〕《詩經‧大雅‧文王》，《十三經注疏》本，頁537。
〔註125〕「后稷之孫，實維大王，居岐之陽，實始翦商。」見《詩經‧魯頌‧閟宮》，《十三經注疏》本，頁777。

古乎？作易者，其有憂患乎？」〔註126〕「易之興也，其當殷之末世，周之聖德邪？當文王與紂之事邪？是故其辭危。」〔註127〕據文中之意，《易》之興盛當源於殷周之際周文王身處憂患之時，〈疏〉亦曰：「《周易》起於文王及周公也，此之所論謂《周易》也。作《易》者其有憂患乎者，若無憂患，何思何慮，不須營作。今既作《易》，故知有憂患也。身既患憂，須垂法以示於後，以防憂患之事。」〔註128〕《周易》興起的背後所反映的正是周人所具的憂患意識，然而周人這種憂患意識的出現相較於殷人將人事的變化無常歸咎於鬼神作祟的一種恐懼心理是很不一樣的，對於這兩者的差異，徐復觀作了很好的詮釋：

> 「憂患」與恐怖、絕望的的最大不同之點，在於憂患心理的形成，乃是從當事者對吉凶成敗的深思熟考而來的遠見；在這種遠見中，主要發現了吉凶成敗與當事者行為的密切關係，及當事者在行為上所應負的責任。憂患正是由這種責任感來的要以己力突破困難而尚未突破時的心理狀態。所以憂患意識，乃人類精神開始直接對事物發生責任感的表現，也即是精神上開始有了人地自覺的表現。〔註129〕

不過由徐復觀的詮釋來看，周人的憂患意識是一種超越了在人類原始宗教信仰下因缺乏自信而對於鬼神恐懼的成熟思想，這種思想發展上的飛躍，當不可能在文王的時候即突然出現，這種屬於「思想性」的自覺當有其一段長時間的閱歷與蘊釀才得以發生，史籍所載文王演《易》一事不過只是突顯了周人所具有「憂患意識」的心理狀態罷了。因此，周人這種憂患意識的出現應可上溯到更早的時期，類此文王所遭遇到被紂王囚禁在羑里的因人事問題所產生如前引《疏》中以及徐復觀所言的心理狀態，其實早在文王之前的周人應該即已有所體認，《詩經》中的部份篇章即透露出這樣的訊息。

在〈大雅・公劉〉周人的稱頌中即云：「篤公劉，匪居匪康，迺場迺疆，迺積迺倉。」〔註130〕周人在詩的開頭讚頌公劉篤實忠厚，不敢安居晏息，勤

〔註126〕《周易・繫辭下》，《十三經注疏》本，藝文印書館，台北，民國 86 年，頁173。
〔註127〕《周易・繫辭下》，《十三經注疏》本，頁 175。
〔註128〕《周易・繫辭下》，《十三經注疏》本，頁 173。
〔註129〕徐復觀，《中國人性論史──先秦篇》，台灣商務印書館，台北，1969 年，頁 20～21。
〔註130〕《詩經・大雅・公劉》，《十三經注疏》本，頁 617。

於整治田地，積存穀糧。〔註131〕當時的周人居於戎狄之間，〔註132〕面對戎狄可能隨時帶來生存威脅的困境下，公劉率領了族人遷居於豳從事墾殖，拓展了周人生存的空間，公劉這樣的舉動背後正反映了周人在面對戎狄所可能帶來的人事威脅下所產生的一種「憂患意識」，認為唯有透過自身的努力才能為自己及後代子孫奠立萬世不拔的生存基業，因此詩人在詩中不斷反複歌頌公劉的作為，如：「篤公劉，于胥斯原，既庶既繁；既順迺宣，而無永歎。」「篤公劉，逝彼百泉，瞻彼溥原；迺陟南岡，乃覯于京。」「篤公劉，既溥既長，既景乃岡，相其陰陽，觀其流泉。」「篤公劉，于豳斯館。涉渭為亂，取厲取鍛。」〔註133〕等，均透露出公劉在周人的移墾中所帶來的重要貢獻。公劉的這些作為正是源自於一種自身的責任感，不假藉於鬼神的福佑，強調事情的吉凶成敗來自於自身的作為，因此在〈大雅・公劉〉詩末，詩人作了最好的註解：「止旅乃密，芮鞫之即。」〔註134〕此句即意謂在公劉的努力經營下，芮水邊定居了眾多的人口。在公劉面對戎狄威脅的「憂患意識」下，憑著自身的努力作為，奠立了周人的生存之基。

其次在〈大雅・緜〉中，對於太王的歌頌亦透露了同樣的訊息。據《史記》所載，太王由於面臨薰育戎狄「欲得地與民」的入侵威脅，當時「民皆怒，欲戰」，不過，太王竟選擇「避戰」繼而率領族人遷居至岐下，〔註135〕化解了一場可能造成生靈塗炭的戰爭，姑且不論太王選擇「避戰」是來自於儒家的美化，或是當時周人的實力不足，這樣事件的背後所透露的正是周人統治者一種勇於任事的負責任態度，即使自知不敵，在「民氣可用」的情況下，周人統治者也不會藉由鬼神之名的「神權意識」以愚弄人民進而尋求戰爭勝利的可能，這種「不問鬼神問蒼生」的負責任態度，也正反映了周人所具有的「憂患意識」。在這樣的「憂患意識」下，雖然周人到了周原，「爰始爰謀，爰契我龜。曰止曰時，築室于茲」，〔註136〕但是周人仍是戰戰兢兢努力從事建設，在周原這個地方奠立了周人粗具國家規模的基礎，〔註137〕所

〔註131〕釋文參考自屈萬里，《詩經詮釋》，頁 497。高亨，《詩經今注》，里仁書局，台北，民國 70 年，頁 415。
〔註132〕見《史記・周本紀》，頁 112。
〔註133〕《詩經・大雅・公劉》，《十三經注疏》本，頁 618、620～621。
〔註134〕《詩經・大雅・公劉》，《十三經注疏》本，頁 621。
〔註135〕見《史記・周本紀》，頁 113～114。
〔註136〕《詩經・大雅・緜》，《十三經注疏》本，頁 547。
〔註137〕見李民、張國碩，《夏商周三族源流探索》，河南人民出版社，鄭州，1998 年，

謂：「乃召司空，乃召司徒，俾立室家。其繩則直，縮版以載，作廟翼翼。」〔註138〕並進而驅逐了混夷等西戎也，即〈大雅‧緜〉所謂：「迺立冢土，戎醜攸行。」〔註139〕太王能在周原繼續延續周人的生存命脈並進而壯大了周人，這絕非「天命」的偶然，而是在於周人所具有的「憂患意識」才有以致之。

從以上列舉《詩經》篇章中有關歌頌公劉、太王等人的事蹟中，我們可以發現當時的周人均身處在複雜的族群環境中，這樣的情形從考古發掘〔註140〕中亦得到了充分的證明，在這樣的多族群的生存環境中，周人如何從中謀求永續的生存發展實是其必須面對的課題，因此，在這樣的環境下遂孕育了周人「重人事」的「憂患意識」，意即對於當時實力還不夠強大的周人而言如何與這些族群共處決非光靠「神事」可以解決，唯有靠「人事」才能克服，這就是周人「憂患意識」所產生的背景與因素，也就是因為如此，周人較之於殷人更有其高度的政治智慧，卒能以「小邦周」之姿以征服「大邦殷」而有天下八百年。

反觀當時國力強大掩有四方的殷人，不若周人必須面對族人的根本生存問題，而在殷人「輕人事重神事」的傳統思維下，「神意」似乎成了殷人行事的保證；同時到了殷代後期由於與外族的戰爭減少〔註141〕以及殷王生活的過

頁 332～333。
〔註138〕《詩經‧大雅‧緜》，《十三經注疏》本，頁548。
〔註139〕《詩經‧大雅‧緜》，《十三經注疏》本，頁549。
〔註140〕從先周文化的考古發掘中發現當時的周人文化實具有多元性融合特色，這也反映了當時族群的複雜性。從鄒衡對於以下先周文化的看法，即可得知：「先周文化的形成是由多種文化因素相互融合的過程。這些文化因素的主要組成部分有三：（一）來自以殷墟為代表的商文化；（二）從光社文化中分化出來的姬周文化；（三）來自辛店、寺洼文化的姜炎文化。就其人群而言，主要包括三大集團：（一）來自東北方的姬周集團。其中包括天族、和矢族。另外兀族、朱族似亦應屬於此集團。在此集團中，又以天族中的黃帝族（即天黿氏）為主體。（二）來自西方的羌姜集團。現在還只發現一個族，即屮族，它可能屬於文獻上說的炎帝族。（三）其他居民集團。這個居民集團比較複雜，有原住居民，也有外來戶。其中可能包括夏族的遺民，最著名的代表就是戈族，它可能就是夏的後代戈氏（《史記‧夏本紀》）。也有來自商王朝領域之內的各族，先秦的祖先集族即其代表。還有其他各小族，不備舉。在先周文化形成的前後，以上三大集團大概都同商王朝發生了關係。」見鄒衡，〈論先周文化〉，收於《夏商周考古學論文集（第二版）》，頁324。
〔註141〕據卜辭所見，武丁時期戰爭特多，不過武丁以後的戰爭則有減少的現象，如祖庚、祖甲在甲骨卜辭中很少有關戰爭的紀錄，廩辛、康丁時代並無顯著的

分安逸，〔註142〕亦使得殷人更不若周人之有憂患意識，從紂王面對周人的威脅時還謂：「我生不有命在天？」即可見一般。

　　因此，綜合以上的論述來看，周人的「天命靡常」觀實蘊釀自周人的「憂患意識」，而這種憂患意識的出現在於周人身處在多族群威脅的人文生態下，為謀求族人的生存發展，遂逐漸孕育出周人不問鬼神勇於任事的負責任態度，這樣的態度強調了「人」的自覺與表現，如此也才能得到上天的眷顧，因此周人的天命靡常觀與憂患意識實是一體之兩面，其背後所反映的正是人的道德性自覺，淡化了周人「神權」統治的色彩。

（三）儀　式

　　周人因於殷禮，關乎神權統治的占卜及祭祀等儀式在形式上仍歷久不衰，在周人的生活中具有重要的地位。如在《尚書·大誥》中即有：「寧王遺我大寶龜，紹天明；即命曰：『有大艱于西土，西土人亦不靜。』越茲蠢。……我有大事、休，朕卜並吉。」〔註143〕文中記錄了周公在平定三監之亂前的占卜活動，藉此以鼓舞士氣、砥礪軍心。又在〈洛誥〉中亦有：「我卜河朔黎水。我乃卜澗水東、瀍水西，惟洛食。我又卜瀍水東，亦惟洛食。伻來以圖，及獻卜。」〔註144〕文中透露了周公在營建雒邑之前是經過召公卜居的，而周公最後將卜居的結果獻給成王以作定奪。在〈金縢〉中則見周公透過龜卜祈求武王早日病癒的記載：「乃卜三龜，一習吉。」〔註145〕另外前引《詩經·大雅·

戰爭紀錄，武乙及文武丁時代則戰爭紀錄較多，帝乙、帝辛時代亦有一些戰爭的紀錄，但主要強敵在東邊的人方。不過總體來看，武丁時代的戰爭最為頻繁。見張秉權，《甲骨文與甲骨學》，國立編譯館，台北，民國 77 年，頁 488～506。

〔註142〕《尚書·無逸》篇中周公勉成王之語即謂：「嗚呼！我聞曰：昔在殷王中宗，嚴恭寅畏，天命自度，治民祇懼，不敢荒寧。肆中宗之享國七十有五年。其在高宗，時舊勞于外，爰暨小人。作其即位，乃或亮陰，三年不言；其惟不言，言乃雍。不敢荒寧，嘉靖殷邦。至於小大，無時或怨。肆高宗之享國五十有九年。其在祖甲，不義惟王，舊為小人。作其即位，爰知小人之依；能保惠于庶民，不敢侮鰥寡。肆祖甲之享國三十有三年。自時厥後，立王生則逸；生則逸，不知稼穡之艱難，不聞小人之勞，惟耽樂之從。自時厥後，亦罔或克壽：或十年，或七八年，或五六年，或三四年。」《十三經注疏》本，頁 240～241。

〔註143〕《尚書·大誥》，《十三經注疏》本，頁 190～191。

〔註144〕《尚書·洛誥》，《十三經注疏》本，頁 225。

〔註145〕《尚書·金縢》，《十三經注疏》本，頁 187。

縣》中亦得見太王的龜卜活動：「爰始爰謀，爰契我龜。曰止曰時，築室于茲」。
在金文《召鼎》中則有：「令女（汝）更（賡）乃且考嗣卜事」〔註146〕之語。
有關周人的占卜活動散見在各文獻之中，例多不盡舉，不過據文獻來看，周
人的卜問事項大致有卜居（如前引〈洛誥〉、〈大雅·縣〉）、卜征伐（如前引
〈大誥〉）、卜田獵（見《史記·齊太公世家》）、卜病（如前引〈金縢〉）、卜
年壽（見《詩經·小雅·天保》）、卜求百福（見《詩經·小雅·楚茨》）、卜
旱（見《竹書紀年》厲王二十六年條）等，由此可見占卜活動在周人生活中
的重要性。至於祭祀活動，《左傳·文公二年》中即有：「祀，國之大事也」；
〔註147〕〈成公十三年〉亦有：「國之大事，在祀與戎。祀有執膰，戎有受脤，
神之大節也。」〔註148〕之語，據楊伯峻注：「執膰與受脤均爲與鬼神交際之大
節。」〔註149〕由此可以看出祭祀活動是周人與鬼神交際之重要活動。雖然周
人的占卜及祭祀活動在形式上繼承了殷人有其相當的重要性，但是在內涵上
卻是有了一些重大的變化，即是周人的占卜及祭祀等儀式已逐漸具備了人文
化及道德化的特色。

　　首先就西周的神職人員及機構來看，有些在地位及規模上已不若殷代。
前者據學者研究，當時的神職人員如巫祝、卜官等在數量上已不如殷代之多，
而且其地位也不像殷代時可享有被祭祀或參與最高政治決策的權力。〔註150〕
而後者據卜辭所見殷代的職官機構，當時只有「大事寮」（《合集》36423）是
王室中央最高的職官機構，主持所有的政務與宗教文化等相關事宜，其下共
有五類職官：政務類、事務類、軍事類、宗教文化類、宮廷類等，〔註151〕而
這五類職官的地位若依殷人如此重視神職人員來看，其中的宗教文化類職官
地位應較高才是，這從《禮記·曲禮下》所言亦可得到啓發：

　　天子建天官，先六大，曰大宰，大宗，大史，大祝，大士，大卜：
　　典司六典。天子之五官：曰司徒，司馬，司空，司士，司寇：典司
　　五眾。〔註152〕

〔註146〕釋文引自馬承源主編，《商周青銅器銘文選》第三卷，頁169（彝銘拓片參見
　　　　附錄三之圖九）。
〔註147〕《左傳·文公二年》，《十三經注疏》本，頁303。
〔註148〕《左傳·成公十三年》，《十三經注疏》本，頁460。
〔註149〕楊伯峻，《春秋左傳注》，中華書局，北京，1990年，頁861。
〔註150〕見王貴民，《商周制度考信》，頁181～182。
〔註151〕見王宇信、楊升南主編，《甲骨學一百年》，頁462。
〔註152〕《禮記·曲禮下》，《十三經注疏》本，頁81。

其中的「天官」最為重要，是最先設置用來總管神事及天文氣象的職官，其
次才設其它的五官來總管「民事」。從〈曲禮下〉所言來看卜辭中的職官設置，
似乎可以看出宗教類職官機構在殷代有其崇高的地位。但是到了周代，據金
文來看，則有卿事寮與太史寮兩大職官機構：

> 〈毛公鼎〉：……巳曰及茲卿事寮、大（太）史寮，于父即尹。……
> 〔註153〕

前者掌管軍政大權，其長官是太保或大師，後者負責宗教文化等事務，長官
是太史，但是其地位低於太保或大師。〔註154〕這樣的情況從《周禮》中的職
官設置的順序亦可相互發明，即是掌管神事的宗教類職官被在安排在「春
官」，而不是如前引〈曲禮下〉列在首位的「天官」，而在「春官」之前掌管
總理政務的「天官」則成為了六卿之首，在《周禮・天官冢宰》即云：

> 惟王建國，辨方正位，體國經野，設官分職，以為民極，乃立天官
> 冢宰，使帥其屬而掌邦治，以佐王均邦國。〔註155〕

透過以上周人對於職官的設置來看，可以看出周人重視「人事」的特性，由
此可見周人在行事時已逐漸擺脫迷信的色彩，強調統治者自身作為的表現，
展現了人文的自覺與責任感，不再事事依托於「神意」。另外對於神職人員本
身，如對於祝，周人強調其應具有「信」的精神，即「誠」的精神，《左傳・
桓公六年》：

> 少師歸，請追楚師。隨侯將許之。季梁止之，曰：「天方授楚，楚之
> 贏，其誘我也。君何急焉？臣聞小之能敵大也，小道大淫。所謂道，
> 忠於民而信於神也。上思利民，忠也；祝史正辭，信也。今民餒而
> 君逞欲，祝史矯舉以祭，臣不知其可也。」〔註156〕

楊伯峻注：「信，誠也。」〔註157〕又在《國語・楚語》中提到祝官所應有的標
準中亦強調了「忠信」的精神：

> 昭王問於觀射父，曰：「《周書》所謂重、黎寔使天地不通者，何也？
> 若無然，民將能登天乎？」對曰：「非此之謂也。……是使制神之處

〔註153〕釋文引自馬承源主編，《商周青銅器銘文選》第三卷，頁317（彝銘拓片參見
　　　　附錄三之圖三）。
〔註154〕楊寬，《西周史》，台灣商務印書館，台北，1999年，頁305。
〔註155〕《周禮・天官冢宰》，《十三經注疏》本，頁10～12。
〔註156〕《左傳・桓公六年》，《十三經注疏》本，頁110。
〔註157〕楊伯峻，《春秋左傳注》，頁111。

> 位次主，而爲之牲器時服，而後使先聖之後之有光烈，而能知山川
> 之號、高祖之主、宗廟之事、昭穆之世、齊敬之勤、禮節之宜、威
> 儀之則、容貌之崇、忠信之質、禋絜之服，而敬恭明神者，以爲之
> 祝。……」〔註158〕

從以上兩則論述中可以看出，周人對於神職人員的道德性要求強調必須具備
「誠信」的原則，若沒有誠信則將「上欺於神，下瞞於君」，不僅得不到神靈
的信任福佑，也將爲君主帶來災禍，即如晏子所言：「是以鬼神不饗，其國以
禍之。」〔註159〕這樣的觀念反映出了「人」的道德性自覺，不再一昧只相信
神職人員的專業性，而更強調其「道德性」的素養——誠信，惟有具備誠信
的道德性素養，神職人員的專業也才能爲人民帶來眞正的福祉。

　　大至神職機構，小至神職人員，周人在形式上似乎仍延續了殷人重神事
的傳統，但在內涵上卻已有了創新，即賦予了「人」的自覺精神，使其在神
權的外衣下具備了人文及道德性的內涵。

　　其次，就祭祀的用牲以及祭祀的作用來看，周人祭祀在用牲數量上似乎
仍相當大，如《逸周書・世俘解》云：「用牛於天於稷五百有四，用小牲羊、
豕於百神水土社二千七百有一。」〔註160〕不過這種用牲的數量與種類在周人
的社會中是有等級差別的，在《國語・楚語》中觀射父即謂：「祀加以舉。天
子舉以太牢，祀以會；諸侯舉以特牛，祀以少牢；卿舉以少牢，祀以特牛；
大夫舉以特牲，祀以少牢；士食魚炙，祀以特牲；庶人食菜，祀以魚。上下
有序，則民不慢。」〔註161〕由此可以看出，周人對於祭祀權不若殷人高度集
中在王的手中，反而是透過祭祀等級的差異來突顯出周人「上下有序」的倫
理關係，這其中即蘊含了周人重倫理的道德觀。此外，周人在用牲上幾乎已
多不用「人牲」，據考古資料來看，目前從西周貴族墓中發現有人牲的情形若
依墓主時間先後依序排列則有以下幾個例子：

　　其一，在北京琉璃河燕侯墓地 202 墓的南墓道東壁發現了一個用來祭祀
的人頭骨，時間約在西周初期。〔註162〕其二，在陝西寶雞茹家莊強伯 1 號墓

〔註158〕《國語・楚語下》，頁 559～560。
〔註159〕《左傳・昭公二十年》，《十三經注疏》本，頁 857。
〔註160〕黃懷信，《逸周書校補注譯・世俘解》，西北大學出版社，西安，1996 年，頁
　　　　219。
〔註161〕《國語・楚語下》，頁 564～565。
〔註162〕報告指出：「內埋帶有頸椎骨的人頭骨一個，面向北，周圍放置數片繩紋灰陶

的墓道填土中發現一具身首分離約 3 公尺的人牲,時間約爲西周中期。〔註163〕
其三,在山西曲沃北趙晉文侯 93 號墓地,分別在 97 及 98 號墓中發現被葬者,
應是人牲的遺存,時間約在西周晚期。〔註164〕其四,在河南新鄭縣唐戶村鄭
國(或鄶國)貴族 3 號墓的填土中發現無頭屈肢人架一具,時在西周晚期。〔註
165〕從以上的例子可以看出,周人在重大的祀典上雖還使用人牲,但數量已不
多,這樣的習俗或許是因於殷禮,但到了西周以後,已逐漸改變、大量減少,
而在《左傳・僖公十九年》即有反對使用人牲的言論:

> 夏,宋公使邾文公用鄫子于次睢之社,欲以屬東夷。司馬子魚曰:「古
> 者六畜不相爲用。小事不用大牲,而況敢用人乎?祭祀以爲人也。
> 民,神之主也。用人,其誰饗之?齊桓公存三亡國以屬諸侯,義士
> 猶曰薄德,今一會而虐二國之君,又用諸淫昏之鬼,將以求霸,不
> 亦難乎?得死爲幸。」〔註166〕

司馬子魚所言道出了使用人牲之不合時宜之處,「祭祀以爲人也。民,神之主
也」,從西周人牲大量減少以及司馬子魚的言論來看,這正反映了周人在道德
理性文明上的進步。

　　至於周人祭祀的作用,則具有強調等級尊卑次序的倫理觀,以及強化宗
族團結的目的,從《國語・楚語下》所見觀射父回答楚昭王之語即充分說明
了周人的祭祀活動所具有的人文及道德性色彩:

> 祀所以昭孝息民、撫國家、定百姓也,不可以已。……是以古者先王
> 日祭、月享、時類、歲祀。諸侯舍日,卿、大夫舍月,士、庶人舍時。
> 天子徧祀羣神品物,諸侯祀天地、三辰及其土之山川,卿、大夫祀其
> 禮,士、庶不過其祖。…於是乎合其州鄉朋友婚姻,比爾兄弟親戚。

片。此一跡象或和ⅡM202 有密切關係,也許是爲建墓時舉行某種儀式而設。」
　　北京市文物研究所,《琉璃河西周燕國墓地(1973～1977)》,文物出版社,北
　　京,1995 年,頁 19。
〔註163〕寶雞茹家莊西周墓發掘隊,〈陝西省寶雞市茹家莊西周墓發掘簡報〉,《文物》
　　　　1976 年第四期。
〔註164〕北京大學考古學系等,〈天馬──曲村遺址北趙晉侯墓地第五次發掘〉,《文
　　　　物》1995 年第七期。
〔註165〕報告中認爲此具人架應是在填土時舉行祭祀用的人牲。開封地區文物管理委
　　　　員會等,〈河南省新鄭縣唐戶兩周墓葬發掘簡報〉,《文物資料叢刊(二)》,文
　　　　物出版社,北京,1978 年,頁 42。
〔註166〕《左傳・僖公十九年》,《十三經注疏》本,頁 239～240。

於是乎弭其百疴，殄其讒慝，合其嘉好，結其親暱，億其上下，以申

固其姓。上所以教民虔也，下所以昭事上也。……〔註167〕

從以上有關周人占卜及祭祀等儀式的論述可以看出，在這些儀式的背後，實是蘊含了周人道德理性的特色在其中。

儘管周因於殷禮，繼承了殷人的「神權」統治，但在神權思想的內涵上周人卻有所損益，從崇拜的神靈、天命觀、及儀式等種種與神權統治有關的部份，在形式上周人雖因襲自殷人，但在內涵上卻有所創新改造，淡化了神權統治的色彩，亦即在「天命靡常」觀的指導下，周人有了「人文」的道德性自覺，這樣的自覺反映在對於神靈「人格化」的塑造，以及儀式的精神開始重視以人為本，體認到「人事」在「神事」之下有其不可輕忽的地位，不再只獨尊於「神事」，強調「明德」、「敬天」、「保民」〔註168〕的重要，這是精神文明的一大進步，由此進而衍生了周人昌盛的禮樂文明，無怪乎孔子會說：「郁郁乎文哉，吾從周！」

第二節　西周時期禮治思想的形成

在西周時期神權思想淡化的背景下，「禮」成了周人治國的根本，長治久安的基礎，如《左傳・僖公十一年》云：「禮，國之幹也；敬，禮之輿也。不敬，則禮不行；禮不行，則上下昏，何以長世？」〔註169〕《左傳・隱公十一年》亦云：「禮，經國家，定社稷，序人民，利後嗣者也。」〔註170〕《正義》曰：「國家非禮不治，社稷得禮乃安，故禮所以經理國家，安定社稷。以禮教民，則親戚和睦；以禮守位，則澤及子孫，故禮所以次序民人，利益後嗣。」〔註171〕從《左傳》及《正義》所言來看，以「禮」為治的「禮治」不僅是一種治國的形式，也是一種治國的思想，儘管在我國古代的文獻中不見「禮」、「治」二字連用的辭彙，但這樣的思想卻是存在的，除了前引《左傳》之語以外，在《禮記・

〔註167〕《國語・楚語下》，頁 567。

〔註168〕周人「明德敬天保民」的政治觀念在《尚書》中的〈大誥〉、〈康誥〉、〈酒誥〉、〈梓材〉、〈召誥〉、〈洛誥〉、〈多士〉、〈無逸〉、〈君奭〉、〈多方〉、〈立政〉、〈顧命〉、〈呂刑〉等諸篇中可以得見。

〔註169〕《左傳・僖公十一年》，《十三經注疏》本，頁 222。

〔註170〕《左傳・隱公十一年》，《十三經注疏》本，頁 81。

〔註171〕同上註。

曲禮上》中亦云：「人有禮則安，無禮則危。」〔註172〕〈坊記〉亦曰：「夫禮，坊民所淫，章民之別，使民無嫌，以爲民紀者也。」〔註173〕類似的主張在先秦典籍中隨處可見。

　　不過，這樣的一種思想及統治形式追源自於周人的「天命靡常」觀，因爲天命「靡常」，周人不再相信「神權」統治可以帶來長治久安，惟有「敬德保民」才是鞏固王權的基礎，所謂「天亦哀于四方民，其眷命用懋，王其疾敬德」〔註174〕「用康保民，弘于天若」〔註175〕「天矜于民，民之所欲，天必從之」「天視自我民視，天聽自我民聽」〔註176〕即此之謂也，因此周人「禮治」之「禮」或有因襲於「殷禮」之處，但在脫掉了殷人「神權思想」的神秘外衣後，周人的「禮」實已蘊含有人文性的「道德」成份在其中，即如前節所述周人的祭祀儀式，即已具備了這樣的特性，是故周人「禮治」的實質內涵即是「德治」，〔註177〕而這種「德」〔註178〕的內容一言以蔽之，主要是一種「敬天保民」的人文精神，因此，「禮」是表、是形式，「德」是裏、是內涵，「禮」與「德」互爲表裏，兩者實是一體之兩面二而合一，亦即周人的「禮治」思想在本質上即是以實現「德治」爲目的，也就是將「德」與「禮」相結合的一種治國的思想，對此王國維在〈殷周制度論〉中說：「故知周之制度、典禮，實皆爲道德而設。而制度、典禮之專及大夫、士以上者，亦未始不爲民而設也。周之制度典禮，乃道德之器械。……是周制刑之意，亦本于德治、

〔註172〕《禮記・曲禮上》，《十三經注疏》本，頁16。

〔註173〕《禮記・坊記》，《十三經注疏》本，頁871。

〔註174〕《尚書・召誥》，《十三經注疏》本，頁220～221。

〔註175〕《尚書・康誥》，《十三經注疏》本，頁201。

〔註176〕分別見於《尚書・泰誓上》、〈泰誓中〉，《十三經注疏》本，頁154、155。

〔註177〕「德治」一詞亦不見於古代典籍中，與「德治」相類的古代辭彙有「德化」（《韓非子・難一》：舜其信仁乎，乃躬藉處苦而民從之，故曰：「聖人之德化乎！」）、「德政」（《左傳・隱公十一年》：政以治民，刑以正邪；既無德政，又無威刑，是以及邪。）、「德教」（《漢書・元帝紀》：漢家自有制度，本以霸、王、道雜之，奈何純任德教，用周政乎？）、「德惠」（《史記・秦始皇本紀》：皇帝休烈，平一宇內，德惠脩長。）等。雖然古語中不見「德治」一詞，但從上述相類的辭彙，以及先秦文獻尤其是儒家典籍中常見有關「德治」的思想，可見這樣的概念是存在的。

〔註178〕周人之「德」可視爲是一個綜合概念，融信仰、道德、行政、政策爲一體。依據德的原則，對天、祖要誠，對己要嚴，與人爲善。用于政治，最重要的是保民與愼罰。見劉澤華主編，《中國政治思想史（先秦卷）》，浙江人民出版社，杭州，1996年，頁24。

禮治之大經。」〔註179〕王氏之語可以說是對於周人「禮治」與「德治」的關係作了最好的詮釋。不過,在認識了周人禮治思想的特性後,欲了解周人以「德治」為本質的禮治思想是如何形成的,則必須先從「德」與「禮」的起源及發展開始談起,唯有如此才能幫助我們了解周人禮治思想形成的可能性面貌。

一、周人「德」的觀念之蘊釀與發展

周人之能以「小邦周」滅掉「大邦殷」當非一蹴可幾,其間蓋經歷了若干世代的努力才有以致之,太史公即曾謂:「昔虞、夏之興,積善累功數十年,德洽百姓,攝行政事,考之於天,然後在位。湯、武之王,乃由契、后稷脩行仁義十餘世,不期而會孟津八百諸侯,猶以為未可,其後乃放弒。秦起襄公,章於文、繆、獻、孝之後,稍以蠶食六國,百有餘載,至始皇乃能并冠帶之倫。以德若彼,用力如此,蓋一統若斯之難也。」〔註180〕意指周之有天下如同虞、夏,乃因「德」恰百姓修行仁義十餘世才得以如此,「德」成了周人擁有民心的基礎,這樣的情形在《史記・周本紀》中即有所記載,茲將其情形整理成表二。

雖然這些先公先王們皆有「令德」,不過,從表二整理的事蹟來看,所謂的「德」在內容上是有所不同的,這可以粗分為「對人」及「對事」兩個層次,如「對事」之德有:后稷教民播時百穀;公劉行者有資,居者

表二:周人先公先王行德事蹟表

先公先王	行　德　事　蹟
后　稷	及為成人,遂好耕農,相地之宜,宜穀者稼穡焉,民皆法則之。帝堯聞之,舉棄為農師,天下得其利,有功。帝舜曰:「棄,黎民始飢,爾后稷播時百穀。」封棄於邰,號曰后稷,別姓姬氏。后稷之興,在陶唐、虞、夏之際,皆有令德。〔註181〕
公　劉	公劉雖在戎狄之間,復脩后稷之業,務耕種,行地宜,自漆、沮度渭,取材用,行者有資,居者有畜積,民賴其慶。百姓懷之,多徙而保歸焉。周道之興自此始,故詩人歌樂思其德。〔註182〕

〔註179〕王國維,〈殷周制度論〉,見《觀堂集林》今收於《王觀堂先生全集》冊二,
　　　　頁459～460。
〔註180〕《史記・秦楚之際月表》,頁759。
〔註181〕《史記・周本紀》,頁112。
〔註182〕同上註。

太　王	古公亶父復脩后稷、公劉之業，積德行義，國人皆戴之。薰育戎狄攻之，欲得財物，予之。已復攻，欲得地與民。民皆怒，欲戰。古公曰：「有民立君，將以利。今戎狄所爲攻戰，以吾地與民。民之在我，與其在彼，何異。民欲以我故戰，殺人父子而君之，予不忍爲。」乃與私屬遂去豳，度漆、沮，踰梁山，止於岐下。豳人舉國扶老攜弱，盡復歸古公於岐下。及他旁國聞古公仁，亦多歸之。於是古公乃貶戎狄之俗，而營築城郭室屋，而邑別居之。作五官有司。民皆歌樂之，頌其德。〔註183〕
王　季	公季脩古公遺道，篤於行義，諸侯順之。〔註184〕
文　王	西伯曰文王，遵后稷、公劉之業，則古公、公季之法，篤仁，敬老，慈少。禮下賢者，日中不暇食以待士，士以此多歸之。伯夷、叔齊在孤竹，聞西伯善養老，盍往歸之。太顚、閎夭、散宜生、鬻子、辛甲大夫之徒皆往歸之。崇侯虎譖西伯於殷紂曰：「西伯積善累德，諸侯皆嚮之，將不利於帝。」帝紂乃囚西伯於羑里。……西伯陰行善，諸侯皆來決平。於是虞、芮之人有獄不能決，乃如周。入界，耕者皆讓畔，民俗皆讓長。虞、芮之人未見西伯，皆慚，相謂曰：「吾所爭，周人所恥，何往爲，祇取辱耳。」遂還，俱讓而去。諸侯聞之，曰：「西伯蓋受命之君。」〔註185〕

有畜積；太王貶戎狄之俗，而營築城郭室屋，而邑別居之，作五官有司。如「對人」之「德」有：太王有避戰的仁人之心；王季遵太王遺道，篤行仁義；文王則太王、王季之法，篤仁、敬老慈幼、禮賢下士、建立耕者讓畔民俗讓長的風氣等。因此，若以「人」、「事」來區分這些「對人」及「對事」的「德」，則前者可謂之「德性」，即強調統治者本身的道德品行，而這樣的道德品行可以起「風行草偃」之效；而後者可謂之「德行」，即指統治者的施政作爲能否讓人民安居樂業。這兩者的關係若依上表周人所歌頌祖先事蹟的順序來看，則「德行」之德先於「德性」之德，蓋「好的行爲係出於人之心，於是外在的行爲，進而內在化爲人的心的作用，遂由『德行』之德，發展成爲『德性』之德。」〔註186〕而這些所謂的「德行」與「德性」等「令德」，也正是周王所必須實踐的「政行」。

從以上歷史記載可以看出，「德」的概念發展至此已相當的細緻豐富，而這些概念均涵蓋在周初周公所謂的「德」的豐富內容之中，〔註187〕不過周公

〔註183〕同上書，頁113～114。
〔註184〕同上書，頁116。
〔註185〕同上書，頁116～117。
〔註186〕徐復觀，《中國人性論史──先秦篇》，頁23。
〔註187〕歸納來看，周人德的内涵大致有如下十項：1. 敬天；2. 敬祖，繼承祖業；3. 尊王命；4. 虛心接受先哲之遺教，包括商先王先哲的成功經驗；5. 憐小民；

所闡發的「德」應非突發「奇想」，應是揉合了前人長期以來的行為與智慧所發展出來的內容，即前引太史公所言「行仁義十餘世」之謂也，周公可以說是從初民社會以來，對於「德」的概念作了系統性總結的第一人，「德」在周公的闡揚下，起了「承先啓後」的關鍵性作用。因此，從周公對於「德」的廣泛詮釋來看，大概是來自於先人智慧經驗的累積而得，也因此前引周人先公先王的事蹟亦當有其相當的可信度，其中容或有後人美化之處，但也不應該予以全盤否定，否則周公又如何能以一人一代之力創發出如此豐富廣泛的「德」的內容，儘管經過後世儒家不斷充實德的內涵，使得德的內容更加的細緻，然而周公於「德」的闡釋對於後世卻是起了先導性的作用。

如前所述，既然「德」到了周公之時已有了廣泛的內容，可見「德」的內容應已發展了相當長的時間，從周公不斷反覆強調「德」的重要性，並賦予了廣泛的內容來看，作為文字或觀念的「德」，在中國文明的發展過程中自有其獨特而重要的地位，因此，若能從「文字」及「觀念」兩個層次來分別探討「德」的起源，當能對於「德」的演變有一番周延的認識才是。不過，有關「德」的「文字」及「觀念」孰先出現，若就「造字」的原理來看，應當是先有「觀念」的出現，才會有相應的「文字」創造，這從目前所見有些原始部落只有語言而沒有文字的情形即可見一般，類似的情況在臺灣的原住民身上也可以看到。再者，若要從甲金文來認識「德」的起源，似乎仍不能將之視為「德」的原始意涵，畢竟眾所周知，甲金文已不是中國最早的文字，它們的文字結構已相當成熟，「六書」具備，因此我們也只能從這些文字結構來嘗試認識「德」在當時的「階段性」意涵。

作為「觀念」的德，象徵的是一種價值、意識，是調和人群關係的一種意識形態，經由「德」才能凝聚人們有命運一體的概念，並進而能夠藉此維持人類的社會秩序，這由現在仍可見到的原始部落人群來看，他們或許沒有發展出自己的文字，卻仍能維持其社會的存續發展即可見一般，〔註188〕因此

6. 慎行政、盡心治民；7. 無逸；8. 行教化，『惠不惠，懋不懋』；9. 作新民；10. 慎刑罰。在周人看來，一切美好的東西都可包括在德之中。見劉澤華主編，《中國政治思想史（先秦卷）》，頁 24。

〔註188〕例如荷蘭研究家科普斯（Kops）舉出在新幾內亞有個部族愛好真理和正義，並有固定的道德法規，他們尊敬高齡的長者也愛護兒童，他們戶不鎖門，因為他們認為偷竊是最大的犯罪，而這種行為也是極少遇到的。像類似具有「德」的意涵的行為在其他的原始部落亦可以得見。而這樣的情形誠如英國人類學家愛德華（Edward B. Tylor）所言：「社會無論怎樣古老和粗野，總是具有它

不論文明或野蠻，每個人類社會都有其一套維持社會運作的價值標準，只是這樣的價值標準會因著社會文化的差異而有其標準上的不同，對於這樣的價值標準，我們姑且就以「德」來名之。「德」已成了人類社會所共同具有的「文化符碼」，〔註189〕儘管沒有文字的野蠻民族也有他們自己一套所謂「德」的價值標準，從他們的身上啟發了我們，欲認識「德」的發展源流，當從德的「觀念」的出現開始說起。

德觀念的起源及內涵的探討，歷來學者的看法多有爭論，〔註190〕可見對於「德」觀念的源流看法至今仍是眾說紛紜，莫終一是。不過，根據上段所述原始社會仍有其一套的行為價值標準來看，所謂的「德」即是一套價值標準，只是早期的初民社會還未能創造出相應於此抽象概念的「文字」，但是這種沒有文字的「文化符碼」卻是存在的，而「圖騰」可能即是在文字沒有出現之前，先民們以之作為象徵「德」的概念的「文化符碼」，因為據人類學家的研究，「圖騰崇拜」很早即普遍存在於初民社會，〔註191〕同時在當時的原始宗教信仰中亦佔有最重要的地位，〔註192〕也就是說「圖騰崇拜」

們的關於好壞行為的準則。」以上所引見愛德華・B. 泰勒著，連樹聲譯，《人類學—— 人及其文化研究》，廣西師範大學出版社，桂林，2004 年，頁 382、385。

〔註189〕「文化符碼」一詞見基辛（R. Keesing）著，張恭啟、于嘉雲譯，《當代文化人類學分編之二》，巨流圖書公司，台北，民國 81 年，頁 100。

〔註190〕長期以來對於德的起源有李宗侗、斯維至的原始社會說（分見《中國古代社會新研》、〈說德〉原載《人文雜誌》1986 年第二期）、段凌平的殷商時期說（〈試論殷商德的觀念〉載於《廈門大學學報》1988 年第四期）和郭沫若的西周新創說（《青銅器時代》）。而德的內涵則有李宗侗、斯維至的圖騰說（同上文）、王德培的行為說（〈書傳求是札記（上）〉載於《天津師大學報》1983 年第四期）、郭沫若道德說（同上文）等等不同。不過近來卻有學者主張德的內涵與天命觀的演進息息相關，認為德是個發展的概念，因此其內涵的演進可以大體概括為：圖騰崇拜—— 上帝崇拜—統治者的政行—道德觀念等四個階段。見巴新生，《西周倫理形態研究》，天津古籍出版社，天津，1997 年，頁 18。

〔註191〕據民族學資料來分析，所謂的「圖騰崇拜」，一般只是在實行早期氏族制度的部落中才存在的，它是世界所有部落和民族在一定歷史發展時期的宗教信仰發展的一個階段。見（蘇）Д. E. 海通著，何星亮譯，《圖騰崇拜》，廣西師範大學出版社，桂林，2004 年，頁 128～129。

〔註192〕當時的圖騰崇拜並不是原始宗教的唯一形式，與圖騰崇拜同時存在的有自然力化身觀念、萬物有靈觀念、拜物教和巫術等等，不過相對於圖騰崇拜來說，它們只是居於次要的地位，並染上了圖騰崇拜的色彩。見（蘇）Д. E. 海通著，何星亮譯，《圖騰崇拜》，頁 75。

在早期人類社會中是普遍存在並成為人們最重要的價值標準，而就「德」在人類社會裏所具有維繫社會成員關係並維持成員永續生存發展的重要作用來看，作為「價值標準」的「德」當是以圖騰崇拜作為「德」的概念最早的原型。

另外，透過文獻的記載，可以作為我們考察的線索，如《左傳・隱公八年》：

> 天子建德，因生以賜姓，胙之土而命之氏。諸侯以字為謚，因以為族。官有世功，則有官族。邑亦如之。〔註193〕

于鬯在《香草校書》：「以生讀為性，性即德也。因生以賜姓，即以其德行而賜之姓。」〔註194〕斯維至則認為：「『建德』就是建立姓氏——氏族和部落——卻是符合人類社會的發展。姓從女生，恰好可以證明德的本義為生。最初子女都依母親的氏族居住、生活。男子長大成人，便到外族與外族的女子結婚，女子則接納外族男子結婚，過著定期的同居生活。因此之故，姓從女生，就是以母親的姓為姓。如古代的姓，姬、姒、嬀、姜、嬴等姓，都是女字偏旁。當然也有省女的。」〔註195〕從于氏及斯氏之言來看，「生」可訓為「德」，不論是以德行之德還是血緣之德來建立氏族部落，大概「德」有姓氏的象徵，是氏族社會成員的血源源頭是不錯的，又在《國語・晉語四》中亦云：

> 同姓為兄弟。……異姓則異德，異德則異類。異類雖近，男女相及，以生民也。同姓則同德，同德則同心，同心則同志。同志雖遠，男女不相及，畏黷敬也。黷則生怨，怨亂毓災，災毓滅姓。是故娶妻避其同姓，畏亂災也。故異德合姓，同德合義。義以導利，利以阜姓。姓利相更，成而不遷，乃能攝固，保其土房。〔註196〕

由此可以看出在古人的觀念裡，「德」與「姓」是畫上等號的，所謂「異姓則異德，異德則異類」，而就人類學來看，「德」則是氏族部落所崇拜的「圖騰」象徵，因此，就初民社會而言，「德」具有「姓」或「圖騰」的性質，而這樣的看法經過當代的學者的討論大致上應該是沒有疑義的。〔註197〕因此綜合上

〔註193〕《左傳・隱公八年》，《十三經注疏》本，頁75～76。

〔註194〕引自楊伯峻，《春秋左傳注》，中華書局，北京，1995年，頁61。

〔註195〕斯維至，〈說德〉，收入《中國古代社會文化論稿》，允晨文化實業股份有限公司，台北，民國86年，頁370。

〔註196〕《國語・晉語四》，頁356。

〔註197〕對此，最早提出德為圖騰性質之說的李宗侗即認為：圖騰即是美拉尼西亞人

述文獻、人類學，及當代學者的討論，我們可以看出：「德」的觀念的起源當起於氏族社會初生之時，生、性、姓、德蓋指同一個概念。雖然所謂的德最初有「生」或「性」之義，亦即氏族集團之所由生（性），象徵了這個氏族之來源，不過這是屬於只知其母不知其父的母姓氏族社會的時期，從其姓氏多有「女」部即可窺知，亦即當「德」最初具有圖騰崇拜性質之時，也正是人類社會處於母系氏族社會時期。待進入了父系氏族社會之後，「德」的內涵也開始隨著社會型態的轉變而有了變化，原來當男性有了氏族血緣繼承權而別立另一個非母系血緣的新氏族之時，這首位的男姓即成了新氏族的始祖，開始了以父系血緣為主的新氏族社會，在這樣的情形下，「德」的意涵亦隨之擴充改變，亦即為了樹立新的權威與認同感，從過去母系氏族社會的圖騰崇拜轉而對於父系氏族社會的祖先崇拜，此時雖然已是父系氏族社會，但仍保留了母系氏族時期所信仰的圖騰，如《詩經·商頌·玄鳥》曰：「天命玄鳥，降而生商。」〔註 198〕這裡的玄鳥即是燕子，而據學者的研究當時中國的東方沿海一帶可以見到鳥圖騰的部落遺存，還有用獸骨占卜、殺人殉葬、衣著尚白等相同於殷人的慣俗，例如山東城子崖龍山文化中發現有無字的卜骨，學者即認為是殷人早期的遺留，由此可以看出殷人起於東方，並以玄鳥作為圖騰大概是不錯的了。〔註 199〕

　　由此可知，進入父系氏族社會以後，「德」的內涵擴充了，雖然仍保留了母系的圖騰信仰，但父系始祖卻逐漸地取代了圖騰，成為氏族繁衍的象徵，

所稱之馬那（mana），馬那實即中國所謂的「性」，與圖騰同馬那實即同性。性即生，亦即姓。而最初德與性的意義相類，皆係天生的事物。這兩字的發源不同，這團名為性，另團名為德，其實代表的仍係同物，皆代表圖騰的生性。最初說同德即等於說同姓（同性），較後各團的交往漸繁，各團的字亦漸混合，有發生分義的需要，性與德的意義逐漸劃分，性只表示生性，德就表示似性非性的事物。（見氏著，《中國古代社會新研》，開明書店，上海，1949年，頁 129、184。）斯維至亦認為：按「異德之故」也，說明德不同，性與姓也不同。性與姓不同，反而「男女相及」，可以互通婚姻；性與姓相同，反而「男女不相及」，不可以互通婚姻。據此更可證明德與性、姓的關係。（見氏著，〈說德〉，收入《中國古代社會文化論稿》，頁 370～371。）而巴新生則認為：同德同姓同類實則指具有共同圖騰的同一氏族，而異德異姓異類乃指具有不同圖騰的不同氏族。每一個氏族共同體內當有共同的風俗習慣及原始禁忌，並有共同的圖騰崇拜與祭祀，此所謂同德也。（見氏著，《西周倫理形態研究》，頁 20～21。）

〔註 198〕《詩經·商頌·玄鳥》，《十三經注疏》本，頁 793。
〔註 199〕見胡厚宣、胡振宇，《殷商史》，上海人民出版社，上海，2003 年，頁 14～15。

此時被保留的圖騰則隨著族人數量的繁衍擴大而與一般氏族成員脫離了關係逐轉化成為與氏族首領始祖有關的東西，如此經由圖騰的父系化、個人化則使得圖騰成了氏族核心成員的族源象徵。〔註200〕在此同時，隨著子孫不斷累世累代地繁衍下，出現了越來越多的「先公先王」，進而有了所謂的祖先崇拜，而藉由祖先崇拜也才能突顯出父系氏族的地位，是故祖先崇拜成了此時「德」的主要內涵。這樣的情形從以下接續前引〈商頌‧玄鳥〉一詩後面的句子即可看出：

> 宅殷土芒芒。古帝命武湯，正域彼四方。方命厥後，奄有九有。商之先後，受命不殆，在武丁孫子，武丁孫子，武王靡不勝。龍旂十乘，大糦是承。邦畿千里，維民所止，肇域彼四海。四海來假，來假祁祁。景員維河，殷受命咸宜，百祿是何。〔註201〕

詩人從「天命玄鳥」開始一路歌頌殷人先祖受命於天並奄有九有，自「玄鳥」以至於對於先祖的稱頌，反映了殷人將母系氏族社會時期的「玄鳥」圖騰轉化為殷人子姓父系氏族的個人化圖騰，而殷人始祖則取代了圖騰成為氏族繁衍的象徵，在《詩經‧大雅‧長發》即有：「帝立子生商」〔註202〕之語，此句即意謂契是繁衍殷人後代的始祖。此外，從殷人對於祖先的「報祭」中亦可看出殷人對於始祖的尊崇，《國語‧魯語上》：「上甲微，能帥契者也，商人報焉。」〔註203〕上甲微是契後八世孫，湯之祖先；而「報」，據韋昭注：「報，報德，謂祭也。」〔註204〕從整句的大意可以看出由於上甲微能繼承契，則商人就報祭他。從這裡可以看出在殷人觀念裡始祖地位之重要，這大概是因為契是殷人子姓氏族繁衍茁壯的象徵。

隨著殷人神權思想的強化，殷人從始祖崇拜逐漸發展為祖先崇拜，卜辭中所見殷人對於先公先王隆重以及週而復始的祭祀即表明了這一事實，然而在殷人的觀念裡，去世後的祖先會到天上的「帝廷」在上帝的左右「賓帝」，使得殷人認知到祖先與上帝的關係密切到會左右上帝的作為，而上帝又是殷人心目中的「上位神」，擁有廣泛的權能，因此殷人對於上帝的祭祀亦相當隆重，在殷人的神權統治下，祖先崇拜與上帝崇拜同時成了殷人「德」的「價

〔註200〕巴新生，《西周倫理形態研究》，頁21。
〔註201〕《詩經‧商頌‧玄鳥》，《十三經注疏》本，頁794。
〔註202〕《詩經‧商頌‧長發》，《十三經注疏》本，頁800。
〔註203〕《國語‧魯語上》，頁166。
〔註204〕《國語‧魯語上》，頁169。

值標準」，唯有順服於祖先、上帝，並且隆重祭祀才能得到這些神靈的福佑，避免降災，永保天命，這從《尚書・盤庚》篇中即可得知：

〈盤庚上〉：……茲予大享于先王，爾祖其從與享之。作福作災，予亦不敢動用非德。……〔註205〕

〈盤庚中〉：……予念我先神后之勞爾先；予丕克羞爾，用懷爾然。失于政，陳于茲，高后丕乃崇降罪疾；曰：『曷虐朕民！』汝萬民乃不生生；暨予一人猷同心，先后丕絳與汝罪疾；曰：『曷不暨朕幼孫有比！』故有爽德，自上其罰汝，汝罔能迪。……〔註206〕

〈盤庚下〉：……肆上帝將復我高祖之德，亂越我家。……〔註207〕

上述所引乃盤庚爲了遷都之事用來告誡臣民的部份內容，在上述內容中盤庚以祖先、上帝之名作爲自己遷都之事的天命保證，並且還用了「非德」、「爽德」等用語，這裡所謂的「非德」、「爽德」若從殷人對於神權的迷信以及通觀全文盤庚不斷強調天、祖先、上帝的情形來看，這裡的「德」字大概所指的是尊崇上帝、祖先的一種「價值標準」，在這樣的價值標準下，若違反了祖先、上帝的意旨也即是違反了「天命」，也就是「非德」、「爽德」，因此若用「道德」二字來解釋通篇的「德」字，則將失之模糊籠統，無法精確的看出殷人的「德」的眞實意涵。因此前引所謂「高祖之德」，亦應該也是這個意義，這從〈盤庚上〉一開頭盤庚所說的話即可得之：

……先王有服，恪遵天命；茲猶不常寧，不常厥邑，于今五邦。今不承于古，罔知天之斷命，矧曰其克從先王之烈？若顛木之有由蘖，天其永我命于茲新邑，紹復先王之大業，底綏四方。……〔註208〕

盤庚認爲先王稟承天命遷都尚不能永保安寧，要是不順天意則會「斷命」，並且強調遷都之後必能得到天命，綏定四方。從上述盤庚之語來看「復我高祖之德」的「德」字似乎更能眞切地認識到殷人「德」的意涵。至於這裡所謂的「天」，在前節已論述過，當指「上帝」及「祖先」等神靈的代稱。因此在殷人「神權統治」的背景下，我們可以說在殷人觀念裡的「德」主要是指尊崇上帝、祖先的一種「價值標準」。

〔註205〕《尚書・盤庚上》，《十三經注疏》本，頁129。
〔註206〕《尚書・盤庚中》，《十三經注疏》本，頁131～132。
〔註207〕《尚書・盤庚下》，《十三經注疏》本，頁134。
〔註208〕《尚書・盤庚上》，《十三經注疏》本，頁126～127。

不過，周人雖然繼承了殷人的神權思想，但在「天命靡常」的觀念下，周人的祖先崇拜在內涵上有了改變，他們開始強調祖先的豐功偉業，具體化了祖先的行為表現，如在《詩經・大雅・生民》中即可見到周人對於始祖后稷功業的歌頌，「誕后稷之穡，有相之道。茀厥豐草，種之黃茂。實方實苞，實種實襃，實發實秀，實堅實好，實穎實栗，即有邰家室。」〔註209〕而身為周人的始祖，從銘文所見也唯有他才能享有與上帝配享的資格：

　　〈牆盤〉：上帝后稷九保受天子䖑（綰）令厚福豐年，……。〔註210〕

透過對於祖先神的歌頌，反映了后稷成為了周人所效法尊崇的對象，另外在《詩經》中還有對於公劉、太王、王季、文王等的頌詩，這些詩的內容都具體表明了周人先祖的行為表現，而其背後的意義則是這些祖先的行為成了一種新的「價值標準」，亦即作為「價值標準」的「德」已逐漸擺脫了「宗教」性質的內涵，並且走向了具有「人文性」、「道德性」的價值標準，周人將「德」的內涵進一步提昇至強調統治者現世行為事功的表現，前面曾經提及到周公對於「德」的內容的闡釋可以說是一個最好的說明。不過需要注意的是，在前面曾經提到的周公所提的十項「德」的內容中，其中有兩項具有宗教性質的殘留，一是敬天，一是敬祖，這兩者應是繼承自殷人的上帝崇拜及祖先崇拜，不同的是周人將上帝及祖先加以人格化，強化其社會性的職能，使得周人在「敬天」及「敬祖」的本質上不是基於畏懼神靈降災、祈求福佑的「功利」心態，而是一種本於人文的道德性自覺對於天帝及祖先的崇敬，也就是「敬天」的目的在於讓統治者了解「天命靡常」，「民之所欲，天必從之」，唯有抱著戒慎恐懼的態度來治理人民也才是天命之所歸。「敬祖」除了意在崇揚祖先的功業德行以為後世所效法之外，周人亦將之發展為實行宗法制度的思想基礎，建立了等級尊卑的血緣倫理關係。因此，雖然周初「德」的內容仍可見到「敬天」、「敬祖」的宗教性遺留，但在性質上已具備了「人文精神」在其中。

　　綜觀來看，「德」發展到了西周，已具備了道德性意涵，後世儒家的道德系統即是在周人的「德」的概念基礎下所發展起來的。周公所提的「德」的項目成了西周諸王子弟臣僚所必須奉行的圭臬，這些項目綜合來看即是「品

〔註209〕《詩經・大雅・生民》，《十三經注疏》本，頁 592～593。

〔註210〕釋文引自馬承源主編，《商周青銅器銘文選》第三卷，頁 154（彝銘拓片參見附錄三之圖六）。

行」與「政行」，如此才能永保天命於不墜，如《尚書・召誥》云：「肆惟王其疾敬德，王其德之用，祈天永命。」〔註211〕而其精神一言以蔽之即是「敬天保民」，而這種「敬天保民」的精神則植基於「敬」的態度，唯有「敬」，才能「敬德」、「明德」，也就是能做到「敬天保民」，而這則正是西周時期「德」的人文精神內涵，象徵了理性道德文明的進步。〔註212〕

至於從文字的起源來看，以現在出土所能見到的文字而言，只能從甲金文去認識了，而這些文字中的「德」字，就時間上而言，較前述德觀念的起源已晚了很久，因此若就文字結構來看「德」的意涵，此時的「德」字在內涵上應該是有所轉變才是。就甲骨文來看，學者多認為「德」字在甲骨文中即已出現，不過其意義卻有待討論（有關甲骨文中所見的「德」字字形可參見圖二）。如徐中舒認為甲骨文中的「值」即是「德」的初文：

> 從彳從𝌀，𝌀即直字，象目視縣（懸錘）以取直之形；從彳有行義。
> 故自字形觀之，此字當會循行察視之義，可隸定為值。值字《說文》
> 所無，見於《玉篇》：「值，施也。」甲骨文值字又應為德之初文。
>
> 〔註213〕

〔註211〕《尚書・召誥》，《十三經注疏》本，頁223。

〔註212〕周人關於「敬」的態度與精神，徐復觀作了以下精闢的析論：周人建立了一個由「敬」所貫注的「敬德」、「明德」的觀念世界，來照察、指導自己的行為，對自己的行為負責，這正是中國人文精神最早的出現；而此種人文精神，是以「敬」為其動力的，這便使其成為道德的性格，與西方之所謂人文主義，有其最大不同的內容。在此人文精神之躍動中，周人遂能在制度上作了飛躍性的革新。並把他所繼承的殷人宗教，給與以本質的轉化。見氏著，《中國人性論史──先秦篇》，頁23〜24。

〔註213〕徐中舒，《甲骨文字典》，四川辭書出版社，成都，1998年，頁168〜169。

圖二：甲骨文所見「德」字諸字形

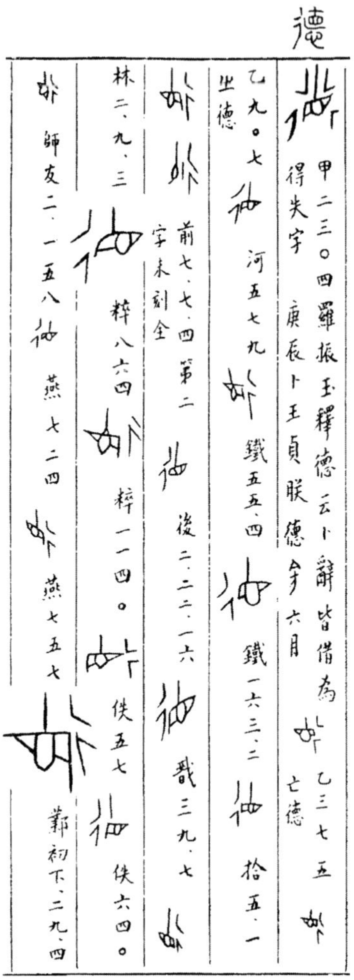

資料來源：中國社會科學院考古研究所編輯，《甲骨文編》，中華書局，北京，1965 年，頁 74。

　　據徐中舒所釋，殷人「直」的字形有「循行察視」之意，如甲文中即有：「戊辰，卜殼貞王直土方」（《京 1255》）。因此，「直」的初義含有「循行」的意義，可衍申為「遵循」，若以前述所論及殷人的「德」的觀念中具有上帝崇拜及祖先崇拜的神權色彩來看，則「直」字形的引申之意應有遵循上帝祖先意旨之意，〔註214〕這樣的解釋也頗能符合殷人「尊神」的實況。

〔註214〕巴新生，《西周倫理形態研究》，頁 23。

就金文來看「德」字，據《金文編識讀》所釋：

　　會意字，「彳」、「直」會意。初文🔅所爲「行」、「直」會意，表示人

　　走在十字路口，目朝前方看去，穿十字街口一直向前走去。直行。

　　引申爲登，升。再引申爲道德。直爲德。《說文》：「升也。」〔註215〕

而徐中舒則謂：「金文德作🔅（〈辛鼎〉），與甲骨文値同，後增心作🔅（〈毛

公鼎〉），即爲《說文》德字篆文所本。《說文》：『德，升也。』爲後起義。」

〔註216〕金文與甲文「德」字最大不同之處即是大多在甲文中的「値」下多加

了「心」字（各種金文的「德」字異形字可參見圖三），則周人的「德」字多

了「心」字似乎有「意識」、「自覺」等的意涵，不若只是殷人的「値」只含

有「循行察視」或「直行」之意，欠缺了人的自覺、自主意識在其中，從這

樣的字形來看，則周人的「德」字即含有自覺性或自主性的行爲之意涵，已

較殷人的「値」更爲進步，在這樣的字形意義下以及前述周公所提的德的內

容來看，周人的「德」字實已具有後世所謂的「道德」意涵，〔註217〕同時應

該亦有強調統治者「政行」之用意。〔註218〕而從金文所見周人對於「德」字

的用詞，除了作爲人名外，如〈德盤〉：「德其肇（肇）乍（作）盤。」，〔註

219〕〈德方鼎〉：「王易（賜）値（德）貝廿朋。」〔註220〕其它與「道德」意

涵有關的辭彙則有明德、孔德、安德、烈德、懿德、恭德、敬德、元德等：

　　〈梁其鐘〉：「……汭（梁）甘（其）肇（肇）帥井（型）皇且

　　（祖）考橐明德。……」〔註221〕

　　〈叔向父禹簋〉：「……共（恭）明德。……」〔註222〕

　　〈虢叔旅鐘〉：「……穆穆橐元明德。……」〔註223〕

〔註215〕張宗方、郭人傑主編，《金文編釋讀》，齊魯書社，濟南，1996 年，頁 88。

〔註216〕徐中舒主編，《甲骨文字典》，頁 169。

〔註217〕參見陳來，《古代宗教與倫理——儒家思想的根源》，頁 291。

〔註218〕巴新生，《西周倫理形態研究》，頁 24。

〔註219〕釋文引自張亞初編著，《殷周金文集成引得》，中華書局，北京，2001 年，頁
　　　　152（彝銘拓片參見附錄三之圖一〇）。

〔註220〕釋文引自馬承源主編，《商周青銅器銘文選》第三卷，頁 26（彝銘拓片參見
　　　　附錄三之圖一一）。

〔註221〕釋文引自張亞初編著，《殷周金文集成引得》，頁 7（彝銘拓片參見附錄三之
　　　　圖一二）。

〔註222〕釋文引自馬承源主編，《商周青銅器銘文選》第三卷，頁 285（彝銘拓片參見
　　　　附錄三之圖一三）。

〔註223〕釋文引自馬承源主編，《商周青銅器銘文選》第三卷，頁 297（彝銘拓片參見

〈師虤鼎〉：「……用乃孔德瑈屯。乃用心引正乃辟安德。……小子
夙夕專古先且（祖）剌（烈）德。……白（伯）亦克款古先且（祖）
壘（盨）孫子一齵（湛）皇辟歟（懿）德。……」〔註224〕

〈何尊〉：「……叀（惟）王龏（恭）德谷（裕）天。……」〔註225〕

〈班簋〉：「……佳（唯）苟（敬）德。……」〔註226〕

〈曆方鼎〉：「……曆肇對元值（德）。……」〔註227〕

圖三：青銅銘文所見「德」字諸字形

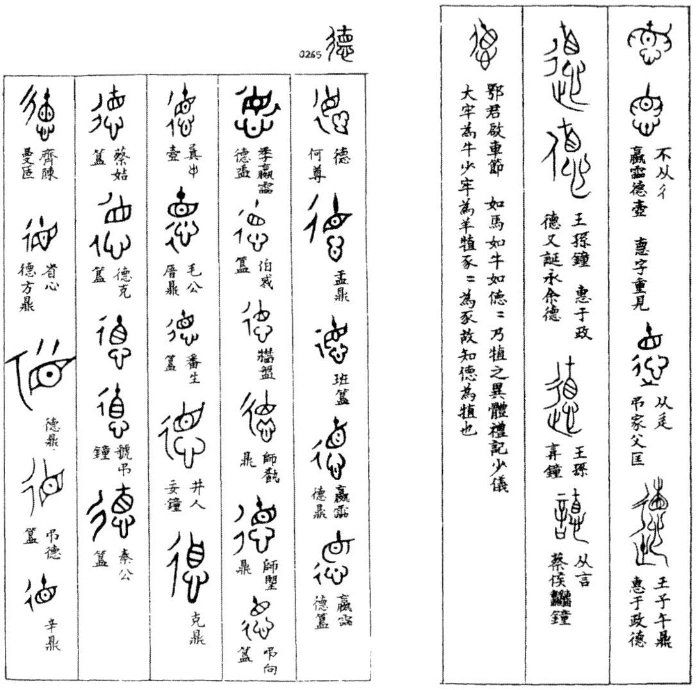

資料來源：容庚，《金文編》，中華書局，北京，1985年，頁110～111。

附錄三之圖一四）。

〔註224〕釋文引自馬承源主編，《商周青銅器銘文選》第三卷，頁135（彝銘拓片參見
附錄三之圖一五）。

〔註225〕釋文引自馬承源主編，《商周青銅器銘文選》第三卷，頁21（彝銘拓片參見
附錄三之圖一六）。

〔註226〕釋文引自馬承源主編，《商周青銅器銘文選》第三卷，頁108（彝銘拓片參見
附錄三之圖一七）。

〔註227〕釋文引自馬承源主編，《商周青銅器銘文選》第三卷，頁239（彝銘拓片參見
附錄三之圖一八）。

綜合以上甲金文所見「德」字字形的演變及其用語，則德的意涵即是從「循行」、「直行」等無自覺意識的行為衍生到具有自覺意識的的行為，引申則有「道德」的意義，即道德行為和道德品格。這應該是對德字意義較為中肯的註腳。

從以上的論述我們可以看出「德」的觀念發展過程大致是這樣的：德的觀念起自母系氏族社會時期的圖騰崇拜，圖騰是血親的象徵，具有凝聚族人向心力的作用，圖騰崇拜成了當時主要的社會價值，而這也正是當時德的內涵。進入了父系氏族社會之後，此時德的內涵已轉變為祖先及上帝崇拜，在殷人的神權思想下，遵循祖先及上帝的意旨成了殷人行事的價值標準。周人雖然繼承了殷人的神權思想但卻有所改造，即將上帝及祖先崇拜賦予了人文的道德性色彩，周公具體化了德的內涵，「敬天」、「尊祖」、「保民」成了周王的政行，也是德的根本精神。

另外附帶一提的是，從德的觀念發展的過程中來看，有一個根本不變的原則是「血親」觀念一直是「德」的重要內涵，從圖騰崇拜到祖先崇拜即是反映了這樣的事實，「天子建德，因生以賜姓之」 即此之謂也，雖然到了西周時期「德」的內涵已擴充了許多，不再只強調血親倫理的重要，但周人卻將祖先崇拜發揮得淋漓盡致，在「尊祖」的基礎上，周人建立了完備的宗法制度，如《禮記・大傳》云：「親親故尊祖，尊祖故敬宗，敬宗故收族，收族故宗廟嚴」。〔註228〕而「親親」則是倫理價值的核心，也是「德」的重要內涵之一，這樣的觀念影響了中國數千年，從這個角度來看，不管「德」的內涵如何擴充轉變，但「德」具有凝聚血緣親族成員的作用則是不變的，而這樣的作用卻也起了定社稷安庶民的效果。〔註229〕

二、西周禮治思想的出現

周人創造了昌盛的禮樂文明，奠定了此後中國以「禮」治國的基礎，而在認識周人禮樂制度的精神與內涵之前，有必要對其背後的思想理念有一番了解才是。歐洲啓蒙運動時期的法國思想家伏爾泰曾說：「了解先前時代人類是如何思想的，要比了解他們是如何行動，更為重要。」〔註230〕這句名言對

〔註228〕《禮記・大傳》，《十三經注疏》本，頁 622。
〔註229〕同上註。
〔註230〕史壯柏格（Roland N. Stromberg）著，蔡伸章譯，《近代西方思想史》，桂冠圖書公司，台北，1993 年，頁 3。

於吾人認識西周禮制背後的禮治思想，實具有暮鼓晨鐘的啓發性。不過，在探討周人禮治思想出現之前，當從「禮」的起源與發展開始說起。

禮的起源爲何？禮當起源自初民社會時的原始風俗習慣，〔註231〕在同一個部落或氏族中常以祖先所留傳的習俗作爲族人共同遵守的規範，由於族人在同一個區域內共同生活有很高的同質性，再加上人口規模小易於管理，部落或氏族的習俗傳統便很容易爲成員所接受與遵循，只是隨著人口不斷增加，版圖日漸擴大，等到國家出現之後，爲了讓國內的成員適應於統治者的統治，統治階層遂在既有的風俗習慣下予以創新改良而形成了國家的禮制，這應當是禮的起源與發展過程。不過這樣的看法只是讓我們籠統地認識到禮的起源而已，若更細緻地來看禮的起源，則禮當分別起於屬於「人事」的婚媾習俗與屬於「神事」的祭祀習俗，前者影響到部落或氏族成員子孫能否繁衍發展，而後者則影響到族人的生活福祉，這兩者在初民社會中可說是關係到族人能否永續生存發展的重要大事，因此欲認識禮的起源當從這兩個部分開始談起。

首先，就婚媾習俗來看：在傳統的看法中，男女關係是人類社會最初的基本社會關係，由此再進而繁衍出世世代代，《周易·繫辭下傳》：「天地絪縕，萬物化醇。男女構精，萬物化生。」〔註232〕不過，在蒙昧時期的人類對於男女交媾之事卻不甚愼重，婚俗可說是毫無章法可言，更別說是建立所謂的人倫秩序了，《呂氏春秋·恃君覽》說：「昔太古嘗無君矣，其民聚生羣處，知母不知父，無親戚、兄弟、夫妻、男女之別，無上下長幼之道」，〔註233〕這反映了當時可能是屬於無婚姻或是一種亂婚制的時代，但無論如何，均顯示了男女關係的混亂，在這樣的背景下甚至還可能出現亂倫的現象，例如在中國有伏羲與女媧是兄妹關係而婚媾的傳說，這從漢代畫像石上畫有伏羲與女媧人首蛇身的交尾像亦可以得見。又五○年代中期在山東沂南縣北寨村漢墓的墓門東側支柱頂上刻有一幅燧人氏、伏羲氏和女媧三人合抱的畫像，相傳燧人氏與伏羲氏是父子關係，而這幅畫像則反映了初民社會父女、兄妹雜交的傳說。〔註234〕

〔註231〕見楊向奎，《宗周社會與禮樂文明》，人民出版社，北京，1997年，頁235。
〔註232〕《周易·繫辭下傳》，《十三經注疏》本，頁171。
〔註233〕《呂氏春秋·恃君覽》，《新編諸子集成》本，頁255。
〔註234〕鄭慧生，《上古華夏婦女與婚姻》，河南人民出版社，鄭州，1988年，頁17。

　　這種無婚姻或亂婚的結果造成可能因近親交媾而使得「其生不蕃」，〔註235〕不利於種族的繁衍，同時也使得因群我關係不明而不利於人際關係的和諧，在這樣的情形下於是有了「性的禁忌」，〔註236〕亦即初民社會出現了透過婚媾以規範男女關係的習俗，使得「性」的關係受到了限制，必須透過一定的婚俗才得以進行男女的交媾行為，同時也確立了人倫關係，各種與人生相關的社會禮儀也應運而生。是故《周易‧序卦傳》曰：「有天地，然後有萬物，有萬物然後有男女，有男女然後有夫婦，有夫婦然後有父子，有父子然後有君臣，有君臣然後有上下，有上下然後禮義有所錯。」〔註237〕《禮記‧郊特牲》亦曰：「男女有別，然後父子親。父子親，然後義生。義生，然後禮作。禮作，然後萬物安。」〔註238〕因此，後世由儒家所發展出來的繁複的社會性禮儀及人倫道德規範實發軔自初民社會的男女婚俗。〔註239〕

　　其次，就祭祀習俗來看，這應從「禮」字說起。《說文》對於禮字的解釋：

　　禮，履也，所以事神致福也。〔註240〕

據許慎之意蓋謂「禮」是祭神祈福之事。近代學者亦從「禮」字本身來看禮的起源，王國維從「禮」的文字結構中認為禮的原始初義即是以器皿盛二玉獻祭神靈，推之而奉神人之酒醴亦謂之醴，又推之而奉神人之事通謂之禮。〔註241〕從以上兩人的看法可以知道禮的原始初義是指祭祀神靈之意，由此來看禮是祭祀神靈之意大蓋是不錯的，這樣的看法也得到當代學者大致的認同。〔註242〕因此，就禮的字義來看，初民社會時代的神靈祭祀習俗，當是禮的起源之一，《禮記‧禮運》說：「夫禮之初，始諸飲食，其燔黍捭豚，汙尊而抔飲，蕢桴而土鼓，猶若可以致其敬於鬼神。」「後聖有作，然後脩火之利，范金合土，以為臺榭宮

〔註235〕叔詹即謂：「男女同姓，其生不蕃。」《左傳‧僖公二十三年》，《十三經注疏》本，頁 252。叔詹之語大概反映了避免因亂倫而不利後嗣的初民社會的婚俗傳統。

〔註236〕曾松友，《中國原始社會之探究》，台灣商務印書館，台北，民國 55 年，頁 117。

〔註237〕《周易‧序卦傳》，《十三經注疏》本，頁 187～188。

〔註238〕《禮記‧郊特牲》，《十三經注疏》本，頁 506。

〔註239〕見曾松友，《中國原始社會之探究》，頁 117～118。

〔註240〕東漢‧許慎撰、清‧段玉裁注，《說文解字注》，浙江古籍出版社，杭州，1998年，頁 2。

〔註241〕王國維，〈釋禮〉，見《觀堂集林》今收於《王觀堂先生全集》冊二，頁 273。

〔註242〕如何炳棣在〈原禮〉（載於《二十一世紀》，1992 年第二期）一文中即肯定了王國維的看法。

室牖戶,以炮以燔,以亨以炙,以爲醴酪,治其麻絲,以爲布帛,以養生送死,以事鬼神上帝,皆從其朔。」〔註243〕在那個蒙昧無知而又講求迷信的時代,透過對於神靈的祭祀是很自然而又重要的事情,而隨著國家組織的出現,統治者透過自初民社會以來相沿已久的祭祀習俗與統治權力相結合而形成「神權」的政治體制,所謂「國之大事在祀與戎」即有此意,在《大戴禮記・禮三本》中亦曰:「郊止天子,社止諸侯,道及士大夫,所以別尊卑。尊者事尊,卑者事卑,宜鉅者鉅,宜小者小。」〔註244〕祭祀神靈的活動從單純的只是初民社會中的一種習俗一變而成爲具有政治地位象徵意義的權力儀式,祭祀習俗實是後世作爲統治者權力象徵並由此而衍生出相關的政治性禮儀的來源。〔註245〕

綜合前面所述來看,禮起源於初民社會的風俗習慣,而在這些的風俗習慣中又以定「男女之別」的婚俗爲後世社會性禮儀之始,因爲家庭是人類社會的基礎,人類命脈的延續就從男女的婚媾開始,再由此而發展出各種的人際網絡,並有了各種社會性禮儀來與之相應,在此同時,初民社會的先民們在與大自然奮鬥的同時,爲祈求平安與降福,對於宗教祭祀也特別重視,因爲在他們的觀念裡這跟家人、族人的命脈延續及發展也是息息相關,我們從《詩經》中殷人祈求「自天降康,豐年穰穰。」〔註246〕「壽考且寧,以保我後生」〔註247〕等事項中即可推想一二。因此,我們可以說,「禮」起源自男女婚俗及祭祀習俗,並由此而發展出各種社會人倫規範及政治性的祭祀儀俗,而這兩者在西周時代均被賦予了具有人文色彩的道德性內涵。

脫胎自德治思想並且結合了禮制、禮俗的「禮治」思想,其本質上就是「德」與「禮」的結合,而對於德與禮的關係,楊向奎有很扼要而精闢的論

〔註243〕《禮記・禮運》,《十三經注疏》本,頁416、417。
〔註244〕《大戴禮記・禮三本》,《四部叢刊》本,台灣商務印書館,台北,1965年,頁6。
〔註245〕例如西周成康時代爲紀念周公的貢獻竟賜於魯國可以舉行天子等級的隆重祭祀活動以及相關的樂舞禮儀,這些均反映當時的祭祀及其有關的禮儀活動所具有的政治特性。《禮記・祭統》:「昔者,周公旦有勳勞於天下。周公既沒,成王康王追念周公之所以勳勞者,而欲尊魯;故賜之以重祭。外祭,則郊社是也;內祭則大嘗禘是也。夫大嘗禘,升歌清廟,下而管,象;朱干玉戚,以舞大武;八佾,以舞大夏;此天子之樂也。康周公,故以賜魯也。子孫纂之,至于今不廢,所以明周公之德而又以重其國也。」《十三經注疏》本,頁840～841。
〔註246〕《詩經・商頌・烈祖》,《十三經注疏》本,頁791。
〔註247〕《詩經・商頌・殷武》,《十三經注疏》本,頁805。

述：

> 禮的來源很早，它起源於原始社會。廣義的禮，社會制度，風俗習
> 慣無所不包；狹義的禮，主要包括兩方面：1. 禮物交換；2. 人們交
> 往中的儀式行為。這都不是由德的規範行為所派生；相反，正好是
> 禮的規範行為派生出德的思想體系。德是對禮的修正和補充；修正、
> 補充不可能早於原生物。西周初年有「禮」字，而且在甲骨文中已
> 經存在。〔註 248〕

由上述所言可以看出，「禮」的出現早於「德」，而「德」是對「禮」的修正
與補充，透過德的思想体系不斷地充實，同時也豐富了禮的內涵，彼此的關
係可說是相輔相成。因此在周公的制禮作樂下，不僅豐富了禮的內容，周公
更將其所提出的「德」的主張融入在他所制定的禮樂制度之中，〔註 249〕由此
來看，周初禮治思想的出現當肇始於周公的「制禮作樂」，周公實為周初禮治
思想的創發者。雖然文獻中少見周公制禮作樂的記載，但《左傳‧文公十八
年》魯國季文子所說的話卻可以說明這樣的事實：

> 先君周公制禮，曰：「則以觀德，德以處事，事以度功，功以食民。」
> 〔註 250〕

此處的「則」指的是「禮則」，〔註 251〕全句是說禮則是用來觀察德行的，而德
行是用來處理事情的，處理事情的程度是用來衡量功勞的，而有功勞才能取
食於民，這句話強調的是「禮」是德行的具體表現，「禮」是觀察行事的標準，
這正說明了周公制禮作樂在本質上即是將「德」的觀念融鑄於「禮」之中，
將傳統的「禮」加以加工改造，使之具有「德」的內涵，履行了禮也就實踐
了德，充份體現了「禮治」即是「德治」的思想本質。

　　周公制禮作樂可說是形勢發展的必然，而其具體的內容大概有兩個層
面，一是禮義，即是周公所提的「德」的內容，在《尚書》中可以得見其思
想的精義；一是禮儀，即所謂的「經禮三百，曲禮三千」，〔註 252〕指的是國家

〔註 248〕楊向奎，《宗周社會與禮樂文明》，頁 337。
〔註 249〕同上書，頁 338。
〔註 250〕《左傳‧文公十八年》，《十三經注疏》本，頁 352。
〔註 251〕楊伯峻，《春秋左傳注》，頁 634。
〔註 252〕《禮記‧禮器》：「禮有大有小，有顯有微。大者不可損，小者不可益，顯者
　　　　不可揜，微者不可大也。故經禮三百，曲禮三千，其致一也。」《十三經注疏》
　　　　本，頁 459。

社會的典章制度與刑法規範等等，《三禮》當中或可見到周公當時制禮作樂的遺存。另外，金景芳對於周公制禮作樂的內容則提出了六個方面，即畿服、爵諡、田制、法制、嫡長子繼承制、樂等等。〔註253〕這些繁複的禮樂內容正是周公禮治思想的體現，其核心價值就是明尊卑、別貴賤，以達到「尊者事尊，卑者事卑」的等級地位的差別，因此反映在人生社會禮儀上即如孔子所言：「民之所由生，禮爲大。非禮無以節事天地之神明也，非禮無以辨君臣上下長幼之位也，非禮無以別男女父子兄弟之親、昏姻、疏數之交也，君子以此之爲尊敬然。」〔註254〕而反映在政治體制儀節上則如《周禮・司士》所言：「正朝儀之位，辨其貴賤之等。」〔註255〕

因此，我們可以看出周初禮治思想的出現順應了當時的形勢，在淡化了殷人神權統治的色彩下，面對新局的周人必須創發出一套新的制度、新的思想，王國維曾謂：「中國政治與文化之變革，莫劇於殷、周之際。」〔註256〕這樣的變革即反映在周公的制禮作樂，而其核心價值則是「明尊卑、別貴賤」，這樣的價值當源於文王時候「耕者皆讓畔，民俗皆讓長」所形成一種「讓」的「德性」觀，所謂的「讓」即是屈己以待人，而這也就形成後來「禮」的重要精神價值，即透過「讓」而發展出「明尊卑、別貴賤」的等級觀念，這樣的觀念上自天子下至庶民都必須加以遵循，而這也是維持國家社會和諧運作的重要方式，孔子曰：「夫禮者，所以章疑別微，以爲民坊者也。故貴賤有等，衣服有別，朝廷有位，則民有所讓。」〔註257〕是故，「讓」的德性觀反映

〔註253〕金景芳，〈周公對鞏固姬周政權所起的作用〉，收於《周公攝政稱王與周初史事論集》，北京圖書館出版社，北京，頁70～75。

〔註254〕《大戴禮記・哀公問於孔子》，《四部叢刊》本，頁5。

〔註255〕《周禮・司士》，《十三經注疏》本，頁470。

〔註256〕王國維，〈殷周制度論〉，見《觀堂集林》今收於《王觀堂先生全集》冊二，頁433。

〔註257〕《禮記・坊記》，《十三經注疏》本，頁865。對此要再加以補充說明的是，人本來就是生而平等，但隨著社會的發展，因爲權力、財富等因素，人開始出現了階級分化，有所謂的統治階級、被統治階級；或貴族階級、平民階級、奴隸階級等，隨著階級分化越來越明顯，周人統治者遂將「讓」的德性觀融鑄在具有等級差別的禮制之中，以達到「明尊卑、別貴賤」的目的，也就是說平民與天子既然都同樣身而爲「人」，彼此地位即是平等的，那爲什麼平民必須「禮讓」（屈己以待人）天子？原因就是天子的等級地位高於平民，所以平民得「讓」，也就是舉凡食衣住行，平民必須放棄可以等同天子一樣的享受的權利，而就在這種「明尊卑、別貴賤」的價值薰陶下，使得平民認爲「禮讓」天子是理所當然的。其實，若從「人生而平等」的角度來看，平民何須

在禮制上即是等級差別的制度，周公因革損益前朝制度，結合了「讓」的「德」以及「等級差別」的「禮」，創發了周人的「禮治思想」，履行了等級差別的禮即是實踐了「德」，因此所謂禮治也就是德治，周人禮治的核心價值即是「等級差別」的觀念，而這樣的觀念透過禮治的「教化」作用下，有助於周人以少數民族的身份統治廣土之下的眾民。

小　結

　　殷周之際最大的變革即是殷人的神權統治隨著武王克商之後已逐漸淡化，儘管克商後的周人仍繼續披著神權的外衣，但在統治形式上卻已有了很大的改變，也就是隨著周人神權統治的淡化，具有人文理性道德色彩的禮樂制度成了周人治國的基礎，而這則正是殷周之際變革的主要內涵。

　　周人以「小邦周」取代了「大邦殷」，對於當時還是居於少數統治人口的周人來說，如何賦予其政權的正當性及長久性有一套完善的論述，是周人當時必須面對的一個新變局，而「禮治思想」的出現即是為了適應當時的政治形勢，而創發出結合了「德」與「禮」的「禮治思想」當是周公。周公「制禮作樂」的核心價值即在「明尊卑、別貴賤」的等級差別觀念，而這應是源自於周人「讓」的「德性」觀，自天子以至於庶人遵守「明尊卑、別貴賤」的核心價值即是實踐了「讓」的美德，遵守這樣的價值其意義在於有助於建立政治及社會諧和的秩序與倫理。在「天命靡常」的觀念下，「敬天」、「尊祖」、「保民」的「德治」是維繫統治階層長治久安的不二法門，而「德治」的具體實踐即是實行「禮治」，而在德與君主已結合為一體的情形下，天子成為行德的表率，其在政行上除了要行德政外，也必須遵行禮制以行「德」，以維繫政治社會的諧和，因此所謂的禮治即是德治，行禮有助於維繫人與人之間的諧和，而這種「禮治思想」的出現則與「禮治文化」的形成互為表裡。從西周末年幽王因個人的好惡竟然廢嫡立庶破壞嫡長子繼承制的傳位禮制，〔註258〕終而惹來殺身之禍，自此周室走上

　　忍受這種不平等的待遇？這些等級差別都是人創造出來的產物，因此，若要以「善」的角度來看周人所創發而以現今眼光來看不甚合理的等級差別制度，則唯有以「讓」的德性才可以來解釋周人創發這套制度所具有的「道德性」精神。因此，我們可以說，平民「放棄」了可以同等於貴族的生活權利，其背後即是源自於一種「屈己以待人」的「禮讓」精神，如此也就賦予了周人等級差別的道德正當性。

〔註258〕王國維在〈殷周制度論〉中說：「任天者定，任人者爭。定之以天，爭乃不生。」

沒落之途的例子來看，可見「禮治」作爲維繫政治社會諧和的重要性，「禮治文化」可說是西周時期政治與社會的表徵。

　　周人「禮治思想」的出現，標舉著中國歷史文明進入了一個新里程，從殷人「神權」凌駕於「禮」、「德」之上的「神權思想」，進而發展到將「德」與「禮」相結合並以之做爲維繫天命基礎的「禮治思想」的形成，象徵著周人已從「神本」走向「人本」，將歷史帶進了具有「人文」色彩的「禮治文化」。

見《觀堂集林》今收於《王觀堂先生全集》冊二，頁439～440。

第三章 西周禮治文化的核心價值

　　周人克商之後，順應了當時政治社會的形勢，以「禮治」作爲治理天下的張本，而禮治的核心價值即是由「讓」的觀念所發展出來的「明尊卑，別貴賤」的等級差別觀念所建立起來的，《禮記》載孔子之言：「下之事上也，雖有庶民之大德，不敢有君民之心，仁之厚也。是故君子恭儉以求役仁，信讓以求役禮，不自尚其事，不自尊其身，儉於位而寡於欲，讓於賢，卑己而尊人，小心而畏義，求以事君，得之自是，不得自是，以聽天命。」〔註1〕下之事上，上之君民，均有一套講求等級秩序的價值標準，「等級差別」正是西周禮治文化的核心價值。然而在這樣的核心價值下，西周政治社會究竟是呈現什麼樣的面貌形態？亦即大至國家體制，小至人生禮儀的具體制度禮儀爲何？以下將分別加以論述之。

第一節　禮治文化核心價值下的政治形態

　　周人爲了穩固其統治的基礎，創造了以「等級差別」爲核心價值的禮樂制度，從天子以至於庶人皆有其應遵守的儀節，藉此除了可以象徵不同的政治地位外，也有助於維繫當時的政治社會秩序。因此，一旦這樣的「倫理」被打破了，也就象徵著以「等級差別」爲核心價值的禮樂制度也跟著土崩瓦解，儘管禮樂的「形式」仍然存在，但卻已失去其「本質」的意義了，例如在《論語・八佾》中即有：

　　　孔子謂季氏：「八佾舞於庭。是可忍也，孰不可忍也？」〔註2〕

〔註1〕　《禮記・表記》，《十三經注疏》本，頁913。
〔註2〕　《論語・八佾》，《新編諸子集成》本，頁41。

對此馬融注曰:「天子八佾,諸侯六,卿大夫四,士二。八人爲列,八八六十四人。魯以周公故受王者禮樂,有八佾之舞。季桓子僭於其家廟舞之,故孔子譏之。」〔註3〕季孫氏以大夫身份僭用天子禮樂,可說是踰越了身份,破壞了「等級差別」的核心價值,因此孔子才說:「是可忍也,孰不可忍也?」由此可見在孔子的觀念裡維護「等級差別」的核心價值比維護禮樂的形式還來得重要,孔子又說:

    禮云禮云,玉帛云乎哉?樂云樂云,鐘鼓云乎哉?〔註4〕

孔子所言道出了周人「禮治」的真義,所謂的「禮治」並不在於禮樂的形式,而在於實踐「等級差別」的核心價值,雖然這樣的「核[心價值]」反映了政治權力上的不平等,〔註5〕但也唯有如此才能突顯統治及被統治階層中各個成員的地位高低次序關係,以明尊卑貴賤之別,藉此以建立起有別於殷人獨尊神權的政治社會新秩序,因此,在這樣的核心價值下,周人建立了具有「等級差別」色彩的政治形態,從以下宗法分封制等政治「制度」以及五禮中所見有關政治「儀節」所論述的情形正可充分看出這樣的特性。

一、等級分封制的建立

眾所周知,周人建立了等級分明的封建體制,在這樣的體制下,上自天子下至貴族最底層的士均有其一定的權力規範以及相應的貴族禮儀與典章制度,這是建立在土地層層分封並且相互隸屬的一種具有倫理性的政治關係。〔註6〕然而這種具有「倫理性」等級位序的貴族禮儀及典章制度可能早在周公之時即已定之,如在《左傳》中子魚即說:

    昔武王克商,成王定之,選建明德,以蕃屏周。故周公相王室,以
    尹天下,於周爲睦。分魯以大路、大旂,夏后氏之璜,封父之繁弱,
    殷民六族,條氏、徐氏、蕭氏、索氏、長勺氏、尾勺氏,使帥其宗
    室,輯其分族,將其類醜,以法則周公。……分之土田陪敦、祝、
    宗、卜、史,備物、典策,官司、彝器……。分康叔以大路、少帛、
    綪茷、旃旌、大呂,殷民七族,陶氏、施氏、繁氏、錡氏、樊氏、

〔註3〕 同上註。
〔註4〕 《論語‧陽貨》,《新編諸子集成》本,頁375~376。
〔註5〕 劉豐,《先秦禮學思想與社會的整合》,中國人民大學出版社,北京,2003年,頁237。
〔註6〕 金尚理,《禮宜樂和的文化理想》,巴蜀書社,成都,2002年,頁39。

　　鐵氏、終葵氏；封畛土略……。聃季授土，陶叔授民，命以〈康誥〉
而封於殷虛。皆啟以商政，疆以周索。分唐叔以大路、密須之鼓，
闕鞏、沽洗，懷姓九宗，職官五正，命以〈唐誥〉而封於夏虛，啟
以夏政，疆以戎索。〔註7〕

從以上可以看出西周初期的分封制已初具嚴整的等級化規模，除了授土、授
民等具體的土地、人民賜與外，還有大路（銅飾車中各零件之末者）、大旂、
夏后氏之璜、繁弱（古之良弓）、祝、宗、卜、史、備物、典策、官司、彝器、
少帛（旗名）、綪筏（大赤色之旗）、旃旌、大呂（鐘名）、鼓，闕鞏（鎧甲）、
沽洗（鐘名）等各種具有「等級化」象徵意義的禮儀性賜與，即是透過這些
賜與更加突顯了王與諸侯之間的等級位序，不僅如此，從被賜與的物品中亦
反映了諸侯間的等級位序，如魯國享有被賜於備物、典策之特權。所謂的「備
物」即是服物，指的是生與死所服所佩之物以及所用之禮儀；所謂「典策」
即是點有關周禮的典籍簡冊。〔註8〕這兩者反映了魯國較之其他諸侯國擁有更
為崇高的地位。

　　此外，這種具有等級化象徵意義的禮儀性賜與在周初的金文中亦可以得
到印證，如康王時的〈宜侯矢簋〉：

王令虞侯矢曰：「繇！侯于宜。易鬯鬱一卣、商瑒（瓚）一□、彤弓
一、彤矢百、旅弓十、旅矢千。易土：氒川（甽）三百□，氒□百
又廿，氒宅邑世（三十）又五，氒□百又冊（四十）。易才宜王人□
又七生（姓）。易奠（鄭）七白（伯），氒𠥩□又五十夫。易宜庶人
六百又□六夫。」〔註9〕

周王改封矢於宜，除了授土、授民外，還賜與了窖藏的酒一卣、商代禮瓚一
□、紅色弓一、紅色矢百、黑色弓十、黑色矢千，其中弓矢的賜與象徵周王
授予諸侯以征伐的權力。〔註10〕從上述來看，周初的分封制雖已可見初具嚴
整的等級規模，但從目前考古所發現西周墓葬習俗中的列鼎制度來看，則當
至西周中期以後才發展得更為完備（相關內容在後面（六）墓葬習俗——列
鼎制度小節的內容中將有詳細的論述）。

<hr>

〔註 7〕《春秋左傳・定公四年》，《十三經注疏》本，頁 947～949。
〔註 8〕見楊伯峻，《春秋左傳注》，頁 1537。
〔註 9〕釋文引自馬承源主編，《商周青銅器銘文選》第三卷，頁 34（彝銘拓片參見附
　　　　錄三之圖一九）。
〔註10〕見馬承源主編，《商周青銅器銘文選》第三卷，頁 34～35。

　　除了在《左傳》及〈宜侯矢簋〉中可以見到有關周人分封制的內容外，另外在其它的彝銘如〈大保簋〉（成康時器）、〈大盂鼎〉（康王時器）、〈應侯見工鐘〉（恭王或懿王時器）、〈伯晨鼎〉（孝王時器）、〈虢季子白盤〉（宣王時器），以及《詩經・小雅》中的〈采菽〉，〈大雅〉中的〈大明〉、〈崧高〉、〈烝民〉、〈韓奕〉、〈江漢〉，以及〈魯頌〉中的〈閟宮〉等，均可見到有關周人分封制內容的記載，將這些記載加以整理來看，則周人分封制的儀式大致有占卜、冊命、授土、受民、賞賜、出祖等程序。不過，根據前面所提《詩經》及銘文的資料來看，除了以上的儀式外，周人等級分封制主要表現在以下的幾個方面：授土、制邑、宗廟宮室、命服命車、命祀等，〔註11〕而透過這些等級制度化的設計，建立了西周王朝等級體制的基礎。以下將就這幾個方面分別加以論述之。

（一）授　土

　　周人克商之後，可謂「溥天之下，莫非王土，率土之濱，莫非王臣」，不過周天子並非真正地控制其名義下所有的土地，而將「授土」作為周人等級分封制的內涵之一，「故天子有田以處其子孫，諸侯有國以處其子孫，大夫有采以處其子孫，是謂制度。」〔註12〕使得周人的土地分配制度呈現了「等級差別」的特色，而這樣的特色即有學者認為是殷周制度之一大變革，〔註13〕由此可以看出，周人土地分封制所具有的歷史特點。

　　在當時的土地等級分封制度之下，貴族間土地分配的情形如何？我們或許可以《禮記・王制》中所記載的內容窺知一二：

> 王者之制祿爵，公侯伯子男，凡五等。諸侯之上大夫卿，下大夫，上士中士下士，凡五等。天子之田方千里，公侯田方百里，伯七十里，子男五十里。不能五十里者，不合於天子，附於諸侯曰附庸。天子之三公之田視公侯，天子之卿視伯，天子之大夫視子男，天子之元士視附庸。〔註14〕

以現今有限的材料來看，我們仍可以大略地看出西周時期在土地方分配方面的等級特色，因為土地的大小充分反映了貴族政治地位的高低，如此，透過

〔註11〕　參見瞿同祖，《中國封建社會──周代社會組織》，里仁書局，台北，民國73年，頁32～34。

〔註12〕　《禮記・禮運》，《十三經注疏》本，頁421～422。

〔註13〕　見李朝遠，《西周土地關係論》，上海人民出版社，上海，1997年，頁54。

〔註14〕　《禮記・王制》，《十三經注疏》本，頁212～214。

土地數量的大小不僅可以作爲政治地位高低的象徵，更可以作爲控制受封者的一種經濟及軍事的手段，使之力量不足以威脅天子的存在。〔註15〕

（二）制　邑

在等級分封制度下，周人對於受封者「城邑」規模的大小也有所限制。在《左傳・隱公元年》所載的「鄭伯克段於鄢」的事件中，祭仲對於鄭莊公之弟共叔段擴充其自身城邑的規模而對鄭莊公謂：

> 都，城過百雉，國之害也。先王之制：大都，不過參國之一；中，
>
> 五之一；小，九之一。今京不度，非制也，君將不堪。〔註16〕

對於共叔段這樣的行爲，鄭莊公謂：「多行不義，必自斃，子姑待之。」〔註17〕這裡鄭莊公的「不義」，即指共叔段因擴充自己城邑的規模因而破壞了「等級差別」的核心價值，而這樣的規定應是延續自西周時期以來的等級分封制度，即城邑大小規模的限制有等級差別，是不容輕易逾越的。

不過西周時期貴族間城邑規模大小的限制，就天子與諸侯而言，據古籍的經傳中大致可以看出其城邑的等級規模限制似乎有二說：一說是天子九里、諸侯大國七里之城，次國五里，小國三里；一說是天子十二里、諸侯大國九里之城，次國七里，小國五里。〔註18〕而這些均指的是城邑的邊長，若以現今的度量衡來推算，周尺一尺爲 19.9 公分，一里爲 1800 尺，則十二里之城邊長是 4298 公尺，面積是 18.47 平方公里；九里之城邊長 3222 公尺，面積 10.2 平方公里；七里之城邊長 2500 公尺，面積 6.25 平方公里；五里之城邊長 1790 公尺，面積 3.2 平方公里；三里之城邊長 1074 公尺，面積 1.15 平方公里。

〔註15〕見李朝遠，《西周土地關係論》，頁 63。

〔註16〕《左傳・隱公元年》，《十三經注疏》本，頁 34～36。楊伯峻，《春秋左傳注》說：「雉，三堵也。長一丈，高一丈謂之堵，三堵爲雉，則雉高一丈長三丈。」「侯伯之城方五里，計每面長九百丈，即三百雉。大都不過其三之一，故不能過百雉。雉之數，古人頗有異說」。見該書頁 11。

〔註17〕《左傳・隱公元年》，《十三經注疏》本，頁 36。

〔註18〕《周禮・考工記》：「匠人營國，方九里」。《疏》曰：「周亦九里城，則公七里，侯伯五里，子男三里。」（《十三經注疏》本，頁 642。）《春官・典命》云：「上公九命爲伯，其國家宮室車旗衣服禮儀皆以九爲節。侯伯七命，其國家宮室車旗衣服禮儀皆以七爲節。子男五命，其國家宮室車旗衣服禮儀皆以五爲節。」《注》曰：「國家之所居，謂城方也。」《疏》曰：「周之天子城方十二里，公宜九里，侯伯宜七里，子男宜五里也。」（《十三經注疏》本，頁 321。）從這些經傳中可以看出，城邑的大小是隨著政治地位的高低而不同，而以上所指的城邑應指的是政治中心而言。

雖然現今在豐鎬地區仍未發現完整的城郭遺址，〔註19〕不過若從現今考古發現東周王城來看，則為 8.3 平方公里，接近 10 平方公里，符合《周禮》所載的王城九里。〔註20〕另外就目前考古所見西周主要封國的都城規模來看，如曲阜魯都和琉璃河燕都的面積都只在 5 平方公里左右。〔註21〕

至於在諸侯之下的大夫其城邑的規模則大致如上述祭仲所言「先王之制」，大都不能大過封國國都的三分之一，中都不能大過封國國都的五分之一，小都不能大過九分之一。

因此從前面論述可以看出，天子之城方九里，而諸侯依其爵位又有七里、五里、三里之分，諸侯之下的大夫則其城邑最大不得超過諸侯的三分之一。雖然考古發現不盡完全符合經傳所述的大小規模，然而還是充分反映了在西周分封制度下所具有等級差別的特性。

（三）宗廟宮室

除了上述的「城邑」之外，許多學者也認為「宗廟宮室」的建築也充分體現了西周禮制的特性，〔註22〕在西周等級分封制的特性下，貴族間的宗廟宮室建築也有其一定的規制，如在《竹書紀年》中的記載：

> 晉侯作宮而美，康王使讓之。〔註23〕

晉侯大概破壞了當時的建築規制，因而康王對晉侯多所責難，以維護西周等級差別的核心價值。不過，這裡「作宮」的「宮」應指的是「宗廟宮室」，因為從文獻資料與考古材料來看，夏商西周時期的宮室建築基本上是宮廟一體的，也就是即使宮廟建築是分屬不同的建築體，但也應都集中在同一個區域。

〔註19〕 見胡謙盈，〈豐、鎬地區諸水道的踏察——兼論周都豐、鎬位置〉，收於氏著《胡謙盈周文化考古研究選集》，四川大學出版社，成都，2000 年，頁 1～12。

〔註20〕 參中國社會科學院考古研究所編，《洛陽發掘報告（1955～1960 年洛陽澗濱考古發掘資料）》，北京燕山出版社，北京，1989 年。馬正林編，《中國城市歷史地理》，山東教育出版社，濟南，1998 年，頁 151。

〔註21〕 參山東省文物考古研究所等，《曲阜魯國故城》，齊魯出版社，濟南，1982 年。中國社會科學院考古研究所等琉璃河考古隊，〈琉璃河燕國古城發崛的初步收穫〉，《北京文博》1995 年第一期。趙福生，〈西周燕都遺址（琉璃河商周遺址）〉，《北京文博》1995 年第一期。許宏，《先秦城市考古學》，北京燕山出版社，北京，2000 年，頁 77。

〔註22〕 見許宏，《先秦城市考古學》，頁 79。

〔註23〕 王國維校補，《古本竹書紀年輯校》，收於《竹書紀年八種》，世界書局，台北，民國 78 年，頁 230。

〔註 24〕

　　因此，西周時期宗廟宮室的建築規制在當時的制度下是有其等級差別的一致性，例如王宮之大小規模，據《周禮・春官・典命》鄭玄《注》：「公之宮方九百步，侯伯之宮方七百步，子男之宮方五百步。」〔註 25〕天子的規制大概比公大或略等。

　　又天子有六寢，諸侯有三寢，《周禮・天官・宮人》：「宮人掌王之六寢之脩。」下引鄭玄《注》：「六寢者，路寢一，小寢五。」賈公彥《疏》：「天子六寢，則諸侯當三寢，亦路寢一、燕寢一、側室一。」〔註 26〕《公羊傳・僖公二十年》：「以有西宮，亦知諸侯之有三宮也。」〔註 27〕三宮即三寢也。（可參見圖四）

　　至於寢之制，據《詩經・小雅・斯干》：「築室百堵，西南其戶」下引鄭玄《箋》：「天子之寢有左右房。」〔註 28〕孔穎達《疏》：「諸侯路寢有左右房也，……大夫以下無西房，唯有一東房。」〔註 29〕《儀禮・聘禮》下引賈公彥《疏》：「士大夫直有東房西室，天子、諸侯左右房。」〔註 30〕則天子諸侯有中室及左右房，而士大夫只有東房西室而無西房。（可參見圖五）

　　從以上所述可以看出在周人宗廟宮室的建築規制中有關「等級差別」的規制限制，其它部份的規制應當亦受到當時禮制的規範和宗法等級制度的影響，如貴族所居的結構布局必須符合「前朝後寢，前堂後室」的要求，堂房之廣長也當有一定的規模尺度。〔註 31〕如在陝西岐山鳳雛所發現的約屬西周中晚期的宮殿遺址中的宮殿夯土台基高比殷代積土為台進了一步，此即展現了西周統治者的尊嚴，是等級制度在建築上的體現〔註 32〕（參見圖六、七）。

〔註 24〕　見許宏，《先秦城市考古學》，頁 79～80。
〔註 25〕　《周禮・春官・典命》，《十三經注疏》本，頁 321。
〔註 26〕　《周禮・天官・宮人》，《十三經注疏》本，頁 91。
〔註 27〕　《公羊傳・僖公二十年》，《十三經注疏》本，頁 142。
〔註 28〕　《詩經・小雅・斯干》，《十三經注疏》本，頁 384。
〔註 29〕　《詩經・小雅・斯干》，《十三經注疏》本，頁 385。
〔註 30〕　《儀禮・聘禮》，《十三經注疏》本，頁 242。
〔註 31〕　參陝西周原考古隊，〈陝西岐山鳳雛村西周建築基址發掘簡報〉，《文物》1979年第十期。陝西周原考古隊，〈扶風召陳西周建築群基址發掘簡報〉，《文物》1981 年第三期。張之恒、周裕興，《夏商周考古》，南京大學出版社，南京，1995 年，頁 210～211。
〔註 32〕　參陝西周原考古隊，〈陝西岐山鳳雛村西周建築基址發掘簡報〉，《文物》1979年第十期。楊鴻勛，〈西周岐邑建築遺址的初步考察〉，《文物》1987 年第三期。

（四）命服命車

周人在服飾上也表現出明顯的等級制度，當時的貴族服飾有等級的制度，這是出於周王的命令按照其所任命的官爵來規定的，因而稱爲「命服」。據學者的研究，這種制度主要以兩件服飾來規定等級的高低，一件是「芾」，另一件則是配掛在「芾」前面的「衡」，「命服」的等級是以各種不同色彩的「芾」和「衡」來區別的，可能是西周中期以後所作的規定。這兩者以「朱芾蔥珩」爲最高的等級，是賞給公爵的執政大臣的。其次是「赤芾」，是賞給「卿」一級和諸侯的，赤🄮市是賞給「大夫」一級的，再其次是「䵍市问黃」，即黑市和素黃（珩），是賞給「司工」、「司輔」、「官司邑人」的官吏的。更其次是「叔市金黃」，即白市和金色的珩，是賞給小官吏的。〔註33〕

周人除了透過「芾」和「珩」不同的色彩來顯現當時貴族間在服飾上的等級身份外，另外其它服飾部分的顏色、質料、服式、紋飾等方面當亦可能展現了周人「等級差別」的禮制特性，如《左傳・桓公二年》載臧哀伯云：

> 袞、冕、黼、珽，帶、裳、幅、舄，衡、紞、紘、綖，昭其度也。
> 藻、率、鞞、鞛，鞶、厲、游、纓，昭其數也。火、龍、黼、黻，
> 昭其文也。五色比象，昭其物也。〔註34〕

臧哀伯之語反映了周人在服飾方面所具有的等級色彩，即如《左傳・昭公九年》所載：「服以旌禮，禮以行事，事有其物，物有其容。」〔註35〕其中尤以顏色更是區別尊卑貴賤的重要表徵，如《禮記・玉藻》云：「衣正色，裳間色，非列采不入公門。」下引孔穎達《疏》曰：「正謂青、赤、黃、白、黑五方正色也；不正謂五方間色也，綠、紅、碧、紫、騮黃是也。」〔註36〕由此來看周人服色當時是以「正色」爲貴，而以「間色」爲賤，〔註37〕同時亦強調「衣」之純色。而反映在冠服、衣帶等亦以顏色做爲等級尊卑的區分，其中又以朱紅色爲上等，如《禮記・玉藻》云：「始冠緇布冠，自諸侯下達，冠而敝之可也。玄冠朱組纓，天子之冠也。緇布冠繢緌，諸侯之冠也。玄冠丹組纓，諸侯之齊冠也。玄冠綦組纓，士之齊冠也。」「天子素帶朱裡終辟，而（諸侯）

張之恒主編，《中國考古學通論》，南京大學出版社，南京，1991年，頁211。

〔註33〕 見楊寬，《西周史》，頁449～453。

〔註34〕 《左傳・桓公二年》，《十三經注疏》本，頁92～94。

〔註35〕 《左傳・昭公九年》，《十三經注疏》本，頁781。

〔註36〕 《禮記・玉藻》，《十三經注疏》本，頁552～553。

〔註37〕 呂思勉，《先秦史》，台灣開明書店，台北，民國50年，頁339。

素帶終辟，大夫素帶辟垂，士練帶率下辟，居士錦帶，弟子縞帶。」〔註38〕

圖四：周城（天子中城）（左）與軒城（諸侯中城）（右）圖

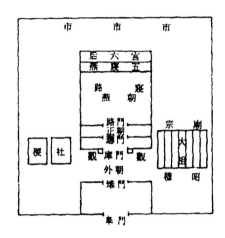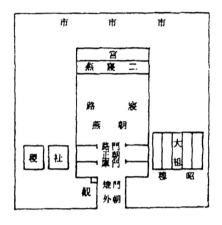

資料來源：錢玄，《三禮通論》，南京師範大學出版社，南京，1996 年，頁 157。

圖五：廟寢圖

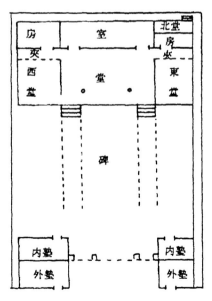

資料來源：錢玄，《三禮通論》，南京師範大學出版社，南
京，1996 年，頁 169。

〔註38〕《禮記・玉藻》，《十三經注疏》本，頁 551、560～561。

圖六：陝西鳳雛甲組建築基址平面圖

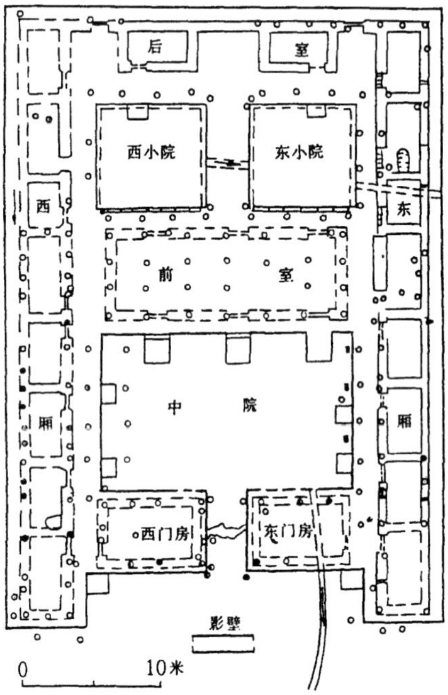

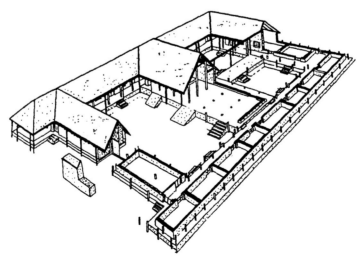

后室

西小院　東小院

西　東

前　室

中　院

廂　廂

西門房　東門房

影壁

0　　　10米

資料來源：張之恒、周裕興，《夏商周考古》，南京大學出
版社，南京，1995 年，頁 212。

圖七：陝西鳳雛甲組建築復原圖

資料來源：張之恒、周裕興，《夏商周考古》，南京大學出版社，
南京，1995 年，頁 213。

　　另外，貴族所乘坐的馬車也呈現了等級差別的特色。就車本身而言，據學者的研究車飾有軫、較、厄、衡等，車有「金車」、「駒車」等。〔註39〕就馬匹數而言，據目前考古資料來看，則見一車兩馬、一車四馬，但未見一車三馬，〔註40〕由此來看駕馬當以二、四等偶數作爲等級的差別。因此周人在馬車的使用上，就如同上面所述的服飾一樣，亦具有等級差別的色彩。

（五）命　祀

　　所謂「國之大事在祀與戎」，祭祀在周代，不只是一項單純而重要的宗教活動，它也是周人用以進行統治的有力工具，在當時國家事務中佔有極爲重要的地位。〔註41〕因此在周人的等級分封制度下，祭祀權也是在其受封的範圍內，而在「神約」中則明確記載了各種祭祀規範的內容，這些內容當亦體現了「等級差別」的特性，〔註42〕這些均反映在周人祭祀的對象、方式、犧牲、身份等。如就對象而言，天子可以祭天地、四方、山川、五祀，及祖先之神；諸侯則只可祭祀境內的山川、五祀，及祖先之神；又大夫祭五祀及祖先之神；士則只能祭其祖先。若非其所當祭而祭之亦不能得到福祐，如此則謂之淫祀。例如《禮記・曲禮下》云：

> 天子祭天地，祭四方，祭山川，祭五祀，歲徧。諸侯方祀。祭山川，祭五祀，歲徧。大夫祭五祀，歲徧。士祭其先。……非其所祭而祭之，名曰淫祀。淫祀無福。〔註43〕

又在《禮記・王制》下云：

> 天子將出，類乎上帝，宜乎社，造乎禰。諸侯將出，宜乎社，造乎禰。……天子祭天地，諸侯祭社稷，大夫祭五祀。天子祭名山大川：五嶽視三公，四瀆視諸侯。諸侯祭名山大川之在其地者。天子諸侯

〔註39〕見楊寬，《西周史》，頁626。

〔註40〕參郭寶鈞，《濬縣辛村》，科學出版社，北京，1964年，頁28。中國社會科學院考古研究所，《上村嶺虢國墓地》，科學出版社，北京，1959年，頁42。中國社會科學院考古研究所，《灃西發掘報告》，文物出版社，北京，1962年，頁41～43。

〔註41〕張鶴泉，《周代祭祀研究》，文津出版社，台北，民國82年，頁1。

〔註42〕見張鶴泉，《周代祭祀研究》，頁19～21。

〔註43〕《禮記・曲禮下》，《十三經注疏》本，頁97。所謂的五祀即春祭戶，夏祭竈，季夏祭中霤，秋祭門，冬祭行，「祭行」或作「祭井」，因此五祀之神即是戶竈門井中霤之神。據《禮記・曲禮下》孔穎達《疏》，《十三經注疏》本，頁97。

祭因國之在其地而無後主者。〔註44〕

就方式而言，天子的宗廟之祭一年舉行四次，犆祭是特祭，爲天子所單獨舉行，其餘夏秋冬三祭爲合祭，諸侯得參加；諸侯則一年舉行三次，即較之天子少一祭，春祭是特祭，自己單獨舉行，而夏祭則一年特祭一年合祭，秋冬二祭則是合祭。〔註45〕如《禮記・王制》即載：

> 天子諸侯宗廟之祭：春曰礿，夏曰禘，秋曰嘗，冬曰烝。……天子犆礿，祫禘，祫嘗，祫烝。諸侯礿則不禘，禘則不嘗，嘗則不烝，烝則不礿。諸侯礿，犆；禘，一犆一祫；嘗，祫；烝，祫。
> 〔註46〕

就犧牲而言，則有犧牛、肥牛、索牛、羊豕等等級差異，犧牛是經過挑選之純毛的牛，肥牛則是特別飼養的牛，索牛則是求得而非特別飼養的牛。如〈曲禮下〉云：「天子以犧牛，諸侯以肥牛，大夫以索牛，士以羊豕。」〔註47〕另外就數量而言，天子以「大牢」則是牛羊豕三牲，諸侯以「少牢」則是羊豕二牲，〈王制〉即載：「天子社稷皆大牢，諸侯社稷皆少牢。大夫士宗廟之祭，有田則祭，無田則薦。」〔註48〕至於大夫及士據〈王制〉下引鄭玄《注》則謂：「士薦牲用特豚，大夫以上用羔。」〔註49〕

廟數亦有限制，如〈王制〉云：「天子七廟，三昭三穆，與太祖之廟而七。諸侯五廟，二昭二穆，與太祖之廟而五。大夫三廟，一昭一穆，與太祖之廟而三。士一廟，庶人祭于寢。」〔註50〕

最後就身份而言，則是「支子不祭，祭必告于宗子。」〔註51〕

雖然有關周人祭祀研究的探討甚夥，而從以上《禮記》的內容中或許只能知道大略的梗概，但我們還是可以具體而微地看出周代複雜的祭祀活動中所反映的「等級差別」的色彩，即周人透過祭祀權的等級差別以藉此突顯政治地位上的尊卑貴賤。

〔註44〕 《禮記・王制》，《十三經注疏》本，頁 235、242～243。
〔註45〕 據《禮記・王制》下引孔穎達《疏》，《十三經注疏》本，頁 243～245。
〔註46〕 《禮記・王制》，《十三經注疏》本，頁 242～243。
〔註47〕 《禮記・曲禮下》，《十三經注疏》本，頁 98。
〔註48〕 《禮記・王制》，《十三經注疏》本，頁 245。
〔註49〕 《禮記・王制》，《十三經注疏》本，頁 245。
〔註50〕 《禮記・王制》，《十三經注疏》本，頁 241。
〔註51〕 《禮記・曲禮下》，《十三經注疏》本，頁 98。

（六）墓葬習俗——列鼎制度

周代有關喪葬的習俗也透露著濃厚的等級差別制度，在《後漢書·趙咨傳》中，趙咨即曾謂：

> 周室因之，制兼二代。復重以牆翣之飾，表以旌銘之儀，招復寒斂之禮，殯葬宅兆之期，棺槨周重之制，衣衾稱襲之數，其事煩而害實，品物碎而難備。然而秩爵異級，貴賤殊等。〔註52〕

文中表明了周人在喪葬制度中亦具有等級性的色彩，不過，在本文中主要將針對考古遺物中所發現有關當時墓葬習俗中的列鼎制度來考察當時在分封制度下反映在墓葬習俗中所具有的等級特色。

所謂的「列鼎制度」，即是在一組鼎中，所有的鼎的形制、紋飾均相同，不過大小不同，尺寸依次遞減，形成了規律的序列。〔註53〕從考古資料來看西周時期列鼎與墓葬內容的關係可從表三中加以得知，至於考古資料所見周人列鼎制度的形成〔註54〕當在西周早期即已出現，如在甘肅靈臺縣白草坡墓所出土的五鼎三簋中，五鼎的形制紋飾有兩種，三簋中有兩簋相同，一簋不同。在陝西長安縣客省莊一墓出土了三鼎二簋，其中的兩鼎形制紋飾相同，但另一鼎則稍小而形制不同。而陝西寶雞市竹園溝一墓出土的五鼎三簋，五鼎在形制上基本一致，大小也依序遞減，只是在耳部形制有些差別，三簋形制相似但紋飾不同。由此可以看出周初已經出現以奇數為次序的列鼎制度，

〔註52〕《後漢書·劉趙淳于江劉周趙列傳》，鼎文書局，台北，民國80年，頁1314。
〔註53〕引自杜迺松，〈論列鼎制度〉，收於《吉金文字與青銅文化論集》，紫禁城出版社，北京，2003年，頁276。
〔註54〕有關的考古資料及分析參見自石興邦，〈長安普渡村西周墓發掘記〉，《考古學報》1954年第八冊。陝西省文物管理委員會，〈長安普渡村西周墓的發掘〉，《考古學報》1957年第一期。甘肅省博物館文物工作隊，〈甘肅靈臺白草坡西周墓〉，《考古學報》1977年第二期。史言，〈扶風莊白大隊出土的一批西周銅器〉，《文物》1972年第六期。寶雞茹家莊西周墓發掘隊，〈陝西省寶雞市茹家莊西周墓發掘簡報〉，《文物》1976年第四期。寶雞市博物館，〈寶雞竹園溝西周墓地發掘簡報〉，《文物》1983年第二期。河南文物研究所、三門峽文物工作隊，〈三門峽上村嶺虢國墓地M2006的清理〉，《文物》1995年第一期。河南文物研究所、三門峽文物工作隊，〈三門峽上村嶺虢國墓地M2001發掘簡報〉，《華夏考古》1992年第三期。俞偉超、高明，〈周代用鼎制度研究（上）〉，《北京大學學報（哲學社會科學版）》1978年第一期。俞偉超、高明，〈周代用鼎制度研究（中）〉，《北京大學學報（哲學社會科學版）》1978年第二期。俞偉超、高明，〈周代用鼎制度研究（下）〉，《北京大學學報（哲學社會科學版）》1979年第一期。

只是在形制、紋飾上還未一致，而且大小序列也未完全普及。

表三：西周時期出土列鼎統計表 〔註55〕

時　　代	出土地點	列鼎數	共 存 禮 樂 器	棺槨	著　　　錄	備　　　註
西周中期	陝西扶風	列4	簋5、壺2、簠3、匜1、勺2		《文物》1972年第6期	簋5與簋3作器者分屬兩人
西周晚或春秋早	湖北京山	列9	鬲9、甗1、簋7、豆2、方壺2、盉1、盤1、匜1		《文物》1972年第6期	
西周晚或春秋初	上村嶺1052號墓	列7	編鐘9、鐘1、鬲6、甗1、簋6、豆1、壺2、盉1、盤1	二槨一棺	《上村嶺虢國墓地》	殉10輛車20匹馬，墓主人為虢太子
西周晚或春秋初	上村嶺1706號墓	列5	鬲4、簋4、豆1、壺2、盤1、匜1	二槨一棺	《上村嶺虢國墓地》	有車馬坑
西周晚或春秋初	上村嶺1810號墓	列5	鬲4、甗1、簋4、豆1、壺2、盉1、盤1	二槨一棺	《上村嶺虢國墓地》	有車馬坑
西周晚或春秋初	上村嶺1705號墓	列3	簋4、壺2、盤1、匜1	二槨一棺	《上村嶺虢國墓地》	
西周晚或春秋初	上村嶺1721號墓	列3	盤1、匜1	二槨一棺	《上村嶺虢國墓地》	
西周晚或春秋初	上村嶺1820號墓	列3	鬲2、甗1、簋4、豆1、簠1、壺2、盤1、匜1	二槨一棺	《上村嶺虢國墓地》	
西周晚或春秋初	湖北隨縣	列3	甗1、簋2、壺2、匜1		《文物》1973年第5期	

　　到了西周中期，據考古所見則列鼎制度有了進一步的發展，如長安普渡村長甶墓出土四鼎兩簋，形制相似，大小依此遞減。寶雞茹家莊一墓出土了五鼎五簋，其中的四鼎大小依序遞減，只有一鼎較為特殊，在形制紋飾上不完全相同。另一墓則出土了五鼎四簋，形制相同且素面，大小也依次遞減。

　　西周中期以後，從貴族墓葬中可以發現長期流行著列鼎的制度。例如河南三門峽市上村嶺虢國墓地的虢太子墓就出土了七鼎、六簋、六鬲、兩壺以及甗、豆、盤、盉各一件。次一等的陪葬品則有五鼎、四簋、四鬲、兩壺以及豆、盤、匜各一件，再次一等的陪葬品則有三鼎、四簋、兩壺及盤、匜各

〔註55〕引自杜迺松，〈論列鼎制度〉，2003年，頁277。

一件，末等則有鼎、盤、匜各一件。這些均說明了自西周中期以後所流行的列鼎制度，除了在鼎的數目有一定的等級外，而與鼎配合的簋、盨的數目也有一定的等級限制。

由此可以看出透過「列鼎制度」中用鼎數目，以及與鼎配合的簋、盨的數目來突顯出貴族間的等級差別，而從象徵政治地位的列鼎制度的逐漸成形，反映了周人的典章制度有了更進一步的完備，也即是周人的政權有了更爲合法化的象徵，透過這些屬於國家體制的禮制規範，有助於統治階層內部的安定。

綜合以上在「等級分封制」之下所呈現的有關授土、制邑、宗廟宮室、命服命車、祭祀、列鼎制度等六個部份來看，可說是充份體現了周人禮治中所具有「等級差別」的精神，而在這樣的制度設計下，使得貴族間必須嚴格地遵守西周王朝的根本體制，透過這樣的「根本體制」有助於建立統治階層權利義務來源的正當性並維持其統治地位的穩定性，進而形成「諧和無爭」的政治形態，永保周人無疆之休。

二、君統與宗統的合一〔註56〕

眾所周知，周代的封建制是宗法與等級分封制合一的體制，而在此體制之下的宗法制實是維繫其政治倫理關係的重要核心制度，〔註57〕由此可見宗法制度在西周政治所起的重要作用。至於西周宗法制度的內容不論是傳統的經說，或是歷來學者的研究可說是內容繁瑣意見紛陳，不過總的來看，周人的宗法制度主要有以下三點內容：嫡庶制、大小宗，以及喪服制等，這三者建構了以「宗子」爲中心的宗族形態。

首先就嫡庶制來看，嫡長子繼承制的原則確立了眾子之間誰有繼承的權利，其中因母親身份的差異而有嫡庶之分，具有正妻也即是嫡妻身份的母親，

〔註56〕 西周時期是否出現「宗君合一」的情形，自古以來即有過討論，從《禮記》和《儀禮》來看，即包含著君統與宗統相分的說法，當代學者金景芳亦曾提出過宗統與君統是不同的範疇。然而王國維、范文瀾、翦伯贊、楊寬等人卻認爲當時是存在宗君合一的現象。另外錢杭、錢宗范亦爲文大致肯定宗君合一的存在。分見錢宗范，《周代宗法制度研究》，廣西師範大學出版社，桂林，1989年，頁153～240。錢杭，《周代宗法制度史研究》，學林出版社，上海，1991年，頁66～86。

〔註57〕 田昌五、臧知非，《周秦社會結構研究》，西北大學出版社，西安，1996年，頁18。

也僅只一位，其所生的子弟稱之爲嫡子，其中年紀最長的是嫡長子，而非正妻身份的即是庶妻，其所生之子是爲庶子，在這些眾子之中，原則上是以嫡長子是法定唯一的繼承人，《公羊傳・隱公元年》云：「立適以長不以賢，立子以貴不以長。」〔註58〕此即說明了母親的身份決定了其所生之子是否具有宗子繼承權，而在嫡母所生之子中又以年長的爲優先，但若無嫡子則立地位較高的庶母所生之長子爲宗子，要是數位庶母地位均相當，則立年紀最長的以爲未來的宗子。這即是《公羊傳》中所提的立嫡以長、立子以貴的精神。但要是遇到年齡均相當的庶子，則是考察他們的德性以決定之，若是德性也相當，則以龜卜決定之，故在《左傳・昭公二十六年》又說：「王后無嫡，則擇立長。年鈞以德，德鈞以卜。」〔註59〕這即是在無嫡子情況下的一種補救方法。總而言之，透過這套區分嫡庶的宗子繼承法除了可以免除爭奪之外，亦可以增進族人的向心力，確立宗子的權威，建立了宗族之中嫡庶之別的等級地位。

其次，就大小宗來看，這是在嫡長子繼承制的基礎下隨著宗族成員的繁衍，所形成的一套制度，藉此以凝聚族人的向心力。嫡長子繼承爲宗子之後是爲大宗，而其他的子弟即爲別子，也可稱爲支子，是爲小宗，必須從原有的家庭分化出去另立門戶，但還是宗族的成員隸屬於大宗之下，如此層層分化，形成了層次不同的大小宗系統，在《禮記・喪服小記》中即云：「別子爲祖，繼別爲宗，繼禰者爲小宗。有五世而遷之宗，其繼高祖者也。是故祖遷於上，宗易於下。」〔註60〕又在《禮記・大傳》：「有百世不遷之宗，有五世則遷之宗。百世不遷者，別子之後也，宗其繼別子之所自出也，百世不遷者也。宗其繼高祖者，五世則遷者也。」〔註61〕從〈喪服小記〉及〈大傳〉中可以看出大小宗的系統關係，即是「別子」雖不能繼承父親爲「宗子」，但可以祭祀父親，當「別子」另立宗族之後，則爲此宗族之「祖」，自「祖」及其繼承者則是一個新的「宗」，這支以別子身份爲始祖而相對於其本支宗族的宗子則是小宗，但其在自己新立的宗族中相對於後世又分支出去的子弟則又是大宗。而這個別子爲祖的「小宗」傳到五世就必須把高祖遷至大宗之廟，而繼禰者的別子們則又分支出去成爲另一個新的宗族。如此世代繁衍，遂有百

〔註58〕《公羊傳・隱公元年》，《十三經注疏》本，頁11。
〔註59〕《左傳・昭公二十六年》，《十三經注疏》本，頁904。
〔註60〕《禮記・喪服小記》，《十三經注疏》本，頁592。
〔註61〕《禮記・大傳》，《十三經注疏》本，頁620。

世不遷的的「大宗」，以及「五世則遷」的「小宗」，周天子是姬姓「百世不遷」永遠的大宗，而諸侯、大夫、士等姬姓貴族則同時具有大宗及小宗的相對性身份，如此不斷地「祖遷於上，宗易於下」的發展，維繫了族人間的血源情感，而透過這種大小宗「等級」關係的建立，樹立了大宗的權威並以之團結族人，除了從宗廟祭祀中可以看出宗子的地位外，喪服制度則最能細緻地反映出宗族成員的關係。

最後，就喪服制來看，《禮記‧大傳》曾云：「服術有六：一曰親親，二曰尊尊，三曰名，四曰出入，五曰長幼，六曰從服。從服有六：有屬從，有徒從，有從有服而無服，有從無服而有服，有從重而輕，有從輕而重。」〔註62〕〈大傳〉之言反映了喪服制中所具有的別親疏尊卑長幼貴賤的核心價值，界定了人跟人之間的親疏等級關係。其中的「五服制」則可以看出宗族成員的地位關係，是宗法制中的重要內容。五服即是五種服制，〔註63〕透過服制的差別以體現宗族成員的親疏關係，斬衰禮最重，是兒子、未嫁女為父母，嫡長孫為祖父母，妻為夫，父為嫡長子，妾為君（家長），弟為兄，媳婦為公婆所服三年之喪。齊衰則是為母、繼母、庶母，眾孫為祖父母，侄為伯叔、未婚姑，夫為妻，兄為弟等等所服三年，一年，或三個月之喪。大功是為堂兄弟、已婚姑、已婚姊妹所服九個月之喪。小功是為同曾祖父親屬的兄弟、伯叔、子侄所服五個月之喪。緦麻則是為同高祖父的親屬所服的三個月之喪。周人的服制當不若《儀禮‧喪服》所載如此的繁雜，不過從斬衰及齊衰等服喪之重來看，喪服制中卻體現了以父、子、孫三族為中心的父權本質，而這應當也是周人宗法制所具有的重要精神。

從以上所述可以看出，周人宗法制度的內容是以嫡長子繼承制做為核心，由此而衍生出大宗小宗的區別（參見圖八）、以及喪服制等。就嫡長子繼承制而言，其中充份展現了「等級差別」的核心價值，「嫡庶制」的建立即區別了在同一家庭中兄弟等級關係的分別，由此而確保在王位的繼承上避免爭奪的可能，以及建立嫡長子在宗族中的權威地位。在這樣的基礎上，所發展出的「大宗」以及「小宗」區別，則又形成了另一種宗族間「等級差別」的關係，而「五服」制度則是具體反映了「大宗」、「小宗」關係中個人的身

〔註62〕　《禮記‧大傳》，《十三經注疏》本，頁619～620。

〔註63〕　《禮記‧學記》：「師無當於五服，五服弗得不親。」《疏》云：「五服，斬衰也，齊衰也，大功也，小功也，緦麻也。」《十三經注疏》本，頁656。

份與地位，藉此以彰顯出「等級」的差異。宗法制度可說是從「家庭」到「宗族」，明確地規範了個人身份的「等級」關係。不過充滿政治智慧的周人，卻懂得將分封制與宗法制合而一，在國族合一的原則下，有利於周人的統治。〔註64〕

　　從家庭、宗族、到國家，周人藉由宗法制及分封制的合一，緊密地建立了統治階層其在政治倫理及血緣關係的統一性，如《左傳》中即有：「昔周公弔二叔之不咸，故封建親戚以蕃屏周。」〔註65〕「昔武王克商，成王定之，選建明德，以蕃屏周」〔註66〕又《荀子・儒效篇》：「武王崩，成王幼，周公屏成王而及武王以屬天下。……兼制天下，立七十一國，姬姓獨居五十三人，而天下不稱偏焉。」〔註67〕這些均反映了周人在建國之初強調透過血緣關係以加強周人統治基礎的態度，天子在政治上不僅是天下的共主，在血緣關係上也是宗主，在《詩經・大雅・公劉》中即謂：「飲之食之，君之宗之。」《毛傳》：「爲之君，爲之大宗。」〔註68〕《詩經・大雅・板》又謂：「大邦維屏，大宗維翰。懷德維寧，宗子維城。」〔註69〕這些均充分說明了周人在政治及宗法上相互結合的關係，亦即周人立國的精神即是以君統及宗統的合一作爲基礎。因此，周人將宗法制度中貴族階層的嫡長子以及大宗、小宗等的「宗族等級」身份與分封制度中的「政治等級」身份合而爲一，形成了「宗統」與「君統」合一的「家國同源」的「等級宗法分封制」。

〔註64〕田昌五、臧知非，《周秦社會結構研究》，頁32。
〔註65〕《春秋左傳・僖公二十四年》，《十三經注疏》本，頁255。
〔註66〕《春秋左傳・定公四年》，頁947。
〔註67〕《荀子・儒效篇》，《新編諸子集成》本，頁73。
〔註68〕《詩經・大雅・公劉》，《十三經注疏》本，頁619、620。
〔註69〕《詩經・大雅・板》，《十三經注疏》本，頁635。

圖八：周人宗法系統圖

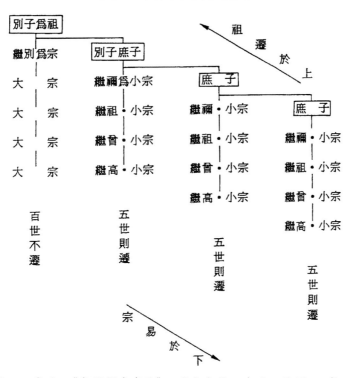

資料來源：王貴民，《商周制度考信》，明文書局，台北，民國 78 年，頁 33。

三、五禮中的政治等級儀節

　　在前面所述西周體制所具有的「等級差別」的特性外，而從「五禮」的儀節中亦可見到同樣的特性。所謂的「五禮」，據《周禮・春官・宗伯第三》下引賈公彥《疏》曰：「先鄭云：五禮吉、凶、賓、軍、嘉者，大宗伯職文。」〔註 70〕可見所謂的五禮，即是大宗伯所職掌的吉、凶、賓、軍、嘉等五種禮儀。而《周禮・春官・宗伯第三》謂小宗伯之職掌為「掌五禮之禁令與其用等」，句中所謂的「用等」，據賈《疏》云：「釋曰云：用等，牲器尊卑之差者。謂若天子大夫已上大牢，士少牢，諸侯之大夫少牢，士特牲之等其器謂若少牢四敦，特牲二敦。士二豆三俎，大夫四豆五俎，諸侯六豆七俎，天子八豆九俎，其餘尊罍爵勺及饗食之等各依尊卑之差。」〔註 71〕因此從以上來看，

〔註 70〕　《周禮・春官・宗伯第三》，《十三經注疏》本，頁 290。
〔註 71〕　《周禮・春官・宗伯第三》，《十三經注疏》本，頁 290。

五禮中以牲器來表示的「用等」即反應出了等級尊卑的差異。

以下就以「吉禮」爲例來看，〔註72〕從其中有關祭儀及祭器的使用差別亦可反映出等級差別的特色。就祭舞來看，在《左傳·隱公五年》載眾仲之言曰：「天子用八，諸侯用六，大夫四，士二。」〔註73〕由此可知天子舞八佾，諸侯六，大夫四，士二。因發生日蝕而所舉行的救日祭祀中所使用的祭器，據《穀梁傳·莊公二十五年》的記載：「天子救日，置五麾，陳五兵、五鼓；諸侯置三麾，陳三鼓、三兵；大夫擊門；士擊柝，言充其陽也。」〔註74〕亦即天子置五方之色旗（東青、南赤、西白、北黑、中黃），陳列五種兵器（即矛、戟、鉞、楯、弓矢）、五種鼓（東方青鼓、南方赤鼓、西方白鼓、北方黑鼓、中央黃鼓）。諸侯則分別去掉黑黃二旗，楯、弓矢二兵器，及黑黃二鼓等。〔註75〕大夫則擊鼓於城門，士則敲擊木柝。

由上述可知，以「五禮」中的「用等」以及以「吉禮」中的祭器祭儀爲例來看，當與其它「五禮」的儀節一樣，當中亦體現了因政治地位的不同而出現「等級差別」的特性。

綜合以上各小節的論述來看，可知周人在政治制度的設計上是以「等級差別」的核心價值來作爲設計的張本，大自王朝體制小至各種儀節，無一不體現出「等級尊卑」的特性，而這種特性也正是周人所賴以維持其政治秩序的根本價值，孔子所謂的「郁郁乎文哉，吾從周。」正是說明了周人以「等級差別」建構了昌盛的禮樂文明，在這昌盛的禮樂文明之中，卻有著重大的政治作用。周人將「等級宗法分封制」以及將五禮中各個「儀節」所建構起來的「封建制」，可說是形成了先秦時期以「等級尊卑」爲核心價值所發展出來的具有「道德意識」的緊密「政治團體」。

〔註72〕「五禮」中有關「凶禮」、「賓禮」及「嘉禮」等多具有濃厚的「社會」性，前者可視爲「人生禮儀」，而後二者可視爲「交接禮儀」，因此將留待下節作詳細討論。至於「軍禮」有關的詳細內容，可見上古《司馬法》一書，但今已不傳已無法得知其全貌（見彭林，《中國古代禮儀文明》，中華書局，北京，2004年，頁28。）而「吉禮」中的祭祀禮儀如前面所述，卻具有相當的政治性作用，所謂：「國之大事在祀與戎。」因此，在本文中僅以「用等」及「吉禮」爲例，來看「五禮」中有關的政治等級儀節，而這樣的等級特性也可類推於其它的四禮。

〔註73〕《左傳·隱公五年》，《十三經注疏》本，頁61。

〔註74〕《穀梁傳·莊公二十五年》，《十三經注疏》本，頁60。

〔註75〕參《穀梁傳·莊公二十五年疏》，《十三經注疏》本，頁61。

第二節　禮治文化核心價值下的社會形態

　　除了前節所述周人的政治形態充份地展現了「等級差別」的核心價值外，在社會形態上也體現了這樣的特性，而透過對於當時社會禮俗儀節的認識，將有助於吾人了解西周社會的形態。

　　有關西周時期社會禮儀的相關內容，從《詩經》、《尚書》、《逸周書》、《國語》、《左傳》以及當時的金文等材料來看，西周的社會已經出現了一些比較程序性的儀節，他們經常舉行如冠禮、饗禮、聘禮、喪禮等各種禮節，這些儀節與《儀禮》所載有相類之處。因此透過《儀禮》的記載，吾人可以從中一窺西周時期各種禮儀的社會形態。除了《儀禮》之外，另外《禮記》一書可以作為各種相關禮儀意義的闡釋，前者講「禮儀」，後者講「禮義」，可以收相互發明之效。若以《禮記》所載的分類來看《儀禮》的內容，則可以分冠、昏、喪、祭、射、鄉、朝、聘等八大類的禮儀，如〈禮運〉篇云：

> 是故夫禮，必本於天，殽於地，列於鬼神，達於喪祭射御冠昏朝聘。
> 故聖人以禮示之，故天下國家可得而正也。……夫禮必本於天，動
> 而之地，列而之事，變而從時，協於分藝，其居人也曰養，其行之
> 以貨力、辭讓：飲、食、冠、昏、喪、祭、射、御、朝、聘。〔註76〕

又在〈昏義〉中亦謂：

> 夫禮始於冠，本於昏，重於喪祭，尊於朝聘，和於鄉射；此禮之大
> 體也。〔註77〕

而從《儀禮》中繁複的禮儀內容來看，這些禮儀主要是以貴族一生的生活歷程及各種人際關係為主要內容。其中的冠、昏、喪、祭所反映的是生老病死的人生歷程，而射、鄉、朝、聘則是代表著各種人際關係。〔註78〕因此，以人的一生及其社會關係來看，則在本文中所指稱的社會禮俗，即指「人生禮儀」及「交接禮儀」等兩個部份。不過有學者根據兩戴《記》及《儀禮》、《周禮》，列出了這兩部份禮儀大概有幾十項：

> 人生禮儀：祈子禮、胎教之禮、出生禮、命名禮、保傅禮、冠禮、
> 笄禮、公冠禮、昏禮、仲春會男女禮、養老禮、喪禮、奔喪禮、祭
> 禮、教世子禮、婦禮。

〔註76〕《禮記‧禮運》，《十三經注疏》本，頁414。
〔註77〕《禮記‧昏義》，《十三經注疏》本，頁1000～1001。
〔註78〕見鄒昌林，《中國古禮研究》，文津出版社，台北，民國81年，頁154。

交接禮儀（即賓禮和嘉禮）：士相見禮、鄉飲酒禮、燕禮、鄉射禮、大射禮、聘禮、公食大夫禮、覲禮、投壺之禮、大盟禮、宗、遇、殷、見之禮、脤膰、賀慶之禮。〔註79〕

儘管散見在典籍中有這些繁雜的禮儀，但是仍是以冠、昏、喪、祭、射、鄉、朝、聘等八類「達禮」爲禮之「大體」也，因此在本節中將以此八大禮儀來認識周人的「人生禮儀」及「交接禮儀」。由於《儀禮》對於冠、昏、喪、祭、射、鄉、朝、聘等八類禮儀有較系統而完備的記載，是故在本節中將主要根據《儀禮》一書並輔之以《禮記》來認識當時具有「等級差別」特性的社會面貌。

一、人生禮儀中的社會等級儀節

所謂的人生禮儀若從其將人的一生所必須經歷的生老病死等歷程而行諸於禮儀儀式來看，則也可謂之「生命禮節」，是所有社會禮儀中最爲時人所重視，《禮記》所謂「本於昏，重於喪祭」即此之謂也，在《荀子・禮論》中亦有：「禮者，謹於治生死者也。生，人之始也；死，人之終也。終始俱善，人道畢矣。故君子敬始而愼終，終始如一，是君子之道，禮義之文也。」〔註80〕這些均反映了人生禮儀中所蘊含的人道精神，而這也正是人生禮儀之價值所在。因此，在講到人生禮儀的社會等級儀節，當從冠、婚、喪、祭等禮俗來加以考察。

（一）冠　禮

冠禮，是源於氏族社會時期的成年禮，象徵了社會成員到了成年之後應該具有社會的責任義務。而就《儀禮》所見周人的冠禮內容，則〈士冠禮〉的主角當涵蓋了天子到大夫、士等貴族階級，據清人姚際恆《儀禮通論》：

《儀禮》〈冠〉、〈昏〉、〈相見〉、〈喪〉、〈虞〉五篇，皆冠以士，其實多通大夫以上而言。蓋下而爲民，上而爲君卿大夫，士居其中也。其中，有言士禮而可通于君卿大夫者，亦有即以士禮等而上之，可爲君卿禮者，亦在用禮者通其意而已。〔註81〕

據此可知《儀禮》中有關冠之以「士」的篇章，仍可「通其意」，可以之考察

〔註79〕鄒昌林，《中國古禮研究》，頁155。
〔註80〕《荀子・禮論篇》，《新編諸子集成》本，頁238。
〔註81〕清・姚際恆，《儀禮通論》，中國社會科學出版社，北京，1998年，頁16。

其它的貴族階級。

　　據《禮記・曲禮》曰：「二十曰弱，冠。」〔註82〕可知男子若到了二十歲就必須行冠禮，也即代表了成年。而就《儀禮・士冠禮》及《禮記・冠義》來看冠禮的內容，則其程序大致有：筮日筮賓、戒賓、宿賓、來賓加冠三次等過程。〔註83〕冠禮是一切社會禮儀的開始，即象徵了一個人生命歷程以及各種人際關係的開始。在《禮記・冠義》中即曰：

> 凡人之所以爲人者，禮義也。禮義之始，在於正容體、齊顏色、順
> 辭令。容體正，顏色齊，辭令順，而后禮義備。以正君臣、親父子、
> 和長幼。君臣正，父子親，長幼和，而后禮義立。故冠而后服備，
> 服備而後容體正、顏色齊、辭令順。故曰：冠者，禮之始也。是故
> 古者聖王重冠。〔註84〕

而作爲「禮之始也」的冠禮，就其禮的性質以及程序來看，均具有「等級差別」的特性。首先就禮的性質來看，所謂「二十」而冠的冠禮，即蘊含了「年齡級」的等級差異：

> 人生十年曰幼，學。二十曰弱，冠。三十曰壯，有室。四十曰強，
> 而仕。五十曰艾，服官政。六十曰耆，指使。七十曰老，而傳。八
> 十、九十曰耄，七年曰悼，悼與耄，雖有罪，不加刑焉。百年曰期，
> 頤。〔註85〕

這種隨著不同年齡階段而有不同的責任與義務，這在人類學上稱爲「年齡級」或「年齡階梯制」，〔註86〕這應該也是氏族社會所遺留下來的傳統：

> 昔者，有虞氏貴德而尚齒，夏后氏貴爵而尚齒，殷人貴富而尚齒，
> 周人貴親而尚齒。虞夏殷周，天下之盛王也，未有遺年者。年之貴
> 乎天下，久矣；次乎事親也。〔註87〕

隨著年齡的增長，個人取得其在社會關係上一定的地位，正是冠禮的主要精神，而「二十歲」正是男子人生成長階段中最具關鍵的年齡，其所代表的正

〔註82〕《禮記・曲禮上》，《十三經注疏》本，頁16。

〔註83〕相關的禮儀細節詳見《儀禮・士冠禮》，《十三經注疏》本，頁2～38；《禮記・冠義》，《十三經注疏》本，頁998～1009。

〔註84〕《禮記・冠義》，《十三經注疏》本，頁998。

〔註85〕《禮記・曲禮上》，《十三經注疏》本，頁16～17。

〔註86〕見常金倉，《周代禮俗研究》，文津出版社，台北，民國82年，頁54～55。

〔註87〕《禮記・祭義》，《十三經注疏》本，頁823。

是「年齡」所蘊含的「等級差別」的特性。而這種以「年齡」來顯示次序先後、地位高低的等級特色在周人的社會裡表現了以下三個特性：

一是作為天子等貴族選擇繼位者的重要依據。如《左傳・襄公三十一年》說：「大子死，有母弟，則立之；無，則立長。年鈞擇賢，義鈞則卜，古之道也。」〔註88〕王子朝又說：「昔先王之命曰：『王后無嫡，則擇立長。年鈞以德，德鈞以卜。』王不立愛，公卿無私，古之制也。」〔註89〕《公羊傳・隱公元年》：「立適以長不以賢，立子以貴不以長。」〔註90〕《國語・晉語一》獻公曾說：「寡人聞之，立太子之道三：身鈞以年，年同以愛，愛疑決之以卜筮。」〔註91〕由此可知「年齡」是周人立儲君的重要依據。

二是作為貴族取得爵位的依據。如《禮記・王制》：「五十而爵」。《疏》曰：「賢者命為大夫。」〔註92〕又《禮記・禮運》：「合男女，頒爵祿，必當年德」等。〔註93〕

三是作為爵命相同的貴族以之區分尊卑的依據。如《左傳・哀公十三年》：「吳、晉爭先。吳人曰：『於周室，我為長。』晉人曰：『於姬姓，我為伯。』」〔註94〕又〈祭義〉：「是故朝廷同爵則尚齒」「軍旅什伍同爵則尚齒」等。〔註95〕

因此，以上三點特性與周人的冠禮中所具有以年齡做為「等級差別」的基本精神是一樣的，也可以視為是傳承自氏族社會時期的冠禮中所具有「等級差別」精神的衍伸。至於貴族成年男子在舉行「冠禮」之後，所具有的特權和義務為何，有學者研究認為主要有以下六點：參與政治活動及各種禮儀的權利、享有治理人民之權、可以男婚女嫁、取得宗法制度所規定的繼承權、有服兵役義務、參與本族的祭祀等。〔註96〕從貴族成年男子在行了冠禮之後所須承擔的責任義務與擁有的權利來看，正是賦予了「冠禮」本身所蘊涵的即具有以「年齡級」來做為「等級差別」的等級意義。

其次，再就其禮儀程序而言，被加冠者因身份不同在某些程序上也有些

〔註88〕《左傳・襄公三十一年》，《十三經注疏》本，頁685～686。

〔註89〕《左傳・昭公二十六年》，《十三經注疏》本，頁904～905。

〔註90〕《公羊傳・隱公元年》，《十三經注疏》本，頁11。

〔註91〕《國語・晉語一》，頁279。

〔註92〕《禮記・王制》，《十三經注疏》本，頁264。

〔註93〕《禮記・禮運》，《十三經注疏》本，頁441。

〔註94〕《左傳・哀公十三年》，《十三經注疏》本，頁1028。

〔註95〕《禮記・祭義》，《十三經注疏》本，頁823、824。

〔註96〕楊寬，《西周史》，頁754。

差異：

> 若孤子，則父兄戒、宿。冠之日，主人紒而迎賓，拜，揖，讓，立
> 于序端，皆如冠主。禮于阼。凡拜，北面于阼階上，賓亦北面于西
> 階上答拜。若殺，則舉鼎陳于門外，直東塾，北面。若庶子，則冠
> 于房外，南面，遂醮焉。〔註97〕

從此段的記載可以看出，嫡子可冠於阼階，庶子不得在階阼。因此，因身份的差異，其在儀式的過程中亦有部份的差異，由此也可看出周人在禮儀本身的設計上亦呈現出「等級差別」的差異，亦即嫡長子與其他的眾子，在舉行冠禮的過程中，為了突顯出嫡長子身份的尊貴，故冠於阼階並行醴禮或醮禮，而眾子只能在房戶外，同時在原地舉行醮禮。藉此以表示其等級的差異。

　　綜合以上的論述，冠禮不論是就其本身的意義或是就其程序的過程來看，分別蘊含著「年齡級」以及「身份別」的「等級差別」的特性。

（二）婚　禮

　　周人婚禮，據《儀禮·士昏禮》及《禮記·昏義》來看，貴族成年男子的婚禮要經過納采、問名、納吉、納徵、請期、親迎等六個主要儀節，故又稱為六禮。而其主要的程序是：納采；問名；醴使者；納吉；納徵；請期；將親迎豫陳饌；親迎；婦至成禮；婦見舅姑；贊者醴婦；婦饋舅姑；舅姑饗婦；饗送者、舅姑及婦廟見及饗婦饗送者之禮。〔註98〕

　　在上述所謂周人的婚禮儀式中亦蘊含著等級差別的特性，這樣的等級特性大致反映在以下兩個方面，一是哪些人可以實行如上所謂的「六禮」？二是可以實行「六禮」的成員中的等級區別。

　　首先，哪些人可以實行「六禮」？就社會階級而論，以「六禮」如此繁複之禮節，大概應盛行於士及其以上的貴族階級，我們從《儀禮·士昏禮》以「士」作為篇章名來看，即表明了這是貴族階級的婚禮儀式。而在《禮記·曲禮上》中亦曰：「禮不下庶人，刑不上大夫。」〔註99〕亦反映了如此繁複的禮儀當是行之於貴族，平民的婚禮當不致如此，因此平民的婚儀應該稱之「婚俗」，而貴族的婚儀則可謂之「婚禮」，而其差別當在於是否具有完備的「六

〔註97〕　《儀禮·士冠禮》，《十三經注疏》本，頁30。
〔註98〕　有關婚禮的程序可詳見《儀禮·士昏禮》，《十三經注疏》本，頁39～66。《禮記·昏義》，《十三經注疏》本，頁999～1003。
〔註99〕　《禮記·曲禮上》，《十三經注疏》本，頁55。

禮」程序，然而隨著社會的演進，所謂的「六禮」應當也是逐漸下放普及於平民才是。

就性別及嫁娶身份而論，男子的身份地位決定了婚禮的等級區別，而就女子來說，則取決於其嫁入後是正妻還是庶妻或是妾，來決定其是否採用完整的「六禮」儀式。只有被娶爲正妻的女子才有完整的「六禮」儀式，庶妻就沒有「廟見」、「盥饋」、「姑醴婦」等儀式。而被納爲妾的女子則完全沒有婚姻儀式可談，所謂「奔則爲妾」。〔註100〕這或許可以反映周人婚禮的部份實況。

其次，是實行「六禮」成員中的等級區別。就婚儀規模的「質」與「量」而言，從幽王時器的〈函皇父簋〉中載有爲其女兒製作的陪嫁品即可看出當時上層貴族在婚儀的「質量」上所具有的等級區別：

> 函皇父乍琱娟肈（盤）盉尊器〔鼎〕簋〔一〕具自豕鼎降十又〔一〕、
> 簋八、兩鑈（罍）、兩鑪（壺），琱娟其邁（萬）年子子孫孫永寶用。
> 〔註101〕

函皇父曾任太師、卿士，其地位之尊崇可見一般，而其女兒「周妘」的夫家則是周公旦的後裔，可見雙方身份之尊貴，而銘文中記載了當時函皇父爲其女所製作的陪嫁青銅器爲鼎簋一具，從豕鼎以下有十一件，簋八件，兩件罍，兩件壺，據周代禮制，天子用鼎十二，此組器竟用鼎十一，可以想見其地位之尊崇。〔註102〕由其陪嫁青銅器所用的等級之高，亦可以想見當時婚禮中迎娶的男方亦準備了相應的婚儀。而這些相應的婚儀中，其中以六禮中的「親迎」最爲重要，〔註103〕當中也反映了婚禮中的等級關係。例如天子未必親迎，而諸侯、大夫、士則都要親迎。〔註104〕

從以上所述可以看出，周人在婚姻禮儀中的「六禮」實亦蘊含著「等級差別」的色彩，充份反映在可以實行「六禮」的身份以及「六禮」儀程中因等級身份的不同而出現的隆重程度與程序差異的不同。不過，要附帶一提的是，由於婚禮本身的特殊性，士可以用大夫的墨車親迎，以及象徵大夫規格

〔註100〕祝瑞開，《中國婚姻家庭史》，學林出版社，上海，1999 年，頁 385～386。

〔註101〕釋文引自馬承源主編，《商周青銅器銘文選》第三卷，頁 322（彝銘拓片參見附錄三之圖二〇）。

〔註102〕見曹兆蘭，《金文與殷周女性文化》，北京大學出版社，北京，2004 年，頁 177～178。

〔註103〕呂思勉在《中國制度史》中即謂：「六禮之中，親迎最重。」見氏著，《中國制度史》，上海教育出版社，上海，1985 年，頁 325。

〔註104〕祝瑞開，《中國婚姻家庭史》，頁 367。

的雁作爲見面禮，[註105]就這個部份而言，當亦反映了周人通情達禮的一面。

（三）喪　禮

周人喪禮的儀節，在《儀禮・士喪禮》及〈既夕禮〉有完備的記載，另外在《禮記》一些篇章中亦可看到相關的內容。從〈士喪禮〉及〈既夕禮〉的內容來看，主要記述貴族的父母、妻子、長子喪亡時所用的禮節，以及新亡起至落葬爲止的主要儀節。綜合來看，其主要的程序大致包括如下：始死復（登高招魂）；楔齒綴足奠帷堂；使人赴君（告訃于君）；尸在室主人以下哭位；君使人弔襚；親者庶兄弟朋友襚、爲銘；沐浴飯含之具陳於階下；襲事所用衣物陳於房中；沐浴飯含之具陳於序下；沐浴；飯含；襲；設重；陳小斂衣；饌小斂奠；陳小斂帶；陳床第夷衾；陳鼎食；小斂遷屍等；代哭；小斂後致襚；小斂之夜設燎；陳大斂衣；殯；大斂奠；大斂畢送賓送兄弟；君臨祝大斂之儀；成服；朝夕哭奠；朔月奠及荐新；筮宅兆；視椁視器；卜葬日；請啓期（以下既夕，略簡）；豫于祖廟陳饌；啓殯；遷柩朝視；陳器與葬具；葬日陳大遣奠；讀賵讀遣；柩車法行及君使贈之儀；窆柩藏器葬事畢。

在上述的喪儀中，因身份的差異而在舉行的過程中亦呈現出等級的不同。其等級的差異根據學者綜合史料的整理研究可以詳見下表：

表四：喪禮程序等差表[註106]

	天　子	諸　侯	大　夫	士	庶　人
死　名	崩	薨	卒	不　祿	死
覆		覆以袞	覆以玄赬 世婦以禮衣	覆以爵弁服 士妻稅衣	
赴	同軌畢至	同盟至	同位至	外姻至	
楔　齒	角　柶	角　柶	角　柶	角　柶	
綴　足	燕　几	燕　几	燕　几	燕　几	
始死奠				脯　醢 酒　醴	
弔　襚					
爲　銘				爲銘各以其物 無，則以緇長半 幅經末	

[註105] 見彭林，《中國古代禮儀文明》，頁 126。
[註106] 本表引自常金倉，《周代禮俗研究》，頁 106～107。

沐浴		梁	梁	梁	
襲屍				三稱	
飯				稻米	
含				貝	
小殮		錦衾 衣19稱	縞衾 衣19稱	緇衾 衣19稱	
小殮奠				脯醢 酒醴	
大殮	七日 衣120稱	五日 衣100稱	三日 衣50稱	二日 衣30稱	
大殮奠				一鼎	
殯屍	舟車殯				
設燭		堂二 下二	堂一 下二	堂一 下一	
殯奠				三鼎	
倚廬		帷（宮之）	不帷（檀之）	不帷（檀之）	
棺	十重 （四重）	五重 （三重） 大棺八寸 屬六寸 椑四寸	三重 （二重） 上大夫大棺 八寸屬六寸 下大夫大棺 六寸屬四寸	再重 （一重） 棺六寸	
大遣奠				五鼎	
熬		四種 八筐	三種 六筐	三種 四筐	
槨	柏	松	柏	雜木	
下葬		以輴載柩 二紼二碑 御棺羽葆	以輴載柩 二紼二碑 御棺羽茅	國車載柩 二紼無碑 御棺功布	
棺飾					
丘封	3仞樹松	1.5仞樹柏	8尺樹栗	4尺樹槐	無墳樹楊柳

　　從以上所反映的等級差別的特性，即如荀子所說：「喪祭械用，皆有宜等」[註107]「貴賤有等，長幼有差，貧富輕重皆有稱者。」[註108] 目的就在於通過對於喪葬儀物的等級規定以建立社會循禮和非禮的標準，以收潛移默化之效，藉此以維持社會秩序，也鞏固了周人統治的基礎。

[註107] 《荀子·王制篇》，《十三經注疏》本，頁101。
[註108] 《荀子·富國篇》，《十三經注疏》本，頁115。

（四）祭 禮

在《儀禮》中所見有關周人祭祀儀節，可見於〈士虞禮〉、〈特牲饋食禮〉、〈少牢饋食禮〉、〈有司徹〉等，另外在《禮記》亦可得見。

所謂「虞禮」，是亡者下葬後將其精氣迎回殯宮於日中致祭之禮。而其主要程序則包括了：陳虞祭牲酒器具；主人及賓自門外入即位；設饌饗神；饗尸；主人獻尸並獻祝；主婦亞獻；賓長三獻；祝告利成尸出；禮畢送賓。

所謂「少牢饋食禮」及「特牲饋食禮」，其差別只是在貴族階層間祭祀祖禰的等級差別而已，前者主要是卿大夫所行的祭禮，而後者主要是士所行的祭禮。而至於《儀禮·有司徹》所記主要延續自〈少牢饋食禮〉，分別記上大夫儐尸及下大夫不儐尸。

綜觀少牢及特牲兩者饋食禮來看，有關「特牲饋食禮」的行禮程序包括：筮日；筮尸；宿尸；宿賓；視濯視牲；祭日陳設及位次；陰厭；尸入九飯；主人初獻；主婦亞獻；賓三獻；獻賓與兄弟；長兄弟為加爵；眾賓長加爵；嗣舉奠獻尸；旅酬；佐食獻尸；尸出歸尸俎徹庶羞；嗣子長兄弟；改饌陽厭；禮畢賓出。而「少牢饋食禮」除了在「尸入十一飯」以及在「有司徹」的部份不同於「特牲饋食禮」外，其他的程序則大致相同。在以上有關祭禮的四個篇章中，以下則將針對其中屬於宗廟四時祭核心的〈特牲饋食禮〉以及〈少牢饋食禮〉等篇章來加以論述。

之所以稱為「饋食」，蓋含有等級差別的意涵在其中。原來天子、諸侯四時，先行祼獻之禮，然後再薦熟薦黍稷。卿大夫士之祭則無祼獻之禮，而以薦熟始，故稱饋食。而至於舉行的次數，據《公羊傳·桓公八年》何休注：「天子四祭四薦，諸侯三祭三薦，大夫、士再祭再薦。」〔註109〕

再就儀節的程序來看，除了在前述卿大夫是「尸入十一飯」，而士是「尸入九飯」，以及〈有司徹〉所載上大夫在堂上舉行「儐尸」之禮而下大夫不舉行「儐尸」之禮有等級的差別外，其它所呈現的等級差異在「尸」的方面亦有所差異。在「用尸」方面，天子及其以下的貴族以孫輩為尸，庶人不用尸。而在「用尸」之前「筮尸」的日期因等級身份也有差異，即士筮尸在祭前三日，而大夫則在祭前一日。在「尸服」方面，尸所穿為所祭者生前爵位之禮服。至於「樂尸」，雖不見於〈少牢〉及〈特牲〉，但據《禮記·祭統》可知祭時天子諸侯親在舞位。

〔註109〕《公羊傳·桓公八年》，《十三經注疏》本，頁59。

另外，再就參與祭祀的成員來看，特別突顯「宗子」的地位，宗子是整個活動過程的中心，其它的家族成員則必須在旁助祭。今以〈特牲饋食禮〉來看：在筮日程序中，「主人冠端玄，即位于門外，西面。子姓兄弟如主人之服，立于主人之南，西面北上。」〔註110〕宿尸，則「主人立于尸外門外。子姓兄弟立于主人之後，北面東上。」〔註111〕待正式祭祀開始以後，妥尸是重要的階段，「尸即席坐，主人拜妥尸。尸荅拜，執奠；祝饗，主人拜如初。」〔註112〕接著則有侑尸、酳酢尸、九獻等幾個儀式，均由宗子負責。當祭禮完畢之後，則「祝告利成，降，出。主人降，即位。宗人告事畢。賓出，主人送于門外，再拜。」〔註113〕自此整個禮儀宣告完成，從中反映了宗子在祭祀活動中的突出地位，而其它助祭的家族成員及來賓在整個活動中的位次則是「公有司，門西，北面東上，獻次眾賓。私臣，門東，北面西上，獻次兄弟。升受，降飲。」〔註114〕他們以年齡為順序，分列兩旁參與宗子的祭祀，從中亦反映了宗族成員間的等級差別地位。

因此，從以上所述來看，從〈少牢〉以及〈特牲〉等所記的宗廟祭祀儀節來看，除了以「政治」等級身份的差異反映在禮儀上的不同外，再者以「宗族」身份所呈現的等級差異亦有所不同，如「宗子」即為全程祭儀的主祭者，而其他家族成員則必須參與助祭，如此一來突顯了宗子至高無上的地位，而且也有助於凝聚家族成員的向心力。由此亦可反映出周人在「祭祀」活動中所蘊含有「政治」身份及「社會」身份二合一的「等級差別」的特性。

二、交接禮儀中的社會等級儀節

交接禮儀，就是人與人之間的交際禮儀，「交接」二字之義在《禮記》中有稱之為「交」，如〈禮器〉：「喪祭之用，賓客之交，義也。」〔註115〕〈坊記〉：「故朋友之交，主人不在，不有大故，則不入其門。」〔註116〕也有稱之為「接」，如〈表記〉：「無辭不相接也，無禮不相見也。」「故君子之接如水，小人之接如

〔註110〕《儀禮‧特牲饋食禮》，《十三經注疏》本，頁 519。
〔註111〕《儀禮‧特牲饋食禮》，《十三經注疏》本，頁 521。
〔註112〕《儀禮‧特牲饋食禮》，《十三經注疏》本，頁 530。
〔註113〕《儀禮‧特牲饋食禮》，《十三經注疏》本，頁 547。
〔註114〕《儀禮‧特牲饋食禮》，《十三經注疏》本，頁 550。
〔註115〕《禮記‧禮器》，《十三經注疏》本，頁 450。
〔註116〕《禮記‧坊記》，《十三經注疏》本，頁 872。

禮。」〔註117〕〈鄉飲酒義〉云：「尊讓絜敬也者，君子之所以相接也。」〔註118〕
〈聘義〉：「故諸侯相接以敬讓，則不相侵陵。」〔註119〕還有二字連用之「交接」，
如〈樂記〉：「射鄉食饗，所以正交接也。」〔註120〕不論是「交」、「接」，或「交
接」都含有人際來往之意。這些所謂的交接禮儀在《儀禮》十七篇中即占了一
半左右，分別是〈士相見禮〉、〈鄉飲酒禮〉、〈鄉射禮〉、〈燕禮〉、〈大射儀〉、〈聘
禮〉、〈公食大夫禮〉、〈覲禮〉等，由此可以看出交接禮儀的重要性。因此，以
下將以《儀禮》中有關篇章為本，將之分為射、饗、朝、聘等四個部份來加以
論述這些「交接禮儀」中所具有的「等級差別」的特色。

（一）射 禮

射禮，在古代社會中具有軍事訓練及學習的性質，有助於加強統治階層
的統治。〔註121〕不過，就儒家的觀點而言，卻認為具有使心志與形體都合於
「德」的教化過程。〔註122〕因此，射禮就其形式與作用而言似乎是具有「政
治」與「軍事」的特性，然而其本質上卻具有濃厚「社會教化」的特性，有
其相當的「社會性」。《儀禮》中有關「射禮」的篇章，可分別見於〈鄉射禮〉
及〈大射儀〉等。

關於「鄉射禮」，由《儀禮‧鄉射禮》可知乃是地方上定期的習射禮儀，
目的是教民禮讓，敦化成俗。就其特性而言則具有軍事教育的功能，也具有
進行集體軍事訓練的作用。而所以在「鄉」中舉行，因為鄉是「國人」基層
的行政單位，也是軍事組織的基層單位。〔註123〕

其次，關於「大射儀」，由《儀禮‧大射儀》可知：是上層貴族及官僚為即
將舉行的祭祀、朝覲、盟會等活動選定人員，或純粹是練習射技所舉行的活動。

綜觀《儀禮》中所載有關「鄉射禮」及「大射儀」的性質與內容來看，
可看出「射禮」在等級差別上的特性即參與者的身份以及參加地點、掌禮及
服務者的官職、人數，及儀節等是有所不同的，大射禮在等級上是高於鄉射
禮的射禮。

〔註117〕《禮記‧表記》，《十三經注疏》本，頁 909、919。
〔註118〕《禮記‧鄉飲酒義》，《十三經注疏》本，頁 1004。
〔註119〕《禮記‧聘義》，《十三經注疏》本，頁 1028。
〔註120〕《禮記‧樂記》，《十三經注疏》本，頁 667。
〔註121〕楊寬，《西周史》，頁 704。
〔註122〕彭林，《中國古代禮儀文明》，頁 159。
〔註123〕楊寬，《西周史》，頁 689。

因此，作為具有社會交接禮儀特性的「射禮」，從「鄉射禮」及「大射儀」來看，其實，大射儀就是一種高級的鄉射禮，它是用來維護國君的地位和尊嚴的。〔註124〕而在社會性交接禮儀中的等級差別特性下，可說是維護了周代貴族在政治及社會上的地位與尊嚴。

（二）饗　禮

饗禮，是周人貴族間所流行的一種招待貴賓的隆重禮節，這是起源於鄉飲酒禮而發展起來的，或可視之為一種高級的鄉飲酒禮。〔註125〕因此，就《儀禮》來看饗禮，從〈鄉飲酒禮〉的內容可以一窺周人饗禮的內涵。據《儀禮‧鄉飲酒禮》的內容可知地方的鄉飲酒禮乃是由大夫主持宴請學成之人及鄉中賢能之士和年高德劭者的一種禮儀。

鄉飲酒禮本身即具有序齒尊賢的性質，據傳孔子即認為這種禮儀本身即有五個作用：貴賤之義、隆殺之義、和樂而不流、能弟長而無遺、能安燕而不亂，〔註126〕而這個五個作用孔子將貴賤之義及隆殺之義列在前面，當亦體現了別貴賤、長幼的等級尊卑的核心價值，其中即特別體現了對於年長者的尊重，這從行禮的過程中強調「坐立」及「豆數」即可以看出。〔註127〕因此，「鄉飲酒禮」中充分展現了以「德行」及「年齡」為「等級差別」的特性，即如《禮記‧鄉飲酒義》說：

> 民知尊長養老，而后乃能入孝弟。民入孝弟，出尊長養老，而后成
> 教，成教而后國可安也。〔註128〕

〔註124〕楊寬，《西周史》，頁 692。

〔註125〕見楊寬，《西周史》，頁 721～722。

〔註126〕《禮記‧鄉飲酒義》：「主人親速賓及介，而眾賓自從之。至于門外，主人拜賓及介，而眾賓自入；貴賤之義別矣。三揖至于階，三讓以賓升，拜至、獻、酬、辭讓之節繁。及介省矣。至于眾賓升受，坐祭，立飲，不酢而降；隆殺之義別矣。工入，升歌三終，主人獻之；笙入三終，主人獻之；間歌三終，合樂三終，工告樂備，遂出。一人揚觶，乃立司正焉，知其能和樂而不流也。賓酬主人，主人酬介，介酬眾賓，少長以齒，終於沃洗者焉。知其能弟長而無遺矣。降，說屨升坐，脩爵無數。飲酒之節，朝不廢朝，莫不廢夕。賓出，主人拜送，節文終遂焉。知其能安燕而不亂也。」《十三經注疏》本，頁 1006～1007。

〔註127〕《禮記‧鄉飲酒義》：「鄉飲酒之禮，六十者坐，五十者立侍，以聽政役，所以明尊長也。六十者三豆，七十者四豆，八十者五豆，九十者六豆，所以明養老也。」《十三經注疏》本，頁 1006。

〔註128〕《禮記‧鄉飲酒義》，《十三經注疏》本，頁 1006。

再者順帶一提的是，《儀禮》中的〈燕禮〉、〈公食大夫禮〉等，與周人饗禮中「宴飲」的部份具有相類的性質。

首先，從〈燕禮〉的內容來看其為諸侯宴請臣下的禮儀。「燕禮」所體現的等級尊卑的精神主要反映在「席位」的安排上，其安排的原則是地位越尊席位則離國君越近，士沒有資格就坐堂上，席位安排在庭中的東方。〔註129〕

再者，從〈公食大夫禮〉的內容來看，食禮是在宗廟舉行以吃飯為主，其重於燕禮而次於饗禮，本篇主要記諸侯以食禮款待聘問的使節，並記大夫相食之禮。

「公食大夫禮」除了如「燕禮」在席位的安排上亦有等級貴賤之分外，另外在「設食規格」上亦有差異：

> 上大夫：八豆，八簋，六鉶、九俎，魚臘皆二俎；魚、腸胃、倫膚，
> 若九，若十有一，下大夫則若七，若九。庶羞，西東毋過四列。上
> 大夫，庶羞二十，加于下大夫，以雉、兔、鶉、鴽。〔註130〕

從以上的論述可知，從序齒、尊賢、座次、設食等方面來看，這些均充分反映了饗禮中所具有的「等級差別」的特色。

（三）朝　禮

朝禮，是君臣間的朝見之禮，有五門、三朝、朝位、朝服等以及其它拜見等相關禮儀，〔註131〕其中的「三朝」則是天子和諸侯朝禮的三種形式，而從天子可以設「五門」之數以及「三朝」中的議政座次來看，可以窺見朝禮中所具有的等級差別的特性。〔註132〕

朝禮在《儀禮》中不見專章的記載，不過在這裡順便提及與朝見天子有關的〈覲禮〉。覲禮是諸侯拜見天子之禮，除了「覲禮」本身的性質即蘊含有天子、諸侯等身份「等級尊卑」特性外，而在儀節的過程中亦含有這樣的特性，亦即天子對於諸侯國的稱謂因關係及大小而有不同等級的禮貌性的尊稱：

> 同姓大國，則曰「伯父」；其異姓，則曰「伯舅」。同姓小邦，則曰

〔註129〕見彭林，《中國古代禮儀文明》，頁168～169。

〔註130〕《儀禮·公食大夫禮》，《十三經注疏》本，頁312。

〔註131〕「包括天子的五門（皋門、庫門、路門、雉門、應門）、三朝（外朝、治朝、燕朝）、朝位（二公、孤、卿、大夫等在朝廷中站立的位置）、朝服（冠冕、帶韠、韍黻、佩玉等）等，以及君臣出入、揖讓、登降、聽朝等的禮儀。西周時，王每日視朝，與群臣議政。」彭林，《中國古代禮儀文明》，頁30。

〔註132〕見趙丕傑，《中國古代禮俗》，頁37～38。

「叔父」；其異性小邦，則曰「叔舅」。饗、禮，乃歸。〔註133〕

又在會同之禮中，則可見到諸侯依爵位高低分別向天子致命：

> 諸侯覲于天子，爲宮方三百步，四門；壇十有二尋，深四尺，加方
> 明于其上。方明者，木也。方四尺設六色：東方青，南方赤，西方
> 白，北方黑，上玄，下黃。設六玉：上圭，下璧，南方璋，西方琥，
> 北方璜，東方圭。上介皆奉其君之旂置于宮，尚左。公、侯、伯、
> 子，男，皆就其旂而立。四傳擯。天子成龍，載大旂，象日月、升
> 龍、降龍；出，拜日于東門外；反祀方明。禮日于南門外，禮月與
> 四瀆于北門外，禮山川丘陵于西門外。〔註134〕

上述中的「四傳擯」即是依爵位高低來向天子致命。〔註135〕

雖然在《儀禮》中不見「覲禮」儀節中有關「等級差別」的詳細記載，但從以上天子對於諸侯國不同的稱謂中以及依爵位高低向天子致命的儀節中，可以想像出在整個儀節進行的過程中，對於諸侯間的款待應該也是隨著其關係、大小以及爵位等，而有不同的相對性的儀節。

（四）聘 禮

關於聘禮，據《儀禮·聘禮》可知這是天子與諸侯、諸侯與諸侯之間互派卿大夫相互聘問以聯絡感情之禮。聘禮可說是國與國之間的交往禮儀，在行禮的過程中有其必須遵循的儀節，這些儀節的主要內容有親迎、拜覜、下榻、餽贈、陳設、宴饗等，其中亦充份體現出等級差別的特性。由於〈聘禮〉篇中所載儀節相當繁複，以上只是舉其大要，但藉此亦可以一窺「聘禮」中所具有的等級差別的特性，而從以下《禮記·聘義》中所言，更是對於「聘禮」中所蘊含「明貴賤，致尊讓」的等級差別精神的最好詮釋：

> 聘禮，上公七介，侯伯五介，子男三介，所以明貴賤也。介紹而傳
> 命，君子於其所尊弗敢質，敬之至也。三讓而后傳命，三讓而后入
> 廟門，三揖而后至階，三讓而后升，所以致尊讓也。〔註136〕

另外，要附帶一提的是《儀禮·士相見禮》，「士相見禮」是貴族間相見的禮節，是一種「贄見禮」，據〈士相見禮〉本篇的內容可知這是當時貴族間互爲

〔註133〕《儀禮·覲禮》，《十三經注疏》本，頁327。

〔註134〕《儀禮·覲禮》，《十三經注疏》本，頁328～331。

〔註135〕見《儀禮·覲禮》引賈公彥《疏》，《十三經注疏》本，頁329～330。

〔註136〕《禮記·聘義》，《十三經注疏》本，頁1027。

賓主的相見之禮，其中亦反映了因身份等級的差別而應遵守的禮儀規範，茲將之整理成如下表五：

表五：《儀禮・士相見禮》中所見相見禮儀規範表

類　別	禮　儀　規　範
士見大夫之禮	士見于大夫，終辭其摯。于其入也，一拜其辱也。賓退，送，再拜。〔註137〕
大夫舊臣見大夫之禮	若嘗爲臣者，則禮辭其摯，曰：「某也辭，不得命，不敢固辭。」賓入，奠摯，再拜。主人答壹拜。賓出。使擯者還其摯于門外，曰：「某也使某還摯。」賓對曰：「某也既得見矣，敢辭。」擯者對曰：「某也命某：『某非敢爲儀也。』敢以請。」賓對曰：「某也，夫子之賤私，不足以踐禮，敢固辭！」擯者對曰：「某也使某，不敢爲儀也，固以請！」賓對曰：「某固辭，不得命，敢不從？」再拜受。〔註138〕
大夫相見之禮	下大夫相見以雁，飾之以布，維之以索，如執摯。上大夫相見以羔，飾之以布，四維之，結于面，左頭，如麛執之。如士相見之禮。〔註139〕
大夫士庶人見君之禮	始見於君，執摯，至下，容彌蹙。庶人見于君，不爲容，進退走。士大夫，則奠摯再拜稽首，君答壹拜。〔註140〕
燕見於君之禮	凡燕見於君，必辯君之南面。若不得，則正方，不疑君。君在堂，升見無方階，辯君所在。〔註141〕
進言之法	凡言，非對也，妥而後傳言。與君言，言使臣；與大人言，言事君；與老者言，言使弟子；與幼者言，言孝弟于父兄；與眾言，言忠信慈祥；與居官者言，言忠信。凡與大人言，始視面，中視抱，卒視面，毋改。眾皆若是。若父，則游目，毋上于面，毋下于帶。若不言，立則視足，坐則視膝。〔註142〕
陪坐君子之禮	凡侍坐于君子，君子欠伸，問日之早晏，以食具告，改居，則請退可也。夜侍坐，問夜，膳葷，請退可也。〔註143〕
臣侍坐賜飲食及退去之禮	若君賜之食，則君祭，先飯、遍嘗膳、飲而俟。君命之食然后食。若有將食者，則俟君之食然后食。若君賜之爵，則下席，再拜稽首，受爵。升席祭，卒爵而俟，君卒爵，然后授虛爵。退，坐取屨。君爲之興，則曰：「君無爲興，臣不敢辭。」君若降送之，則不敢顧辭，遂出。大夫則辭退下，比及門，三辭。〔註144〕
先生、異爵者見士之禮	若先生、異爵者請見之，則辭。辭不得命，則曰：「某無以見，辭不得命，將走見。」先見之。〔註145〕

〔註137〕《儀禮・士相見禮》，《十三經注疏》本，頁72。
〔註138〕《儀禮・士相見禮》，《十三經注疏》本，頁72。
〔註139〕《儀禮・士相見禮》，《十三經注疏》本，頁73。
〔註140〕《儀禮・士相見禮》，《十三經注疏》本，頁73。
〔註141〕《儀禮・士相見禮》，《十三經注疏》本，頁73～74。
〔註142〕《儀禮・士相見禮》，《十三經注疏》本，頁74。
〔註143〕《儀禮・士相見禮》，《十三經注疏》本，頁74～75。
〔註144〕《儀禮・士相見禮》，《十三經注疏》本，頁75。
〔註145〕《儀禮・士相見禮》，《十三經注疏》本，頁75。

相見時稱謂及執幣玉之儀節	非以君命使，則不稱寡。大夫士，則曰「寡君之老」。凡執幣者，不趨，容彌蹙以爲儀。執玉者，則唯舒武。舉前曳踵。凡自稱於君，士大夫則曰「下臣」。宅者在邦，則曰「市井之臣」；在野，則曰「草茅之臣」。庶人，則曰「刺草之臣」。他國之人則曰「外臣」。〔註146〕

從以上表五，我們可以明顯地看出，周人在人際之間的交接禮儀上有其身份等級的細緻的規範。

綜觀前面所述來看，其實「覲禮」、「聘禮」以及「士相見禮」等都屬於「贄見禮」，只是「覲禮」及「聘禮」分別屬於貴族最高級及高級的會見禮罷了。而透過這些贄見禮維護了貴族間的身份等級，藉此以確定各種關係中所應有的責任和權利，以達到維護貴族的統治地位與社會地位，由此則可以看出贄見禮中的「等級差別」所具有的意義與作用。

綜合本節的論述來看，以《儀禮》一書爲基礎所見周人的「人生禮儀」以及「交接禮儀」的種種儀節中，充滿著「明尊卑、別貴賤」的等級差別的核心價值。周人透過《儀禮》，以教育的手段使得當時的社會形態成爲以《儀禮》之「禮」做爲人們行爲的準則，尤其是在貴族社會，可謂「不學禮，無以立」，而這些在人的一生當中所必須經歷的「人生禮儀」以及「交接禮儀」等種種儀節，《儀禮》都給予深刻的指導，經由《儀禮》的規範，造就了周人「等級分明」的社會形態，有助於周人的統治以及社會的安定和諧。

小　結

周人以「等級差別」爲核心價值，在政治及社會方面建立了「明尊卑、別貴賤」的階級形態。首先，反映在「政治形態」方面，則是等級分封制的建立、君統與宗統的合一，以及五禮中所見相關的政治等級儀節等等，這些可說是國之基石，是維持國家運作的根本體制，而這些體制運作的核心價值是建立在「等級差別」的基礎上，透過這樣的運作，穩固了周人以「少數」民族的身份統治「多數」眾民的權力基礎，當周人「禮治」的核心價值建立在強調「尊卑貴踐」的基礎之上時，被統治者似乎已失去了反抗周人統治的藉口與理由，一切必須依「禮」而行，依「禮」而治，而行「禮」的根本價值就在體現等級尊卑的政治形態。除了唯一高高在上的周天子是「周人」以外，其下的貴族們則是包含著不同的族群，當然在這其中，周人及其姻親還

〔註146〕《儀禮・士相見禮》，《十三經注疏》本，頁 76。

是佔有相當的比例，不過，無論如何，貴族們還是樂於遵循這樣的體制，因為在「等級差別」的核心價值下，有助於這些貴族們維持其既有的地位與利益而能夠百世不易。儘管周人的「禮治」在外在的形式上創造了「禮樂昌盛」的表象，而內在「等級差別」的核心價值除了具有維持政治安定，卻又同時具有維持貴族統治階層的地位與利益的作用，然而，在這樣的制度運作下，卻也蘊育了「忠」的倫理價值，透過對於制度禮儀的遵守，也蘊含有對於人君盡「忠」的人倫價值，也就是說在遵守制度禮儀的同時，也就同時做到了對於人君盡忠的態度。從對制度的「守禮」到對人君的「盡忠」，可說是周人在政治形態上，以「等級差別」為核心價值的禮治下所具有的另外一層人倫價值的意義。

其次，反映在「社會形態」方面，則是在「人生禮儀」以及「交接禮儀」等種種儀節中所具有的「等級差別」的核心價值。在這些社會禮儀中，我們見到了貴族一生中透過種種相關的儀節，以突顯其身份等級的差異，在這樣的儀節下不僅有助於社會秩序的安定，同時也有助於維持其本族的利益，透過莊嚴的儀節，族人不敢對宗子有所造次，子弟不敢對父兄有所不敬，幼者不敢對長著有所不尊，由此也就體現出「不爭」的和諧局面，因此，周人將宗族組織與「禮治」相結合，創造了一個講求「尊卑貴賤」的和諧局面，同時也有助於周人的統治。不過，在這個以「等級差別」為核心價值下的禮治社會，在其「行禮」的過程中，卻也蘊含了「孝」的人倫價值在其中，透過對於長者、尊者的禮敬行為，即是一種「孝」的行為的體現，這是一種以親子間的孝親倫理所擴而大之的一種人生態度，因此，從透過對「儀節」的行禮如儀，即同時在實踐了將對父母之「孝」的原始情感、人倫、擴而大之及於宗子、長者、尊者等等的尊崇，這種「盡孝」的態度，可說是周人在社會形態上，以「等級差別」為核心價值禮治下所具有的另外一種人倫價值的意義。因此，綜觀來說，周人透過「等級差別」的禮治手段，一方面達到鞏固其統治的目的，另一方面卻也蘊含了「忠」、「孝」的倫理價值，有助於人文教化的提昇，對於此後中國人文精神的進展具有相當的促進作用。

第四章　西周禮治文化的作用

　　在周人禮治之下，創造了如前章所述以「等級差別」為核心價值的政治與社會形態，不過當周人將禮治思想落實在具體制度上的同時，對於當時的政治與社會卻也起了積極性的「教化作用」，在這樣的作用下有助於統治者透過制度化了的「禮治文化」以「文化認同」的方式來穩固其統治的基礎，而且在不同的邦國族群間，也在「禮治文化」的教化下，逐漸地產生了相互認同的可能，這樣的情形對於促進統治者與被統治者以及被統治者相互之間的和諧起了相當大的作用，即如《詩經・大雅・文王有聲》所言：「鎬京辟廱，自西自東，自南自北，無思不服。」。〔註 1〕因此，在本章中將要論述的是，作為具有教化作用的西周禮治文化對於當時的政治與社會產生了哪些具體的政治與社會作用，進而有助於周人的統治。

第一節　禮治文化的政治作用

　　當周人以「小邦周」征服了「大邦殷」，對於當時的周人而言如何以「少數族群」的處境能夠長久而有效地統治這樣的廣土眾民實是一大考驗，然而周人後來卻能創造西周三百年的歷史，這其中當跟周人透過禮治文化的教化手段以達到政治上的穩定統治有很大的關係，這從《國語・周語上》中所見祭公謀父對於周穆王所說的一段話可以得知：

> 穆王將伐犬戎，祭公謀父諫曰：「不可。先王耀德不觀兵。夫兵戢而
> 時動，動則威，觀則玩，玩則無震。是故周文公之〈頌〉曰：『載戢

〔註 1〕《詩經・大雅・文王有聲》，《十三經注疏》本，頁 584。

干戈，載櫜弓矢。我求懿德，肆于時夏，允王保之。』先王之於民
也，懋正其德而厚其性，阜其財求而利其器用，明利害之鄉，以文
修之，使務利而避害，懷德而畏威，故能保世以滋大。〔註2〕

從上述之言可以看出，祭公謀父對於「荒服」的犬戎反對以武力征討之，而
是要求穆王遵循先王之道——「耀德不觀兵」，「明利害之鄉，以文修之」等
以德治的方式來「保世以茲大」。而這種「德治」則是透過「禮治」的手段來
加以體現，再從以下祭公謀父提出了所謂的「先王之制」，希望藉此打消穆王
出兵犬戎的念頭來看，即可窺知一二：

夫先王之制：邦內甸服，邦外侯服，侯、衛賓服，蠻、夷要服，戎
狄荒服。甸服者祭，侯服者祀，賓服者享，要服者貢，荒服者王。
日祭、月祀、時享、歲貢、終王，先王之訓也。有不祭則修意，有
不祀則修言，有不享則修文，有不貢則修名，有不王則修德，序成
而有不至則修刑。於是乎有刑不祭，伐不祀，征不享，讓不貢，告
不王。於是乎有刑罰之辟，有攻伐之兵，有征討之備，有威讓之令，
有文告之辭。布令陳辭而又不至，則增修於德而無勤民於遠，是以
近無不聽，遠無不服。〔註3〕

對於上述祭公謀父所言的「先王之制」，可以具體地看出周天子對於治下之
人，因尊卑等級的差異，有其應遵循的祭祀、禮儀等規範，而在這樣的文化
背景下，也使得周人的禮治文化起了深刻的政治作用，其所產生的具體政治
作用，大致可以分成以下三個部份來加以論述。

一、政教合一及其深化

殷周之際的神權思想雖然隨著周人「理性」因素的抬頭而逐漸淡化，然
而殷人神權思想中的宗教成分並未隨之全然褪去，天命觀念、上帝信仰和祖
先信仰仍然是政治思想的主流，〔註4〕與殷人不同的是，在周人的因革損益下
賦予了這些宗教信仰深刻的人文色彩。在這樣的背景下，周人同時也調和了
政治與宗教的關係，採取了「政教合一」的統治方式並予以深化，這樣的情
形可以從以下三個方面來加以考察。

〔註2〕 《國語·周語上》，上海古籍出版社，上海，1988年，頁1。
〔註3〕 《國語·周語上》，頁4。
〔註4〕 見張榮明，《殷周政治與宗教》，五南圖書出版公司，台北，民國86年，頁68、
69。

　　第一，「天子」尊號的出現。「天子」一詞不見於殷人卜辭之中，至西周時期才出現。殷周時期所使用「王」的稱號，象徵著對於「人間世俗」至高無上最高統治者的一種「尊稱」或「共名」，[註5] 至於「帝」以及「天子」的尊號，則帶有賦予人間最高統治者以宗教性的崇高神聖的地位：其中的「帝」有不同的用法，對於天上的至上神稱爲上帝，人間的最高統治者則稱爲王帝，在人間的王帝相對於在天上的上帝而言，也可稱爲下帝，如此天上人間互相配合，以有助於最高統治者在人間的統治。[註6] 這種情形，在西周的青銅銘文中，亦可見到對於已逝的先王以「下帝」或「帝」的尊號以稱呼之：

　　〈邢侯簋〉：……克奔徲（走）上下帝無冬（終）令于有周，徟（追）考（孝）對，不敢尨（豢），邵朕（盈）福盟，朕（毗）臣天子。……
[註7]

　　〈仲師父鼎〉：……其用享用考（孝）于皇且（祖）帝考。……[註8]

　　〈□叔買簋〉：……其用追孝于朕皇祖、啻（帝）考。……[註9]

從上述所引來看，周人繼承了殷人對於「帝」一詞尊號的使用，使得人間之「王」更蘊含了宗教的神聖性。然而周人爲了加深其統治者所具有的神聖統治的正當性，更創造了「天子」一詞。雖然就目前材料來看，天子一詞可能至西周才出現，然而相關概念的出現卻可追溯自殷人長期以來的「天神崇拜」與「祖先崇拜」。原來殷人統治者在祭祀活動中常將祖先與天神上帝配享，賦予了先王以「神性」的地位，以「帝」的尊稱來稱呼已經去逝的先王，進而爲人間的統治者創造出「神之後」的神聖地位，如在《尚書・盤庚中》盤庚即曾有「予念我先神后之勞爾先」[註10] 之語，周人繼承了這樣的觀念與文

〔註 5〕　見石蘭梅，《論商代的王權及其發展》，國立臺灣師範大學歷史研究所博士論文，民國 91 年，頁 23。

〔註 6〕　胡厚宣、胡振宇，《殷商史》，頁 87。

〔註 7〕　釋文引自馬承源主編，《商周青銅器銘文選》第三卷，頁 45（彝銘拓片參見附錄三之圖八）。對於「下帝」一詞，本文以爲從此篇銘文中有「徟（追）考（孝）對」之語，以及殷人對於人間的王帝亦稱下帝來看，此處的「下帝」應是指已逝的先王而言才是。

〔註 8〕　釋文引自張亞初編，《殷周金文集成引得》，頁 46（彝銘拓片參見附錄三之圖二一）。

〔註 9〕　釋文引自張亞初編，《殷周金文集成引得》，頁 73（彝銘拓片參見附錄三之圖二二）。

〔註10〕　《尚書・盤庚中》，《十三經注疏》本，頁 131。

化，進而使用了「天子」的尊號，更加明確地宣示了周人統治者是天神之子，是具有「天命」在身的神聖地位。較之於殷人而言，周人可說是透過「天子」一詞的使用，將長久以來的文化傳統更加的明確化，〔註11〕也藉此強化了周人代殷的神聖性與正當性。從目前所發現的西周一朝的青銅銘文可以發現，「天子」一詞是被普遍地使用，試舉幾個例子如下：

《牆盤》：䰟（繼）天子。〔註12〕

《獻簋》：朕辟天子、櫨白（伯）令事臣獻金車。〔註13〕

《師俞簋蓋》：其萬年永保，臣天子。〔註14〕

《十二年大簋蓋》：𡚽令豕曰（謂）天子：「余弗敢替。」〔註15〕

《梁其鐘》：梁其敢對天子不丕顯休揚。〔註16〕

《虢叔旅鐘》：𩛥御于天子。〔註17〕

由於有關的銘文甚多，僅舉以上幾個例子，其它的將不再贅舉。〔註18〕從以上所舉「天子」一詞廣泛的使用來看，可以看出「天子」的尊號已深入一般被統治者的心中，成為用來敬稱最高統治者的另一種「尊號」，這種情況在殷商時期是看不見的。殷人創造了「帝」來作為尊稱最高統治者的另一稱號，但是這是對於已逝先王的一種尊稱，而周人創用了「天子」一詞，則是對於仍活著的在位者的一種尊稱，這樣的差別在於強化了周人在位統治者的「神性」，賦予了其神聖地位的「明確化」，有助於周人的「神權」統治，建立了「政教合一」的統治基礎。

〔註11〕見張分田，《中國帝王觀念──社會普遍意識中的「尊君──罪君」文化範式》，中國人民大學出版社，北京，2004 年，頁 224～225。

〔註12〕釋文引自馬承源主編，《商周青銅器銘文選》第三卷，頁 154（彝銘拓片參見附錄三之圖六）。

〔註13〕釋文引自馬承源主編，《商周青銅器銘文選》第三卷，頁 56（彝銘拓片參見附錄三之圖二三）。

〔註14〕釋文引自馬承源主編，《商周青銅器銘文選》第三卷，頁 204（彝銘拓片參見附錄三之圖二四）。

〔註15〕釋文引自馬承源主編，《商周青銅器銘文選》第三卷，頁 269（彝銘拓片參見附錄三之圖二五）。

〔註16〕釋文引自馬承源主編，《商周青銅器銘文選》第三卷，頁 273（彝銘拓片參見附錄三之圖一二）。

〔註17〕釋文引自張亞初編，《殷周金文集成引得》，頁 11（彝銘拓片參見附錄三之圖一四）。

〔註18〕據《殷周金文集成》所見，有關「天子」一詞的銘文句即有百句以上之多。

　　從「王」、「帝」、「天子」等稱謂來看，周人的最高統治者，因襲了殷人「王」及「帝」的稱謂，又創發了「天子」的尊稱，其具有的政治文化意涵，一言以蔽之，即是強調最高統治者不僅是人間最有權勢之人，同時也是天神在人間的代言人，是天神之子，將純粹只是人間的「凡人」身份，「神化」為具有「神人合一」的身份，透過這樣的方式，周人的最高統治者即統攝了「政治」及「宗教」的獨尊地位，這是在凡間的人們所無法取代的。〔註19〕不過，這樣並不是說周人同殷人般地迷信鬼神，而是周人只是藉由這種方式，強調其權力取得的正當性與神聖性，在另一方面，周人亦強調其人事努力的重要性，即「敬德保民」是統治者必須遵循的人文價值。因此周人創發「天子」的尊號，只是希望從宗教的角度上強化其權力取得的正當性與神聖性，從而透過其所建立的龐大的祭祀禮儀體系，來突顯周王不僅是世俗的人間君王，同時也是宗教神祇的在人間的代理人與繼承人，有助於深化周人「政教合一」的統治基礎。

　　第二，宗教神職官僚的設置。從某些職官性質及規模的改變來看，可以看出周人在宗教祭祀等的官僚設置有別於殷人。有關殷人宗教職官設置的情形，根據學者從卜辭資料的研究成果來看，當時殷人所設置的宗教職官大致有如下幾類：〔註20〕一、貞人（卜官），負責主持王室占卜的事務。二、巫，可以出令，擔任職官之巫還要專事任命，一般的巫職則擔任求雨降神的巫術。三、作冊，負責典冊之事和冊命，在祭祀活動中常以冊禱告神靈。四、史，負責書契銘記及祭祀活動。五、舞臣，於祭祀河、岳時行舞以求雨。在上述五類的宗教職官中，貞人及巫是宗教活動中的核心職官，據有某種程度的主導權，其中的巫似乎地位頗高，據《史記・殷本紀》所載，太戊時有巫咸，祖乙時有巫賢等，他們均身居要職為王所倚重的重臣。〔註21〕貞人地位亦高，是當時的文化知識階層。〔註22〕作冊及史大概是在宗教活動中偏向於書契性質的職官。

〔註19〕張分田，《中國帝王觀念——社會普遍意識中的「尊君——罪君」文化範式》，頁179～180。

〔註20〕以下職官的內容參考自陳夢家，《殷墟卜辭綜述》，頁519～520。王宇信、楊升南主編，《甲骨學一百年》，頁460～461。王貴民，《商周制度考信》，頁181～183。張榮明，《殷周政治與宗教》，頁166。

〔註21〕《史記・殷本紀》，頁100～101。

〔註22〕王宇信、楊升南主編，《甲骨學一百年》，頁460。

　　這些宗教文化類的職官，掌握了當時意識形態的工作，是統治集團賴以建立其政治權威的神權憑藉，不過到了西周已有所變化，這類的神職人員已逐漸變成了西周「行政官僚」的一部分，並無主導權。從《周禮‧春官》及相關的金文資料來看，西周的宗教文化類職官較之殷人在質與量上都起了變化，如貞人及巫職數量減少，祝逐漸取代了巫並掌作祝辭以及進行祝告之職事。史的專職是冊命、傳命和作儐右等，他們還要負責曆法、教育、禮儀、樂舞等工作。因此，就周人在「巫」及「貞人」的減少以及「巫」的性質轉變為負責作祝辭進行祝告的「祝官」，擺脫了殷商時期施行「巫術」的角色而言，可見周人的宗教類職官已逐漸褪去了殷人「鬼神迷信」的色彩，不過仍保留了這類性質的職官；再加上「作冊」、「史」等職官規模以及性質上的擴充，如史職部門對於曆法、禮儀、樂舞等的職掌與嫻熟等等，這些都在在顯示了周人在宗教文化類職官的傳承與轉變，這樣的傳承與轉變並非減低了這類職官的重要性，相反地，反而因為其職官性職的轉變與擴充，更增添了其宗教理性的一面，對於周人所謂的「敬天保民」的人文價值，透過這些宗教文化職官某種程度的「量變」與「質變」，一方面既保有其宗教的「神祕性」，一方面又增添其「人文性」，有助於周人「政教合一」文化價值體系的建立及深化。

　　除了前述周人因襲自殷人的宗教文化類的職官外，從《周禮‧春官》及金文資料中還可以見到周人新設了其它有關宗教祭祀禮樂之類的職官，如掌分辨昭穆的「公族」以及鐘師、籥師、鎛師之類的樂師，反映了對於宗法禮樂制度更進一步的完備。

　　而綜合前面所述有關周人因襲以及新設的有關宗教文化類的職官來看，其反映在西周中央政權機構的結構中，可以看出周人宗教神職官僚在其文官體系中所佔有的重要地位。從西周《毛公鼎》的銘文來看，西周中央政府有兩大官署，即卿事寮和太史寮：〔註23〕卿事寮負責王國的政務，太史寮則是管理王國的神務。太史是太史寮的長官，其地位僅次於主管卿事寮得大師或太保，據《周禮‧春官》來看，太史寮掌天文、曆法、時令、耕作、圖籍、記事、冊命、祭祀、占卜、禮制等職務。從「太史寮」的設置來看，可見神務系統的事務在周人治理天下的過程中，是佔有與行政事務同等的平行地位，由此也正凸顯出宗教神務的重要性。再者根據資料統計（見表六）來看，

〔註23〕　〈毛公鼎〉：「……乜日及茲卿事寮、大（太）史寮，于父即尹。……」釋文
　　　　引自馬承源主編，《商周青銅器銘文選》第三卷，頁317。

周代的神職數量已較殷商時期增加，雖然與政職及內宮職等職官數量比較其來仍然偏少，但由其超出殷代神職職官的數量並且維持一定的數量規模來看，宗教事務在周人的各項事務中仍具有其一定的重要性份量。

因此，周人所設置「太史寮」這樣的神職官僚不僅具有與卿事寮平行的同等地位且在各種國家事務上仍有其重要的份量來看，反映了西周中央職官所具有的宗教性特點，亦即宗教性事務是周人統治的一個重要手段，透過神職官僚的運作，有助於建立君主地位的神聖性與權威性，進而凝聚被統治者的向心力。〔註 24〕是故，從周人職官體系的兩大機構來看，一是主管行政的「卿事寮」，一是主管宗教的「太史寮」，這兩個職官系統各有所司，但卻又相輔相成，對於周人「政教合一」及其深化，起了相當大的作用。

表六：殷周各時期職官設置數量表〔註 25〕

	內宮職	神　職	政　職	總　　計
殷　　代		5	10	15
周早期	17	7	6	30
周中期	16	10	25	51
周晚期	15	7	38	60

第三，封建貴族祭祀等級的建立。《左傳・成公十三年》：「國之大事，在祀與戎。」「祭祀」是周人「神道設教」的工具，具有政治及宗教的雙重性質，是故，透過祭祀活動來考察西周宗教活動中所建立的各貴族階層中的等級差異，有助於我們認識周人「政教合一」的情形。

根據《禮記》的記載，人們的祭祀活動是受其政治等級的差異而有所不同的，如《禮記・王制》：

> 天子諸侯宗廟之祭：春曰礿，夏曰禘，秋曰嘗，冬曰烝。天子犆礿，祫禘，祫嘗，祫烝。諸侯礿則不禘，禘則不嘗，嘗則不烝，烝則不礿。諸侯礿，犆；禘，一犆一祫；嘗，祫；烝，祫。天子祭天地，諸侯祭社稷，大夫祭五祀。天子祭名山大川：五嶽視三公，四瀆視諸侯。諸侯祭名山大川之在其地者。天子諸侯祭因國之在其地而無主後者。天子社稷皆大牢，諸侯社稷皆少牢。大夫士宗廟之祭，有田則祭，無田

〔註24〕楊寬，《西周史》，頁 313。
〔註25〕引自張榮明，《殷周政治與宗教》，頁 181。

－117－

則薦。(庶人春薦韭，夏薦麥，秋薦黍，冬薦稻。韭以卵，麥以魚，
黍以豚，稻以雁。) 祭天地之牛，角繭栗；宗廟之牛，角握；賓客之
牛，角尺。(諸侯無故不殺牛，大夫無故不殺羊，士無故不殺犬豕，
庶人無故不食珍。) 庶羞不踰牲，燕衣不踰祭服，寢不踰廟。〔註26〕

另外，在《禮記‧祭法》中還記載：

王爲羣姓立七祀：曰司命，曰中霤，曰國門，曰國行，曰泰厲，曰
戶，曰竈。王自爲立七祀。諸侯爲國立五祀：曰司命，曰中霤，曰
國門，曰國行，曰公厲。諸侯自爲立五祀。大夫立三祀：曰族厲，
曰門，曰行。適士立二祀：曰門，曰行。庶士，庶人，立一祀，或
立戶，或立竈。〔註27〕

從上引《禮記》的記載，可以看出周人在祭祀活動中因等級身份的差異而有
祭祀對象、次數、用牲等等的差異：天子無所不祭，宗廟之祭的次數一年四
季舉行四次，用牲則用牛羊豕三牲，天子以下的諸侯、大夫、士及庶人們則
依次遞減。至於其它有關祭祀活動中的等級差異，在本文第二章中已有論述，
此不贅述。

這些具有等級差別的宗教性祭祀活動其背後即反映了政治地位的象徵。
因此，西周貴族的等級差別不僅是政治權力的等級差異，同時也是宗教權力
的等級差異。從祭祀活動來看，西周權位最高的統治者，他不僅是政治權位
上的「王」，他同時也是宗教權位上的「天子」，「祭天」成了「王」的專利，
而其它百神及宗廟的祭祀，「王」享有最高等級的祭祀權力，儼然成爲全天下
的「教主」，至於以下等級的諸侯、大夫、士等等，則分別成爲其統治領域中
的「教主」。〔註28〕而這樣宗教與政治身份的合一，也正反映了周人「政教合
一」的政治特色。

從以上三點，即「天子」尊號的出現、宗教神職官僚的設置、以及封建
貴族祭祀等級的建立等等來看，可以看出這些情形是有助於「政教合一」的
建立與深化。周人的政教合一並不純粹是以神權爲核心，而是參雜了「人文
價值」的特性在其中，亦即是透過「禮治」將前述三點統攝在其中，因此周
人的「政教合一」並不強調宗教的「神秘性」，而是強調君主地位的「神聖性」，

〔註26〕《禮記‧王制》，《十三經注疏》本，頁242～246。
〔註27〕《禮記‧祭法》，《十三經注疏》本，頁801。
〔註28〕張榮明，《殷周政治與宗教》，頁163～164。

這種「神聖性」不只來自於「天意」，也來自於「民意」，因此在《尚書・酒誥》中有所謂的「人無於水監，當於民監。」〔註29〕之語，《尚書・梓材》云：「皇天既付中國民越厥疆土于先王；肆王惟德用，和懌先後迷民，用懌先王受命。已！若茲監。惟曰欲至于萬年惟王，子子孫孫永保民。」〔註30〕這些都反映出周人統治思想中的「人文精神」。周人之所以能透過「宗教」的手段以穩定其統治地位，乃是因爲「宗教具有一個政治、法律所具有而哲學、藝術和倫理卻沒有的特點，即既是在觀念性上層建築，又是體制性上層建築；既可以作爲思想理論去影響群眾，又可以作爲組織制度去統轄群眾。這就註定了它與政治的關係更緊密，更容易爲社會鬥爭各方面所利用。」〔註31〕因此，周人建立了「政教合一」的權力金字塔結構，整個國家體制既是世俗性的政治權勢體制，同時又具有神聖性的宗教體制特性，從「天子」、「太史寮」，以及貴族間的祭祀等級的建立等等，這些可說是成爲了建構一個龐大宗教組織體系的要素，深化了「政教合一」的作用，而這些要素均透過「禮樂制度」加以整合規範起來，也就是周人的禮樂制度既蘊含了這些具有宗教特性的要素，同時也具備了具有「政教合一」特性的「等級差別」的核心價值在其中。是故，透過周人的「禮治文化」所帶來的政治作用之一即是「政教合一」及其深化，對於穩定周人的統治以及對於後世的影響，起了相當大的作用。

二、血緣政治的強化

周人克商之後，大封同姓諸侯，建立了周人以血緣爲紐帶的政治結構，如《荀子・儒效篇》曰：「武王崩，成王幼，周公屛成王而及武王以屬天下。……兼制天下，立七十一國，姬姓獨居五十三人，而天下不稱偏焉。」又在《左傳・僖公二十四年》：「昔周公弔二叔之不咸，故封建親戚以蕃屛周。管、蔡、郕、霍、魯、衛、毛、聃、郜、雍、曹、滕、畢、原、酆、郇，文之昭也。邘、晉、應、韓，武之穆也。凡、蔣、邢、茅、胙、祭，周公之胤也。」〔註32〕這些記載均充份反映了周人藉由血緣分封的方式以維繫周人政權的強烈企圖，所謂：「文王孫子，本支百世。凡周之士，不顯亦世。」〔註33〕更是道出了周人血緣

〔註29〕《尚書・酒誥》，《十三經注疏》本，頁210。

〔註30〕《尚書・梓材》，《十三經注疏》本，頁213。

〔註31〕呂大吉主編，《宗教學通論》，博達出版有限公司，台北，民國82年，頁853。

〔註32〕《春秋左傳・僖公二十四年》，《十三經注疏》本，頁25。

〔註33〕《詩經・大雅・文王》，《十三經注疏》本，頁534。

政治的特性。

　　然而周人透過血緣分封的方式如何能維繫周王以及其下的諸侯、大夫、士等封建貴族之間「親親」的關係達數百年之久，這是足堪吾人玩味的。對於此，王國維在〈殷周制度論〉一文中所論述的可說是一語中的：

　　　　欲觀周之所以定天下，必自其制度始矣。周人制度之大異於商者，一曰立子立嫡之制，由是而生宗法及喪服之制，並由是而有封建子弟之制、君天子臣諸侯之制；二曰廟數之制；三曰同姓不婚之制。此數者，皆周之所以綱紀天下。其旨則在納上下於道德，合天子、諸侯、卿、大夫、士、庶民以成一道德之團體，周公制作之本意，實在於此。〔註34〕

透過上述王國維所謂的三種制度以納上下為一道德之團體，就此「道德團體」的本質而言，即是建立了以「親親」為本的血緣關係團體。因此，王國維在文中又謂：

　　　　是故有立子之制而君位定，有封建子弟之制而異姓之勢弱、天子之位尊。有嫡庶之制，於是有宗法、有服術，而自國以至天下合為一家。有卿、大夫不世之制，而賢才得以進。有同姓不婚之制，而男女之別嚴。且異姓之國，非宗法之所能統者，以婚媾甥舅之誼通之。于是天下之國，大都王之兄弟、甥舅，而諸國之間亦皆有兄弟、甥舅之親，周人一統之策實存於是。〔註35〕

周人透過這些制度，使這些封建貴族大都與周王室建立起了或近或遠的「親親」血緣關係，周人的封建貴族成了一個以血緣關係為核心的龐大統治集團，因此維繫以及遵守這樣的制度也就成了周人禮治的重要基礎。

　　從以上王國維的論述中，個人以為大概可以歸納成以下三個方面來認識到在周人禮治文化下所形成血緣政治的政治作用：

　　第一，嫡長子繼承制。有關周人繼承制度大致的原則，據《公羊傳·隱公元年》：「立適（嫡）以長不以賢，立子以貴不以長。」由此可知周人的繼承制度是以「貴」、「長」為主要的選取標準，這樣的傳位制度，基本上是盛

〔註34〕王國維，〈殷周制度論〉，見《觀堂集林》收於《王觀堂先生全集》冊二，頁445～436。

〔註35〕王國維，〈殷周制度論〉，見《觀堂集林》收於《王觀堂先生全集》冊二，頁456。

行於在封建貴族之間的，不過有些封國並非完全如此，如魯國即是以「一繼
一及」〔註36〕爲主要的傳位方式。嫡長子繼承制之所以能在封建貴族之間普
遍爲貴族所遵守，很明顯是爲了防止爭奪的發生，對於嫡長子繼承制所起的
這樣的作用，王國維在〈殷周制度論〉中有很精闢的論述：

> 蓋天下之大利莫如定，其大害莫如爭。任天者定，任人者爭。定之
> 以天，爭乃不生。故天子諸侯之傳世也，繼統法之立子與立嫡也，
> 後世用人之以資格也，皆任天而不參以人，所以求定而息爭也。古
> 人非不知官天下之名美於家天下，立賢之利過於立嫡，人才之用優
> 於資格，而終不以此易彼者，蓋懼夫名之可藉而爭之易生，其敝將
> 不可勝窮，而民將無時或息也。故衡利而取重，絜害而取輕，而定
> 爲立子立嫡之法，以利天下後世。〔註37〕

王國維所論，可說是道盡周人採行嫡長子繼承制的根本初衷，亦即在「息爭」，
由此將有助於穩定當時的社會，避免發生骨肉相殘的爭奪亂事。儘管這樣的
繼承原則在西周一朝並非徹底地被完全實行，〔註38〕但卻是封建貴族們所依
循的基本繼承原則，其中雖然也有破壞制度的情形，但大體上也仍爲多數的
統治貴族們所據之以作爲維護其利益的根本價值，也因此在嫡長子繼承制的
穩定基礎下，「由嫡庶之制而宗法與服術二者生焉。」「嫡庶者，尊尊之統也，
由是而有宗法，有服術。其效及於政治者，則爲天位之前定、同姓諸侯之封
建、天子之尊嚴。然周之制度，亦有用親親之統者，則祭法是已。」〔註39〕

〔註36〕據史載，當時魯國傳位的情形如下：魯公伯禽卒，子考公酋立。考公四年卒，
　　　　立弟熙，是謂煬公。六年卒，子幽公宰立。幽公弟殺幽公而自立，是爲魏公。
　　　　魏公五十年卒，子屬公擢立。屬公三十七年卒，魯人立其弟具，是爲獻公。
　　　　獻公三十二年卒，子眞公濞立。眞公卒，弟敖立，是爲武公。武公卒，少子
　　　　戲立，是爲懿公。懿公兄括之子伯御與魯人攻殺懿公，而立伯御爲君。周宣
　　　　王伐魯，立懿公弟稱，是爲孝公。孝公二十五年，犬戎殺幽王。二十七年，
　　　　孝公卒，子弗湟立，是爲惠公。見《史記・魯周公世家》，頁1525～1528。又
　　　　在〈魯周公世家〉中叔牙對莊公之言：「一繼一及，魯之常也。」反映了「父
　　　　死子繼」、「兄終弟及」等隔代交替的傳位方式是魯人之常制。如此可以看出
　　　　知魯國的傳位方式應是一繼一及之制。《史記・魯周公世家》，頁1532。
〔註37〕王國維，〈殷周制度論〉，見《觀堂集林》收於《王觀堂先生全集》冊二，頁
　　　　439～440。
〔註38〕見李衡眉，〈論西周的王位繼承制度〉，收於《先秦史論集（續）》，齊魯書社，
　　　　濟南，2003年，頁20。
〔註39〕王國維，〈殷周制度論〉，見《觀堂集林》收於《王觀堂先生全集》冊二，頁
　　　　439、449。

因此，經由「嫡長子繼承制」進而擴大了宗法制度的內涵，以及周人透過宗法相關制度，如喪服、廟制等等，以嚴密其宗族組織，建立了「尊尊」、「親親」的政治血緣關係，即「周人以尊尊之義經親親之義而立嫡庶之制，又以親親之義經尊尊之義而立廟制」，也就是在「嫡長子繼承制」的禮治文化基礎下，對於周人血緣政治的形成起了根本的政治作用。

第二，宗廟制度。宗廟制度是伴隨著人們對於祖先崇拜的信仰而逐步發展起來一套祭祀祖先制度。有關周人的宗廟制度大體可分爲兩個部份來看。首先就建築布局而言，周人常將廟和寢建在一起，廟在寢的前面，如《左傳·昭公十八年》：「子大叔之廟在道南，其寢在道北」。〔註40〕廟既面南而寢又在其北，因此寢也就在廟後了。而當時之所以把廟和寢建在一起，即如《左傳·哀公十五年》所言：「事死如事生，禮也。」〔註41〕而兩者的規模如《爾雅·釋宮》說：「室有東西廂曰廟，無東西廂有室曰寢。」〔註42〕可見宗廟和寢一樣，廟只是比寢多出了東西廂而已。至於廟數多寡，決定於宗主的等級地位，其詳細情形在前引《禮記·王制》已有論述，不過天子是七廟還五廟，而其內容如何還有很多的爭論，若依楊寬之說，則天子應是五廟，七廟是後來擴大的說法。〔註43〕

其次，就祖先祭祀而言，據《左傳·僖公五年》、《僖公二十四年》、《國語·晉語四》，以及《禮記·大傳》、〈祭統〉等的記載，周人當時是實行昭穆制的，太祖以下的所有祖先都是按照左昭右穆的順序來排列，父曰昭，子曰穆，孫也叫昭，以此類推。而其祭祀的特點則是：遷主毀廟、排他性、命祀制、立尸祭祖、用牲尚赤等等。〔註44〕而文獻所載的祭禮則有禘祭、時祭等，而金文所見的祭禮約有二十種之多，分別是禘、衣、肜、禴、祼、告、禦、饎、報、翟、禋、燎、屮、牢、饋、叔、禴、嘗、烝、閟等，而這些祭祀活動中有些反映目的的不同，有些反映方法的不同。〔註45〕

從以上所述可以看出宗廟制度在西周一朝的實行情形。不過，周人的宗

〔註40〕《左傳·昭公十八年》，《十三經注疏》本，頁843。

〔註41〕《左傳·哀公十五年》，《十三經注疏》本，頁1035。

〔註42〕《爾雅·釋宮》，《十三經注疏》本，頁75。

〔註43〕見楊寬，《西周史》，頁427。

〔註44〕內容詳見秦照芬，《商周時期的祖先崇拜》，蘭臺出版社，台北，民國92年，頁82～88。

〔註45〕秦照芬，《商周時期的祖先崇拜》，頁88～92。

廟制度不僅是純粹的祖先崇拜信仰而已，它與當時的政治有著緊密關係的結合，因為除了因政治身份等級的差異而有上述廟數及祭祀的差異外，宗廟也是周人從事政治活動的場所，其主要的活動大致如下：

1. 君主行冠禮於廟。2. 君主即位典禮舉行於廟。3. 君主死後殯於廟。4. 君主出訪前和歸國後要「告廟」。5. 出征作戰要受命於廟，戰後歸來還要告廟。6. 貴族出訪，到其他國家後要「朝廟」。7. 君主每月都要到祖廟「告朔」。8. 貴族舉行冊命儀式要在寢廟。〔註46〕

因此，從以上所述我們可以發現，作為體現周人祖先崇拜的「宗廟制度」，其實是蘊含有濃厚的政治作用。它是國家政權及其特權的象徵，通過廟制反映出了封建社會中親疏貴賤的等級關係，因此周代所謂的諸侯立國、大夫立家，首先便是在各自受封的領土上建立宗廟，而失去了自己所擁有的宗廟，也就等於失去了特權，由此來看，在某種意義上，宗廟也可以說是諸侯、士大夫們享有特權的保障。〔註47〕是故周人透過將宗廟制度普遍實行於各封建貴族階層的方式，使之成為周人禮治的基礎之一，而在這樣的基礎下同時也促進了禮治文化所具有的政治作用，亦即透過層層的宗廟制度與政治活動的結合，經由對於同姓宗族之間的祖先神的崇拜信仰，進而凝聚了同姓宗族之間的團結，鞏固了君臣之間的關係，對於血緣政治的形成與促進起了很大的作用。

第三，同姓不婚制度。周人「同姓不婚」的制度最早可溯源自初民社會的圖騰時代，〔註48〕而文獻所見則以《左傳》與禮書所見最多，如《左傳·襄公二十八年》說：「男女辨姓。」〔註49〕〈昭公元年〉說：「男女辨姓，禮之大司也。」〔註50〕等等。又如《禮記·曲禮上》說：「取妻不取同姓。買妾不知其姓則卜之。」〔註51〕〈大傳〉說：「繫之以姓而弗別，綴之以食而弗殊，雖百世而昏姻不通者，周道然也。」〔註52〕〈坊記〉說：「取妻不取同姓，以

〔註46〕見張榮明，《殷周政治與宗教》，頁230～232。

〔註47〕傅亞庶，《中國上古祭祀文化》，頁189。

〔註48〕假設當時部落裡有左右二部，左右二部可相互通婚，但同部卻不可通婚。若同一部裡分化出不同的圖騰團，則這些圖騰團亦不可相互通婚，必須與另他部的圖騰團通婚，這即類似後代所謂的「同姓不婚」。相關論述詳見李宗侗，《中國古代社會史》，頁43～51。

〔註49〕《左傳·襄公二十八年》，《十三經注疏》本，頁654。

〔註50〕《左傳·昭公元年》，《十三經注疏》本，頁707。

〔註51〕《禮記·曲禮上》，《十三經注疏》本，頁37。

〔註52〕《禮記·大傳》，《十三經注疏》本，頁619。

厚別也。」〔註53〕等等，從這些記載中可以看出周人實行同姓不婚制度的情形。而至於周人之所以實行「同姓不婚」的制度，古人的解釋可見以下表七的四種說法：

表七：周人「同姓不婚制」的四種說法

說　法	出　　　處
畏災亂說	見《國語・晉語四》上所載司空季子之言：「異姓則異德，異德則異類。異類雖近，男女相及，以生民也。同姓則同德，同德則同心，同心則同志，同志雖遠，男女不相及，畏黷敬也。黷則生怨，怨則毓災，災毓滅姓，是故取妻避其同姓，畏災亂也。」〔註54〕
其生不蕃說	《左傳》、《國語》可見多處的記載，如《左傳》僖公二十三年載鄭叔詹之語：「男女同姓，其生不蕃。」〔註55〕昭公元年載子產之語：「內官不及同姓，其生不殖，美先盡矣，則相生疾，君子是以惡之。故《志》曰：『買妾不知其姓則卜之。』違此二者，古之所慎也。」〔註56〕《國語・晉語》亦有：「同姓不婚，惡不殖也。」〔註57〕
補充宗法說	《禮記・大傳》闡發了該說的基本思想，曰：「同姓從宗，合族屬；異姓主名治際會。名著而男女有別。……四世而緦，服之窮也；五世袒免，殺同姓也，六世，親屬竭矣。其庶姓別於上，而戚單於下，婚姻可以通乎？繫之以姓而弗別，綴之以食而弗殊，雖百世而不通者，周道然也。」〔註58〕
附遠厚別說	此說見於《禮記》。如〈坊記〉：「取妻不取同姓，以厚別也。」〔註59〕又〈郊特牲〉：「取於異姓，所以附遠厚別也。」〔註60〕

從上表中所列的古人四種說法，儘管學者的看法不盡相同，〔註61〕本文以為均各有其合理可通之處，不過，不論學者認同的說法為何，或是真能達到了如上述四種說法的功能，同姓不婚制卻對於鞏固周人的統治起了相當大的作用，因為透過與異姓聯姻可以結為甥舅的關係，借姻親以達到建立血緣

〔註53〕《禮記・坊記》，《十三經注疏》本，頁872。
〔註54〕《國語・晉語四》，頁356。
〔註55〕《左傳・僖公二十三年》，《十三經注疏》本，頁252。
〔註56〕《左傳・昭公元年》，《十三經注疏》本，頁252。
〔註57〕《國語・晉語四》，頁349。
〔註58〕《禮記・大傳》，《十三經注疏》本，頁618～619。
〔註59〕《禮記・坊記》，《十三經注疏》本，頁872。
〔註60〕《禮記・郊特牲》，《十三經注疏》本，頁505。
〔註61〕如呂思勉即贊同「畏災亂」說，見氏著《先秦史》，台灣開明書店，台北，民國53年，頁266。陳顧遠先生則認為畏災亂說「不過是戰國策士底操論」，對此說是採取反對態度，見氏著，《中國古代婚姻史》，商務印書館，上海，民國13年，頁35。李宗侗則反對「其生不蕃說」，見氏著，《中國古代社會史》，頁43～46。

關係進而有助於周人的統治。如《左傳・成公二年》說:「夫齊,甥、舅之國也而大師之後也。」〔註62〕《左傳・襄公十四年》載有:「王使劉定公賜齊侯命,曰:『昔伯舅大公,右我先王,股肱周室,師保萬民。世胙大師,以表東海。王室之不壞,繄伯舅是賴。』」〔註63〕又如《左傳・文公二年》云:「(魯)襄仲如齊納幣,禮也。凡君即位,好舅、甥,修昏姻,娶元妃,以奉粢盛孝也。」〔註64〕

因此,透過周人「同姓不婚制」的禮治之下,有效地維繫了姬姓宗族與其他的異姓宗族的血親關係,在這樣的關係之下,有助於血緣政治的形成,進而鞏固了周人的統治。

從以上三點來看,周人經由嫡長子繼承制的宗法制度,以及宗廟制度等來維繫同姓宗族成員之間的血親血緣關係,而以同姓不婚制度來加強與異姓宗族成員之間的姻親血緣關係,在這樣的禮治基礎下,將姬姓宗族與異姓宗族融合成一龐大的血緣政治團體,而這個血緣政治團體是靠著上述三種制度加以建構起來的,同時這三個制度也就成了統治貴族階層必須加以遵守的制度規範,王國維所謂「道德團體」之真義,或可解釋為如此,即這些制度是統治貴族們必須加以遵守之基本價值規範,而這些價值規範也就是當時貴族們的道德規範之一,透過這些具有道德價值規範的制度所建構出來的血緣政治團體,也就是「道德團體」。因此,我們可以說,透過這三個制度的施行,使得嫡庶之別、祖先崇拜,以及同姓不婚的觀念深植人心,增進了同姓宗族之間以及同姓宗族與異姓宗族彼此之間的相互關係,進而形成了以「尊尊」、「親親」為核心價值的血緣政治,在這樣血緣政治的背景下,有助於鞏固周人的統治基礎,而這也正是在周人禮治的文化同化作用下所起的重大的政治作用之一。

三、「忠」觀念的孕育

「忠」,據《說文・心部》:「忠,敬也。盡心曰忠。从心,中聲。」〔註65〕不過,「忠」字的出現,就甲金文而言,在甲骨文以及殷、西周時期的金文中並無出現「忠」字;就文獻而言,屬於西周當時所遺存的史料中亦不見「忠」字

〔註62〕《左傳・成公二年》,《十二經注疏》本,頁431。
〔註63〕《左傳・襄公十四年》,《十三經注疏》本,頁564。
〔註64〕《左傳・文公二年》,《十三經注疏》本,頁304。
〔註65〕許慎著,段玉裁注,《說文解字注》,頁502。

的出現。〔註66〕西周時期並無「忠」字出現，大概是跟「孝」的觀念合而爲一，因爲在當時「家國同源」，「宗君合一」的制度設計下，君父二位一體，孝父即是忠君，而「父子」關係又是人類社會最原始的人倫關係，因此在當時「忠」應是包含在「孝」觀念之中。〔註67〕也就是說，在西周時代，「忠」與「孝」是一種合一的倫理價值觀念，所謂對人君盡孝，就蘊含有後世所謂的對人君盡忠的意涵。〔註68〕

雖然「忠」做爲一個文字或強調其獨立的意識或觀念，在西周時期的文獻中並未出現，但這並不表示有關「忠」的觀念就不存在，只是它蘊含在其它的文字或概念之中罷了。從上述《說文》對於「忠」的解釋，以及本文對於「忠」、「孝」關係的詮釋來看，本文以爲周人的「忠」其實是蘊含在「敬」與「孝」這兩者文字與概念之中的。

首先，就「敬」而言，其文字在西周金文中出現的例子如下：

《叔趯父卣》：……唯女（汝）烝剌（其）敬辥（乂）乃身……〔註69〕

《師詢簋》：……敬明乃心。……〔註70〕

《元年師旋簋》：……敬夙夕用事。……〔註71〕

《師克盨》：……敬夙夕勿灋（廢）朕令。……〔註72〕

《望盨》：……敬夙夕勿灋（廢）朕命。……〔註73〕

《毛公鼎》：……敬念王畏（威）不賜（易）。……〔註74〕

〔註66〕 見魏良弢，〈忠節的歷史考察：先秦時期〉，《南京大學學報（哲學‧人文‧社會科學）》1994 年第一期，南京大學，南京，1994 年，頁 110～111。

〔註67〕 見童書業，《春秋左傳研究》，上海人民出版社，上海，1983 年，頁 269。

〔註68〕 季乃禮，《三綱六紀與社會整合──由《白虎通》看漢代社會人倫關係》，中國人民大學出版社，北京，2004 年，頁 9。

〔註69〕 馬承源主編，《商周青銅器銘文選》第三卷，頁 61（彝銘拓片參見附錄三之圖二六）。

〔註70〕 馬承源主編，《商周青銅器銘文選》第三卷，頁 174（彝銘拓片參見附錄三之圖一）。

〔註71〕 馬承源主編，《商周青銅器銘文選》第三卷，頁 199（彝銘拓片參見附錄三之圖二七）。

〔註72〕 馬承源主編，《商周青銅器銘文選》第三卷，頁 223（彝銘拓片參見附錄三之圖二八）。

〔註73〕 馬承源主編，《商周青銅器銘文選》第三卷，頁 312（彝銘拓片參見附錄三之圖二九）。

〔註74〕 馬承源主編，《商周青銅器銘文選》第三卷，頁 447（彝銘拓片參見附錄三之

又在《尚書》中亦出現不少，試舉幾個例子，如〈康誥〉：「恫瘝乃身，敬哉！」「敬明乃罰」「汝亦罔不克敬典，乃由裕民；惟文王之敬忌，乃裕民。」〔註75〕〈梓材〉：「亦厥君先敬勞，肆徂厥敬勞」〔註76〕〈召誥〉：「王其疾敬德」「王敬所作，不可不敬德」〔註77〕〈洛誥〉：「不敢不敬天之休」〔註78〕等等。從前面所舉有關的「敬」字，其意義大致有「謹慎」之意，不過，周人的「敬」字背後所代表的意涵即如徐復觀所言是一種帶有內發自覺心理狀態的人文意識，與被動的警戒心理有很大的分別。〔註79〕

　　周人「敬」的意涵實已超越了宗教性對神的一種「敬畏」的心理狀態，而是發自人對於自身對人、對事的一種「敬謹」的心理狀態，其實這已具備了後人對於「忠」的詮釋意涵，雖然西周時期在文字的使用概念上還沒有如此精確的劃分出「忠」與「敬」的區別，〔註80〕但是有關「忠」的意涵實已蘊含在西周「敬」字的概念之中。只是到了春秋戰國時期，當時的士人因著一種對於人事倫理道德的自覺，遂出現了對於「忠」字意涵的闡發應用，而其內蘊的價值體系，卻可以上溯自西周時期的「敬」，西周時期的「敬」實已蘊含了後世所謂「忠」的倫理價值，而這樣的概念尤其對於維繫周王以及異姓諸侯之間和諧的君臣關係實起了相當大的的作用。

　　其次，就「孝」而言，〔註81〕即如前述所言，「忠」是依附在「孝」的觀念之下，因為在氏族社會時期，氏族成員與首領在彼此同一個血緣關係的情況下，所謂效「忠」於首領也就代表了盡「孝」於他們自身的先祖，此時期忠與孝是混合難以分辨的，而這樣的觀念延續到春秋戰國時期隨著宗法分封制的逐漸崩解，忠與孝遂出現了分野。因此，在西周時期，忠、孝的倫理道德概念是二而合一，只是當時是以「孝」的概念涵蓋了「忠」的概念，這其中與「君統」與「宗統」的合一有很大的關係。

　　綜觀以上所言可知，儘管「忠」字並未出現於西周，但是有關「忠」的

圖三）。

〔註75〕《尚書・康誥》，《十三經注疏》本，頁202、205。
〔註76〕《尚書・梓材》，《十三經注疏》本，頁211。
〔註77〕《尚書・召誥》，《十三經注疏》本，頁221、222。
〔註78〕《尚書・洛誥》，《十三經注疏》本，頁225。
〔註79〕徐復觀，《中國人性論史——先秦篇》，頁22。
〔註80〕「忠」字到了春秋時期才出現，在《論語》一書中可見到中國最早的「忠」字，共出現了十八次之多，後來的《左傳》則出現了七十二次。
〔註81〕有關「孝」的論述將在下節中詳細討論，於此僅論及與「忠」的關係。

倫理觀實已蘊含在「敬」與「孝」的觀念之中。周人透過禮治，將禮制中尊卑貴賤的核心價值加以體現出來，而在實踐禮制的過程中即是在實踐了「等級尊卑」的倫理價值。透過禮宜樂和的儀節，展現了「敬」的心理狀態；而禮制中的等級差別正是展現了一種「孝」的倫理價值，遵守這些制度的儀節及價值即是展現了對於人、對於事的「敬」與「孝」，而這種「敬」與「孝」的觀念，不正是蘊含著「盡己之謂忠」的儒家倫理觀？因此，在周人的禮治下，不論是同姓宗族或是異姓宗族同時都受到了孕育有「忠」的「敬」與「孝」的觀念：「敬」可用來規範同姓與異姓宗族，而「孝」則可用來規範同姓宗族，而「敬」與「孝」觀念的統合則成了後世所謂的「忠」，在這樣的倫理價值之下，有助於穩定周人的統治，因此，「忠」觀念的孕育也就成了西周禮治文化所具有重大的政治作用之一。

綜合以上三個方面來看，周人的禮制對於政治而言不僅是一種制度的運行而已，在施行制度的過程過中實際上亦寓有文化教化的政治作用，而在禮治文化作用下所產生的政教合一及其深化、血緣政治的形成，以及「忠」觀念的孕育等政治方面的三大作用，可說是透過制度以及思想層面的教化作用而逐漸地達到了文化認同的目的，對於「小邦周」的周人統治起了相當大的鞏固作用。

第二節　禮治文化的社會作用

西周的禮治文化除了如前節所述所具有的政治作用外，同時對於當時的社會也起了一定的作用，而這樣的作用除了有助於社會的安定，同時也鞏固了周人的統治基礎。如司馬遷在《史記・禮書》所言：

> 余至大行禮官，觀三代損益，乃知緣人情而制禮，依人性而作儀，其所由來尚矣。……是以君臣朝廷尊卑貴賤之序，下及黎庶車輿衣服宮室飲食嫁娶喪祭之分，事有宜適，物有節文。〔註82〕

太史公之言，道盡禮儀制度實具有「緣人情而制禮，依人性而作儀」的特性，並由此而定尊卑貴賤之序。《漢書・禮樂志》亦謂：

> 天稟其性而不能節也，聖人能為之節而不能絕也，故象天地而制禮樂，所以通神明，立人倫，正性情，節萬事者也。人性有男女之情，

〔註82〕《史記・禮書》，頁1157～1158。

　　妒忌之別，爲制婚姻之禮；有交接長幼之序，爲制鄉飲之禮；有哀死
　　思遠之情，爲制喪祭之禮；有尊尊敬上之心，爲制朝覲之禮。〔註83〕

而據《漢書》所述，亦可看出「禮治」對於社會人心實具有「通神明，立人倫，正性情，節萬事」的作用。然而周人透過禮治除了建立了和諧的社會秩序外，其文化教化所產生的具體社會作用大體可以分爲以下三個部份來加以論述。

一、尊卑親疏倫理觀的建立

　　在前面第二章第二節曾經論及到「人生禮儀」及「交接禮儀」等八大類禮儀中所反映出尊卑貴賤的等級差別核心價值，周人透過這些「社會性」禮儀制度將整個社會建構成一個強調「尊卑貴賤」倫理價值的社會，而這樣倫理價值觀的建立也成了周人透過禮治以達到文化同化的社會作用之一，將周人摶成爲一「道德團體」，是故在《禮記・曲禮上》有謂：

　　道德仁義，非禮不成，教訓正俗，非禮不備。分爭辨訟，非禮不決。
　　君臣上下父子兄弟，非禮不定。宦學事師，非禮不親。班朝治軍，
　　涖官行法，非禮威嚴不行。禱祠祭祀，供給鬼神，非禮不誠不莊。
　　是以君子恭敬撙節退讓以明禮。〔註84〕

周人經由這些社會性八大禮儀體現出周人尊卑貴賤等級差別的核心價值，而這也成了當時人們必須遵守的「倫理道德」規範，在這樣的「文化同化」的作用下，強調等級差別「尊卑貴賤」的倫理價值成了周人社會文化的基本內涵。

　　除了前述八大社會性禮儀有助於周人從上至下建立一套等級尊卑的倫理價值觀之外，另外，屬於非「儀節」性的「喪服」制以及「昭穆」制等的施行對於周人社會尊卑親疏倫理觀的建立也起了很大的作用。

　　首先，就喪服制度來看。從《儀禮・喪服》以及〈禮記・雜記〉、〈喪服小記〉、〈大傳〉、〈喪大記〉、〈問喪〉、〈服問〉、〈三年問〉、〈喪服四制〉等篇章來看，周人喪服制度及其問題可說是相當複雜。雖然如此，王國維根據《儀禮・喪服》所載，在〈殷周制度論〉中強調了周人複雜的喪服制是從嫡庶制所發展而來的，也就是周人透過嫡庶制尊卑差異的基礎進而建構了喪服制的

〔註83〕《漢書・禮樂志》，宏業書局，台北，民國85年，頁1027～1028。
〔註84〕《禮記・曲禮上》，《十三經注疏》本，頁14～15。

親疏等級的不同，而這也是周人宗法制的重要基本精神，所謂的「親親」、「尊尊」、「長長」、「男女有別」正是〈喪服〉制度下所欲彰顯的精神內涵。〔註85〕周人的喪服制有所謂的「五服制」〔註86〕（見圖九），經由不同的服制，進而凸顯出周人在同一家族中親疏等級的血緣差異，而這樣親疏等級倫理觀念的建立，也正是西禮治文化重要的社會作用之一。

　　不過，從《儀禮・喪服》的內容來看周人的喪服制所蘊含具體的尊卑親疏倫理價值觀為何？其具體來看即是中國傳統所謂的「三綱」、「五倫」等倫理觀。

　　就「三綱」〔註87〕而論，古代三綱觀念的萌芽大概可溯源自《儀禮・喪服》的內容。《儀禮・喪服》中規定臣為君、子為父、妻妾為夫均需服最重的喪服——斬衰，同時相對來看，彼此卻是不對等的服喪關係，這可能即是古代「三綱」觀念的萌芽，即強調君、父、夫的地位，而這也頗符合周人所具有的父權思想。

〔註85〕王國維，〈殷周制度論〉，見《觀堂集林》收於《王觀堂先生全集》冊二，頁444～445。

〔註86〕有關「五服制」大概的內容詳見前面第二章第一節「君統與宗統的合一」中有關的論述。

〔註87〕「三綱」一詞最早見於漢儒《春秋繁露・基義篇》：「君為陽，臣為陰；父為陽，子為陰；夫為陽，妻為陰。……王道之三綱，可求於天。」見漢・董仲舒，《春秋繁露》，中華書局，北京，一九九四，頁350～351。

圖九：本宗五服圖

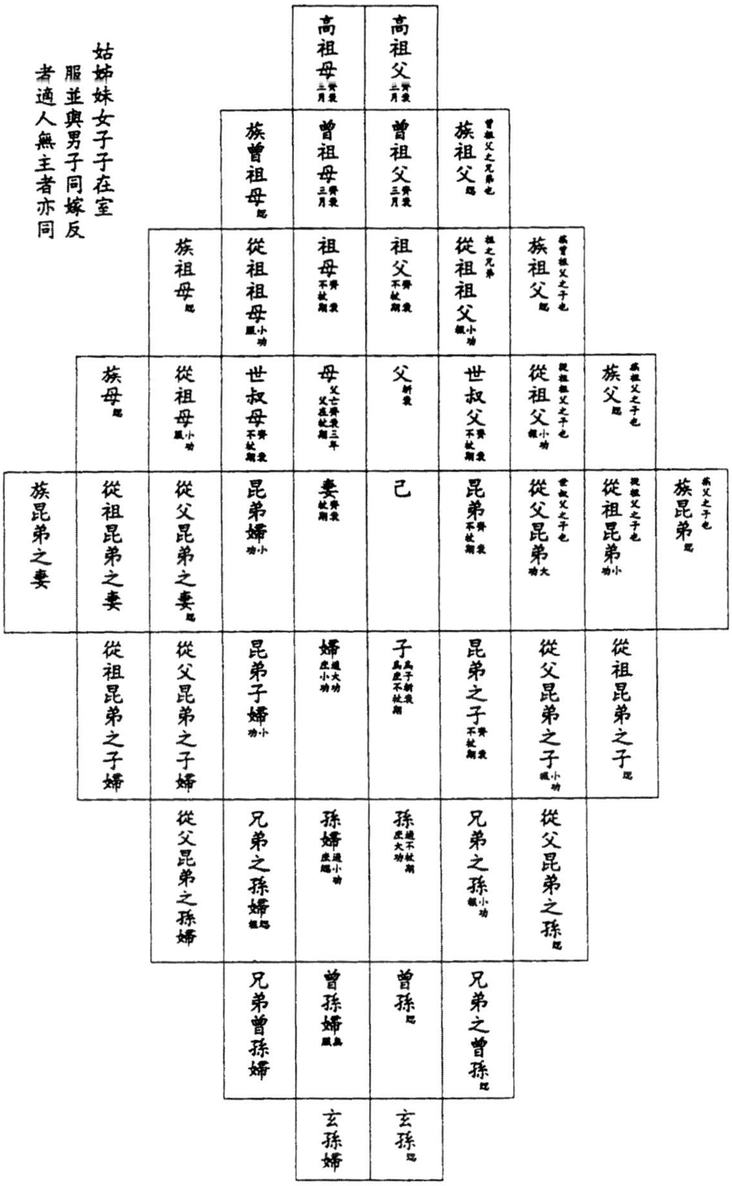

（左側直書）姑姊妹女子子在室服並與男子同嫁反者適人無主者亦同

本宗五服圖（由上而下）：

- 高祖父　齊衰三月｜高祖母　齊衰三月
- 族曾祖父（曾祖父之兄弟也）｜曾祖父　齊衰三月｜曾祖母　齊衰三月｜族曾祖母
- 族祖父（祖之兄弟）｜從祖祖父　小功｜祖父　不杖期｜祖母　不杖期｜從祖祖母　小功｜族祖母
- 族父（族祖父之子也）｜從祖父　小功｜世叔父　不杖期｜父　斬衰｜母　父亡從三年｜世叔母　不杖期｜從祖母　小功｜族母
- 族昆弟（族父之子也）｜從祖昆弟　小功｜從父昆弟　大功｜昆弟　不杖期｜妻　杖期｜己｜昆弟婦　小功｜從父昆弟之妻｜從祖昆弟之妻｜族昆弟之妻
- 從祖昆弟之子｜從父昆弟之子　小功｜昆弟之子　不杖期｜子　長子斬衰眾子不杖期｜婦　長子婦大功眾子婦小功｜昆弟子婦　小功｜從父昆弟之子婦｜從祖昆弟之子婦
- 從父昆弟之孫　小功｜兄弟之孫　小功｜孫　適孫不杖期眾孫大功｜孫婦　適小功眾大功｜昆弟之孫婦｜從父昆弟之孫婦
- 兄弟之曾孫｜曾孫　緦｜曾孫婦　緦｜兄弟曾孫婦
- 玄孫　緦｜玄孫婦

資料來源：楊復，《儀禮圖》卷十一，收於《文淵閣四庫全書》，一○四冊，頁 201。

　　就五倫而論，這裡所指有關「五倫」的概念是指在《孟子》、《中庸》中所出現的君臣、父子、夫婦、長幼（兄弟）、朋友等五種人倫關係，這樣的五

倫觀一直影響以後的中國社會兩千多年，而這樣的觀念在《儀禮・喪服》中的服喪制度中亦可以得見。除了前面所言的君臣、父子、夫妻之間服喪關係外，兄弟之間相互服齊衰不杖期，朋友則服麻等。這當亦反映了周人等級親疏的倫理關係。

因此，從《儀禮・喪服》來看，所謂的「五倫」實亦蘊含在其中，從其服制的差異反映出了「五倫」關係中，父子、夫婦、兄弟等血緣親疏關係的重要。

從以上所述可以看出，在周人繁雜的「喪服制」的背後，實是蘊含了重要的尊卑親疏的人倫關係，而在這些人倫親疏關係中，可說是建立了以父家長為家族或宗族中的核心地位，所謂的「三綱」、「五常」正是強調「父權」至上這樣的核心價值，而在這樣的觀念下，整個周人社會遂建立了尊卑親疏的倫理觀。

除了前述的「喪服制」外，其次再就「昭穆制」來看。周人昭穆制實行的情形，據《左傳・僖公五年》：

> 太伯、虞仲，太王之昭也，太伯不從，是以不嗣。虢仲、虢叔，王季之穆也。〔註88〕

〈僖公二十四年〉：

> 管、蔡、郕、霍、魯、衛、毛、聃、郜、雍、曹、滕、畢、原、酆、郇，文之昭也。邘、晉、應、韓，武之穆也。〔註89〕

又〈定公四年〉：

> 曹，文之昭也；晉，武之穆也。〔註90〕

另外，在《國語・晉語四》寧莊子對衛文公之語亦見：

> 康叔，文之昭也。唐叔，武之穆也。〔註91〕

從以上所述可以看出，所謂「太王之昭」指的是太伯、虞仲是太王之子，是屬於「昭」輩，「王季之穆」則指的是虢仲、虢叔是王季之子，是屬於「穆」輩，其它所述亦同此義。而這裡的「昭」、「穆」指的都是兒子之意，同是「下一代」之意，何以仍有「序昭穆」之別？據《禮記・祭統》所記則可以看出

〔註88〕 《左傳・僖公五年》，《十三經注疏》本，頁207。
〔註89〕 《左傳・僖公二十四年》，《十三經注疏》本，頁255。
〔註90〕 《左傳・定公四年》，《十三經注疏》本，頁949。
〔註91〕 《國語・晉語四》，頁345。

其「序昭穆」之意義：

> 夫祭有昭穆，昭穆者，所以別父子遠近長幼親疏之序而無亂也。是
> 故，有事於大廟，則群昭群穆咸在而不失其倫。此之謂親疏之殺
> 也。……凡賜爵，昭爲一，穆爲一。昭與昭齒，穆與穆齒，凡群有
> 司皆以齒，此之謂長幼有序。〔註92〕

由此可知，所謂「序昭穆」之義，在於「別父子遠近長幼親疏之序而無亂也」，藉由「昭穆制」以區分長幼親疏之別可說是這個制度最主要的功能，而周人這種所謂「左昭右穆」的序齒原則卻也充份反映在墓葬、宗廟、祭祀、族燕、爲尸、命氏、繼承、婚姻等方面的制度，〔註93〕由此可見透過昭穆制度對於周人尊卑親疏倫理觀的建立實具有很大的作用。

不過，作爲體現周人尊卑親疏倫理觀的「昭穆制」，其來由爲何？據近代學者的研究，有半部族婚說、〔註94〕女系半部族之制說、〔註95〕原始的等級婚制的遺跡說、〔註96〕亞血族群婚制的遺跡說、〔註97〕王族分級內婚制說，〔註98〕以及兩合氏族群婚制等說法。〔註99〕儘管說法不同，不過從這些說法都是從「婚姻制度」的角度來探討昭穆制度的起源來看，源自母系社會的兩合群婚組織的周人「昭穆制」，實亦具有別婚姻的作用，而這種別婚姻即具有區別親疏的作用。〔註100〕

從以上所述周人昭穆制的起源以及現象來看，其制度的背後其實是反映了周人的倫理觀，即「別父子遠近長幼親疏之序」，藉此維持社會人際關係的和諧。

綜合以上周人的「喪服制」以及「昭穆制」的論述可知，在周人繁複的「喪服制」以及「昭穆制」的禮治施行下，促進了周人尊卑親疏倫理觀的建

〔註92〕　《禮記・祭統》，《十三經注疏》本，頁839～837。
〔註93〕　有關這些部份的詳細內容，參見李衡眉，《論昭穆制度》，文津出版社，台北，頁4～15。
〔註94〕　呂思勉，《先秦史》，頁268。
〔註95〕　李宗侗，《中國古代社會史》，頁51～57。
〔註96〕　郭沫若，《中國史稿》第一冊，人民出版社，北京，1976年，頁262～263。
〔註97〕　李亞農，〈周族的氏族制與拓跋族的前封建〉，收於《李亞農史論集》上冊，上海人民出版社，上海，1978年，頁242～243。
〔註98〕　張光直，〈殷禮中的二分現象〉，收於《中國青銅時代》，聯經出版事業公司，台北，民國72年，頁227～235。
〔註99〕　李衡眉，《論昭穆制度》，頁77～102。
〔註100〕　見鄒昌林，《中國古禮研究》，頁95。

立，中國傳統社會所謂的「三綱」、「五常」等人倫關係實即蘊育在周人的禮制之中，周人從禮制的推行之中，同時也建立了周人的人倫觀，而這也正是西周禮治文化所具有的重要的社會作用之一，在穩定社會人倫秩序的同時，也有助於穩固周人的統治。

二、宗族組織的強化

所謂的「宗族」是一種社會的發展形態，宗族組織的出現，是中國上古社會歷史發展的一個進程，它應是從氏族、家族，而至宗族的一種社會發展的形態過程。〔註101〕至於宗族的定義自古以來雖說是五花八門，但有關漢代經說家的主張因其離西周時期較後來歷代學者爲近，或許更能切近周人宗族組織的面貌。而在這些經說中以東漢班固所作的經典性定義頗能有助於吾人認識西周宗族的可能面貌：

> 宗者何謂也？宗者，尊也，爲先祖主者，宗人之所尊也。……古者
> 所以必有宗何也？所以長和睦也。大宗能率小宗，小宗能率羣弟，
> 通其有無，所以紀理族人者也。……族者何也？族者：湊也，聚也，
> 謂恩愛相流湊也。上湊高祖下至元孫。一家有吉，百家聚之，合而
> 爲親。生相親愛，死相哀痛，有會聚之道，故謂之族。〔註102〕

班固的定義是將宗族二字分開闡釋而非合而論之，這對於周人宗族的內涵能有較爲嚴謹周延的認識。當代學者錢杭即根據班固在《白虎通義》中的定義作了以下的論述：

> 把班固對「宗」和「族」兩字分別所作的論證結合起來，就能看出
> 他理解這個問題的基本思路。1.班固認爲，「宗族」首先是指一個以
> 父系先祖爲共同敬奉對象的父系血緣集團，其規模大致包括了高祖
> 至玄孫間所有的父系親屬。這是從「靜態」的角度給「宗族」下的
> 定義，是從外觀上對宗族的基本特權進行的描述。雖然很準確，但
> 還未涉及宗族的內在結構。令我們最感興趣的是班固從「動態」角
> 度所理解的「宗族」。2.「宗族」不僅是一種血緣性的組織，更主要
> 的是代表著在這類組織中實行的一套原則。其基本內容，一是指對
> 建立在血緣親疏差別基礎上的族內等級的無條件承認、尊敬、管轄

〔註101〕王貴民，《商周制度考信》，頁13。
〔註102〕東漢・班固，《白虎通義》，台灣商務印書館，台北，民國57年，頁330～333。

和服從（此爲動詞意義的「宗」）；二是指族內成員之間的互助合作、
同喜共憂、生死相依（此爲動詞意義的「族」）。這樣的「宗族」，實
際上就代表了特殊的生活方式。漢人與「宗族」之間的關係，因此
並不僅僅指漢人與「宗族」這一組織形式之間的關係，更應該指漢
人與宗族深層規範的關係。〔註 103〕

從錢杭對於班固宗族定義所作的詮釋中，可以清楚地看出做爲社會形態的宗
族所具有的深刻內涵，亦即是以父系先祖爲核心（靜態）做爲凝聚血緣親屬
團結的一種「親親」關係（動態），從以上的詮釋當能夠更爲切近認識周人「宗
族」組織的面貌與精神。

　　不過，宗族組織的出現最早出現在商朝，這從卜辭、金文和文獻資料中
可以得到印證，只是周代的宗族組織進一步被制度化了。根據前面宗族的「定
義」可知，「宗法制度」的出現有助於宗族的形成與鞏固，亦即宗法制度是形
成宗族組織的基礎，宗法制度是宗族內部維繫和諧、團結與運作的一種「原
則」，也唯有在這樣的原則下，也才有摶成「宗族」的可能。因此，在商代後
期「宗法制度」即已開始發展，殷人在康丁以前，當是宗法制的萌芽期，這
個時期雖不敢確定是否已有嫡長子繼承制，但卻已有嫡庶之別，當可視爲宗
法制度之先聲；而康丁以後嫡長子繼承制的建立，以及遠祖的祧遷、親族的
分化，則反映了殷代末期爲宗法制度的發展期；最後宗法制度在周人的因革
損益下而大備，西周可說是宗法制度的成熟期。〔註 104〕由此來看，其實周人
的宗法制度只是在殷人的基礎下，更加充實完備，也就是說，在宗法制度出
現的基礎下，商朝後期已逐漸發展出宗族組織，到了西周，只是將宗族組織
更加地制度化，亦即在宗法制度上更加完備，有助於周人宗族組織的強化，
而其完善之處主要反映在繼承制度；宗、系的劃分；祭祀制度；廟祧制度等
四個方面。〔註 105〕

　　在周人較爲完善的宗法制度下，透過了宗法制度所摶成的宗族組織，讓
西周社會從上到下猶如是一個龐大的宗親團體，使得周人社會建構並強化了
一個以等級差別爲核心價值的宗族組織，而這個宗族組織正是穩定西周社會
的基礎力量，而這較之殷人更爲強化了的的宗族組織，可說是在西周禮治文

〔註 103〕錢杭，《中國宗族制度新探》，中華書局，香港，1994 年，頁 38～39。
〔註 104〕見王暉，《商周文化比較研究》，頁 309。
〔註 105〕詳見王貴民，《商周制度考信》，頁 35～60。

化教化下所產生的重要的社會作用之一。

三、「孝」觀念的彰顯

「孝」，從其字形的發展來看，「孝」字早在殷墟卜辭中即已出現，卜辭孝字作「𡥉」〔註106〕（見《金璋所藏甲骨卜辭》476）。孝的意義，據《爾雅‧釋訓》：「善父母為孝。」〔註107〕《說文解字》：「孝，善事父母者也。從老省，從子，子承老也。」〔註108〕因此，「孝」的本義即是「善事父母」之意，這是一種源自於人類最自然原始的血緣情感，只是隨著時代的變遷，「孝」在意涵上有了擴充。既然「孝」是源自於對父母的自然情感，因此「孝」字在出現之前，即應已有「孝」觀念的存在，這樣的情形就如同前述所謂「忠」觀念的孕育的道理是一樣的。

孝觀念究竟起於何時？對此學者有不同的意見，一說產生於父系氏族社會，一說起於殷代，一說起於西周。〔註109〕在這些說法中，即如前段所述，孝「觀念」的出現當早於「文字」出現之前，而「產生於父系氏族社會」的說法目前也為學界所接受，因此本文認為孝觀念的出現應當是早於殷周時代的父系氏族社會時期，然而若從儒家文獻所見舜以孝聞名的事例來看，或許最晚在文獻傳說時代的堯舜時期即已出現孝的觀念了。〔註110〕不過此時所謂孝的觀念只是一種「敬親愛親」的自然感情，尚未發展出如後世繁複的孝道倫理觀。

到了夏、商二代，孝的觀念還是處於一種自發的倫理狀態之下，到了西周它已經超越了自然之性，擴展成了一種社會化的並具有強烈政治色彩與階級內容的東西。〔註111〕在這樣的背景下，西周時期可說是「孝道」大行其道的時期，周人透過禮樂制度，將孝觀念蘊含在其中，禮成了孝道的表現形式，

〔註106〕有學者認為此字是「地名」，見中國社會科學院考古研究所編，《甲骨文編》，中華書局，北京，1965年，頁357。

〔註107〕《爾雅‧釋訓》，《十三經注疏》本，頁60。

〔註108〕東漢‧許慎撰、清‧段玉裁注，《說文解字注》，頁398。

〔註109〕如康學偉的父系氏族社會說（氏著，《先秦孝道研究》，文津出版社，台北，民國81年）、楊國榮的殷代說（見《中國古代思想史》，人民出版社，北京，1954年）、沈善洪、王鳳賢的西周說（《中國倫理學說史》，浙江人民出版社，杭州，1985年）等。

〔註110〕參見《尚書‧堯典》，《十三經注疏》本，頁28。《史記‧五帝本紀》，頁21～22。

〔註111〕康學偉，《先秦孝道研究》，頁61。

而孝道則是禮（尤其是有關家庭血緣關係之禮）所表現的重要內容。〔註112〕因此，就文獻及金文材料來看，西周時期孝道觀念的內容與表現形態大概有以下幾個方面：奉養父母、祭享先人、繼承遺志、敬奉夫君、勤於政事等等。〔註113〕而在這些內容中，其中的「勤於政事」，即孕育有「忠」的觀念，有關孝蘊含有忠的觀念在前節已有所論述，於此不再贅述。孝的內容除了上述所謂「勤於政事」的「忠君」思想具有「政治作用」外，另外四個內容則具有其「社會作用」，其中以「奉養父母」及「祭享先人」這兩個內容可說是較為重要，而由這兩個內容所反映出的「尊親」及「尊祖」的觀念，周人即以禮治的手段將之充份地彰顯出來。

　　透過周人的宗法制度及人生禮儀來看，可以看出周人禮制中所蘊含的孝道觀。首先就宗法制度來看，其中作為嫡庶之分的「宗子」即蘊含有孝道的觀念，如在《禮記‧曾子問》中即稱「宗子」為「孝子」：

> 曾子問：「宗子為士，庶子為大夫，其祭也如之何？」孔子曰：「以
> 上牲祭於宗子之家，祝曰：孝子某為介子某荐其常事。」〔註114〕

而透過宗法制度中嫡庶制的分別，其中尤其是對於「宗子」身份的尊崇，由此進而建立了宗族鄉黨間「親親」的倫常關係，而這也正是「孝」的一種體現。另外，就宗法制度中的宗廟祭祀而言，卻是展現了對於祖先的孝思，《禮記‧祭統》中所言正是反映了這樣的意義：

> 賢者之祭也，必受其福。非世所謂福也。福者，備也；備者，百順之
> 名也。無所不順者，謂之備。言：內盡於己，而外順於道也。忠臣以
> 事其君，孝子以事其親，其本一也。上則順於鬼神，外則順於君長，
> 內則以孝於親。如此之謂備。唯賢者能備，能備然後能祭。是故，賢
> 者之祭也：致其誠信與其忠敬，奉之以物，道之以禮，安之以樂，參
> 之以時。明薦之而已矣，不求其為。此孝子之心也。〔註115〕

因此，從宗法制度中的嫡庶制與宗廟制來看，可說是透過這些制度的運作維繫了直向及橫向的血緣關係，而這種關係的維繫及倫常的建立，正是一種「孝」的表現。

〔註112〕康學偉，《先秦孝道研究》，頁91。
〔註113〕王慎行，〈論西周的孝道觀〉，收於《古文字與殷周文明》，陝西人民教育出版
　　　　社，西安，1992年，頁258～262。
〔註114〕《禮記‧曾子問》，《十三經注疏》本，頁379。
〔註115〕《禮記‧祭統》，《十三經注疏》本，頁830。

　　其次，就冠禮、婚禮，以及喪禮等人生禮儀來看，亦反映了周人的孝道觀。就冠禮來看，即是建立人倫禮儀之始，而這也是冠禮重要之所在，據《禮記・冠義》：

> 凡人之所以爲人者，禮義也。禮義之始，在於正容體、齊顏色、順辭令。……以正君臣、親父子、和長幼。……故曰：「冠者，禮之始也。」〔註116〕

此外，在宗廟舉行冠禮除了凸顯冠禮的重要性之外，亦有尊祖之義，而行冠禮之後的成年人從此之後便必須扮演好「爲人子、爲人弟、爲人臣、爲人少者」的角色，而這也正是孝悌觀的展現，同時也是行冠禮的重要意義。〈冠義〉又謂：

> 責成人禮焉者，將責爲人子、爲人弟、爲人臣、爲人少者之禮行焉。將責四者之行於人，其可不重與？故孝弟忠順之行立，而后可以爲人；可以爲人，而后可以治人也。故聖王重禮。故曰：冠者，禮之始也，嘉事之重者也。是故古者重冠；重冠故行之於廟；行之於廟者，所以尊重事；尊重事而不敢擅重事；不敢擅重事，所以自卑而尊先祖也。〔註117〕

就婚禮來看，婚禮的意義實亦具有事宗廟，繼後世的「孝道」意涵，如《禮記・昏義》曰：

> 昏禮者，將合二姓之好，上以事宗廟，而下以繼後世也。故君子重之。〔註118〕

據學者研究，周人娶妻的目的有以下兩點：第一，爲存續家族的血統，使祖先永不絕祀。第二，娶妻爲了奉養父母，侍奉公婆（舅姑），是爲人妻者極重要的義務。如此看來，娶妻並非爲了丈夫，而是爲了祖先（父母是在世的祖先），爲了宗法家族。此外，就「同姓不婚」而言，亦含有「孝道」之意，即同姓之女，是亦爲祖先之遺體，娶爲妻、妾，是對祖先遺體不敬，有乖於孝道，有背於宗法，更有違於娶妻告廟之義，所以生子難以昌盛。由此可知同姓不婚作爲周代婚禮的基本原則，同樣是浸透了孝道觀的。〔註119〕是故〈昏

〔註116〕《禮記・冠義》，《十三經注疏》本，頁998。
〔註117〕同上註。
〔註118〕《禮記・昏義》，《十三經注疏》本，頁999。
〔註119〕康學偉，《先秦孝道研究》，頁93～97。

義〉亦謂：

> 敬慎重正而后親之，禮之大體，而所以成男女之別，而立夫婦之義
> 也。男女有別，而后夫婦有義；夫婦有義，而后父子有親；父子有
> 親，而后君臣有正。故曰：昏禮者，禮之本也。〔註120〕

所謂的「禮之本」，據孔穎達《疏》：「昏禮者，禮之本也者。夫婦昏姻之禮是
諸禮之本，所以昏禮爲禮本者。昏姻得所則受氣純和生子必孝，事君必忠。
孝則父子親，忠則朝廷正，故《孝經》云：喪則致其哀，祭則致其嚴，是昏
禮爲諸禮之本也。」〔註121〕因此，婚禮爲「禮之本」，就道德倫理的層次而言
即是所謂的「孝之本」，可見周人的婚禮實亦含有孝的意涵。

　　就喪禮來看，這裡所指的喪禮包含的有葬前禮儀、葬禮，以及服喪之禮
等。有關這些禮儀在《儀禮》、《禮記》等篇章中多所論述，於此不再贅述。
然而，在這些繁複的禮儀背後，經過周人的設計，卻亦透露出「孝」的意涵。
如《禮記・奔喪》：

> 奔喪之禮：始聞親喪，以哭答使者，盡哀；問故，又哭盡哀。遂行，
> 日行百里，不以夜行。唯父母之喪，見星而行，見星而舍。若未得
> 行，則成服而后行。過國至竟，哭盡哀而止。哭辟市朝。望其國竟
> 哭。〔註122〕

子女聞親喪以哭盡哀，而「父母之喪，見星而行，見星而舍」，此中亦透露出
孝親之道。又在《禮記・喪服四制》：

> 父母之喪，衰冠繩纓菅屨，三日而食粥，三月而沐，期十三月而練
> 冠，三年而祥。比終茲三節者，仁者可以觀其理焉，強者可以觀其
> 志焉。禮以治之，義以正之，孝子弟弟貞婦，皆可得而察焉。〔註123〕

此段論述在於強調，從服喪的過程中可以看出此人是否有仁孝之心，其中的
厚葬、隆奠、守孝成了喪葬的主要特色，〔註124〕而這也正說明了周人的服制
中所具有的孝親的精神。

　　從以上的論述可以看出，作爲禮樂重要內容之一的孝道，其所展現的是
宗族成員基於血緣關係對於其所屬團體的責任心，禮樂則是孝道的表現形

〔註120〕《禮記・昏義》，《十三經注疏》本，頁 1000。
〔註121〕同上註。
〔註122〕《禮記・奔喪》，《十三經注疏》本，頁 940。
〔註123〕《禮記・喪服四制》，《十三經注疏》本，頁 1034。
〔註124〕康學偉，《先秦孝道研究》，頁 107。

式，二者之間互爲表裡，相輔相成，因此，孝觀念的彰顯實爲周人禮治文化所起的重要的社會作用之一，而孝道觀也正是周人禮治的基本內涵。

綜合以上的論述，我們可以看出，西周禮治文化所具有的社會作用即是尊卑親疏倫理觀的建立、宗族組織的強化，以及「孝」觀念的彰顯等等，透過這三個社會作用，建立了社會倫常的價值，進而促進了人與人之間關係的和諧，對於安定周人的社會實起了很大的作用。

小 結

周人透過禮治文化的教化作用以達到鞏固其統治的目的，而這些作用反映在政治及社會方面則分別有以下三大作用：在政治方面分別是政教合一及其深化、血緣政治的強化，以及「忠」觀念的孕育；在社會方面則是尊卑親疏倫理觀的建立、宗族組織的強化，以及「孝」觀念的彰顯。周人爲穩固其統治的基礎，不僅在政治方面要強化其統治的正當性，同時在社會方面也要加強其控制性，而「禮治」正是周人遂行其目的的一種手段，儘管孔子曾經讚歎周人禮樂文化之美盛，但不可忽略的是，站在當時「家天下」統治者的立場上，如何穩固其統治是身爲少數族群的周人必須立即面對的現實問題，對於這樣戒愼恐懼的心情，從《尚書‧周書》的許多篇章中可說是充分地表露無遺，而這樣的心情正是充分地反映了周人「敬」的態度。在「敬」的態度下，周人意識到「人文精神」的重要性，所謂「天監自我民監，天視自我民視」才是正道，因此唯有「尊禮」，透過強調人文精神的「禮治」手段，周人也才能「文王孫子，本支百世。凡周之世，不顯亦世。」如此綿延不絕地繁衍壯盛下去。

是故，禮治成了周人以文化教化的方式，以遂行其透過前面所述的政治及社會方面的三大作用，進而促成其由上至下對於「禮治文化」價值的認同性與均一性，而這樣的文化價值即統攝了「制度」及「觀念」兩個層面：其一就「制度」層面而言，周人在政治上建立了以血緣關係爲基礎的政教合一的行政體制，在社會上則建立了以尊卑親疏爲核心的宗族團體，而這些都是透過周人完善的禮樂制度加以貫穿，透過這樣的制度使得周人從政治到社會成爲王國維所謂的一種「道德團體」，將政治身份與社會身份二而合一，亦即是君主與宗子身份的合一，一方面爲周人在政治方面的統治基礎取得了正當

性，另一方面也爲周人在社會方面加強了其控制性。這樣的設計不可不謂周
人的政治智慧是很高超的。其二就「觀念」層面而言，在當時「忠」、「孝」
合一的觀念下，使得周人「禮治」的制度層面有了倫理價值系統的支撐基礎，
也就是說光是靠「制度」是不能維持長治久安的，唯有「制度」背後的「觀
念」才是眞正穩定人心的根本，西周的「禮治文化」即意在彰顯其孝道觀的
人文價值系統。孔子所謂的「禮云，禮云，玉帛云乎哉！樂云，樂云，鐘鼓
云乎哉！」正是反映了禮制背後所蘊含的意義與價值。孝的觀念（蘊含忠的
觀念），可說是周人禮治社會的下層基礎，而以禮樂制度來加以貫穿的政治政
教行政體系以及社會宗族團體則是周人禮治社會的上層建築，因此當作爲禮
制基礎的孝道觀逐漸瓦解，在其上的禮樂制度只是徒留形式，失卻了禮樂制
度所蘊含的孝道倫理精神。因此，綜觀來看，在西周禮治文化所分別具有政
治及社會的三大作用下，使得周人得以藉由「觀念」及「制度」等兩個層面
來強化被統治者透過文化價值上的認同與實踐以促進彼此間的交融，進而奠
定了西周三百年的統治基礎，甚至影響及於後世。

第五章　西周禮治文化下的國家形態與社會性質 〔註1〕

　　「禮」是周人小自個人的行爲規範，大至國家社會的典章制度所賴以維繫的綱本。是故《荀子・禮論篇》說：

　　　　禮有三本：天地者，生之本也；先祖者，類之本也；君師者，治之

〔註1〕當代學者對於西周時期的國家形態有不同的看法，或謂是城邦國家（見林志純，〈孔孟書中所反映的古代中國城市國家制度〉，載於《歷史研究》1980 年第三期。），或謂宗族國家（如趙伯雄，《周代國家形態研究》，湖南教育出版社，長沙，1990 年），或謂部族國家（胡新生，〈西周春秋時期的國野制與部族國家形態〉，《文史哲》1985 年第三期。），或謂初級形式的國家（趙世超，《周代國野制度研究》，陝西人民出版社，西安，1991 年）。對於西周時期的社會性質，在三〇年代的中國社會史論戰中曾有論及，當時是以馬克思所謂的「亞細亞生產方式」的理論爲基礎進而來論戰中國古代的社會性質，不過本章第二節所論西周時期的社會性質與此無涉。而自中國社會史論戰以來，對於西周時期的社會性質或謂奴隸制（郭沫若，《青銅時代》，科學出版社，北京，1957 年。侯外盧，《中國古代社會史》，新知書店，上海，1948 年。），或謂初期封建社會時代（呂振羽，《史前期中國社會研究》，三聯書店，北京，1961 年。翦伯贊，《中國史綱》第一卷，生活書店，上海，1946 年。范文瀾，〈關於上古歷史階段的商榷〉，載於《中國文化》1940 年第一卷第三期。），或謂封建領主制（李仲立，〈試論西周社會性質〉，《中國古史論叢》八，1983 年 12 月。余樹聲，〈西周社會的封建性質及封閉性社會結構〉，《中國古史論叢》八，1983 年 12 月。）等。這些學術性的討論，大都以西方的學理或概念爲基本作爲論述的基礎，希望藉此來認識西周時期在中國歷史發展的階段上所具有的性質。不過，本文以爲從西周所特有的「禮治」特性來認識西周時期的國家形態與社會性質當更能認清當時的面貌，同時對於前舉這些眾說紛紜的主張，或許能起一些廓清的作用，畢竟中國歷史的發展有其獨特的特色，若強加以現代或西方的學理概念來認識西周時期的國家形態或社會性質，則可能會失去其原有的面貌。

本也。……故王者天太祖，諸侯不敢壞，大夫士有常宗，所以別貴
始；貴始得之本也。郊止乎天子，而社止於諸侯，道及士大夫，所
以別尊者事尊，卑者事卑，宜大者巨，宜小者小也。故有天下者事
十世，有一國者事五世，有五乘之地者事三世，有三乘之地者事二
世，持手而食者不得立宗廟，所以別積厚，積厚者流澤廣，積薄者
流澤狹也。〔註2〕

荀子所言道出「禮」的特性，意在建立「別貴始」、「別尊卑」、「別積厚」的
等級差別的禮治社會，而這也是維繫政治、社會安定諧和的基石，所謂：「本
末相順，終始相應，至文以有別，至察以有說，天下從之者治，不從者亂，
從之者安，不從者危，從之者存，不從者亡。小人不能測也。」〔註3〕而透過
前面章節對於周人禮治的核心價值以及其禮治文化所形成的政治、社會作用
的相關論述，實已充份地闡述了周人禮治的特性，然而在這樣的特性下，所
反映的西周國家形態以及社會性質又是如何？則將是本章所要論述的主旨。

第一節　西周禮治下的國家形態

周人制禮實具有安邦定國的作用，而這也充份體現出周人禮治所具有的
政治特性，對此在〈禮運〉篇中孔子之言即有所闡釋：

是故，禮者君之大柄也，所以別嫌明微，儐鬼神，考制度，別仁義，
所以治政安君也。故政不正，則君位危，君位危，則大臣倍，小臣
竊。刑肅而俗敝，則法無常。法無常，而禮無列。禮無列，則士不
事也。刑肅而俗敝，則民弗歸也，是謂疵國。〔註4〕

〈禮運〉所言可說是充份闡明了君主以禮治國的重要性，而這也正說明了周
人禮治所具有的政治特性。而在這樣的政治特性下，周人的禮治所反映的西
周國家形態為何，以下將從禮治所蘊含的政治內涵，或者可說是特性作用，
進而加以闡述以「禮」為治國根本的西周政治的性質。

一、「禮」是國家體制的基礎

就西周一朝而言，作為國家體制的「禮」所指為何？一言以蔽之即是「分

〔註2〕　《荀子・禮論篇》，《新編諸子集成》本二，頁233～234。
〔註3〕　《荀子・禮論篇》，《新編諸子集成》本二，頁236～237。
〔註4〕　《禮記・禮運》，《十三經注疏》本，頁422。

封制」與「宗法制」，而這二而合一所形成的「宗法分封制」的「封建體制」
正是周人統治的根本，而其所以能成為周人國家體制的基礎，是有其獨特的
背景因素的。首先，農業是周人傳統的經濟生產方式，這從周人奉后稷為始
祖，在《詩經・大雅・生民》篇中不斷歌頌后稷教民農業種植的生產之功即
可以看出：

> 誕后稷之穡，有相之道。茀厥豐草，種之黃茂。實方實苞，實種實
> 褎，實發實秀，實堅實好，實穎實栗，即有邰家室。〔註5〕

而在這樣的生產方式下必須結合眾人之力以耕種，這對於形成聚族而居之血
緣團體社會形態起了很大的作用，即前引「即有邰家室」之謂也。又《詩・
周頌・良耜》：「其比如櫛，以開百室。百室盈止，婦子寧止。」鄭《箋》：「百
室，一族也。……一族同時納穀，親親也。百室者，出必共洫閒而耕，入必
共族中而居。」〔註6〕《詩・周頌・載芟》：「載芟載柞，其耕澤澤。千耦其耘，
徂隰徂畛。侯主侯伯，侯亞侯旅，侯彊侯以。」毛《傳》：「主，家長也。伯，
長子也。亞，仲叔也。旅，子弟也。」鄭玄《箋》：「彊，有餘力者。……，
以，謂間民，今時傭賃也。」〔註7〕這些均反映了農業生產方式對於周人血親
氏族社會的形成有其促進的作用。

　　其次，在這樣的背景下，周人逐漸建立了以父權為中心的宗族組織，在
《詩・大雅・公劉》中即有族人對公劉謂：「君之宗之」〔註8〕之語，由此可
知在周人東進的發展過程中，即已漸漸地具備了宗族組織之雛型。同時從宗
廟的營建與祭祀亦反映了這樣的事實，如古公亶父遷至岐下即有營建宗廟之
舉，《詩・大雅・緜》：「作廟翼翼。」毛《傳》：「君子將營宮室，宗廟為先，
廄庫為次，居室為後。」〔註9〕又《詩・大雅・思齊》有文王祭祀宗廟之舉：
「惠于宗公，神罔時怨，神罔時恫。刑于寡妻，至于兄弟，以御于家邦。雝
雝在宮，肅肅在廟。」〔註10〕這些均反映了周人在克商之前即已逐漸具備了
宗族組織的社會形態，待到周人克商以後，再將這樣的制度與分封制度相結
合而逐步推廣出去。

〔註5〕　《詩經・大雅・生民》，《十三經注疏》本，頁 592～593。
〔註6〕　《詩・周頌・良耜》，《十三經注疏》本，頁 749。
〔註7〕　《詩・周頌・載芟》，《十三經注疏》本，頁 746。
〔註8〕　《詩・大雅・公劉》，《十三經注疏》本，頁 619。
〔註9〕　《詩・大雅・緜》，《十三經注疏》本，頁 548。
〔註10〕　《詩・大雅・思齊》，《十三經注疏》本，頁 561～562。

　　透過以上的論述，可以知道周人之所以實行宗法分封制實是在其農業生產的形態下，延續其固有的傳統，而有了周人「宗法分封制」的「封建體制」的出現，這樣的「宗法分封制」正是周人封建體制不同於殷人之處，而這也正是周人封建體制的根本特色。以下將從周人的「分封制」以及「宗法制」的運行情況，來瞭解何以「宗法分封制」是西周體制的基礎。

　　首先，就分封制來看。在前面第二章一節中曾經論述了周人以「等級差別」爲核心價值所建立的「等級分封制」，其中具體反映在授土、制邑、宗廟宮室、命服命車、祭祀、列鼎制度等六個部份。不過，在本節中所要論述的是分封制在西周一朝所具有的政治特性與作用，何以能成爲國家體制的基礎，至於其中所蘊含的「等級差別」的核心價值與具體制度，在前面已有所論及，於此不再詳論。

　　分封制的出現並不是周人發明的產物，只是到了西周，周人將之以完備化，賦予其更充實的內涵，使之可以成爲穩固周人統治的基礎。〔註 11〕而作爲國家政體的分封制，究竟有那些特點得以能夠形成地方對中央的向心力，強化了不同等級貴族間的隸屬感而使得周人可以實行有效的統治，這跟周初成康時代周人改良了分封制有很大的關係，即是周人將分封制賦予了「儀式化」的內涵，透過胙土、命氏、賜民姓族屬以及頒賜禮器等儀式化的分封形式，〔註 12〕建立了天子及諸侯間的君臣從屬關係，使得周王不再只是諸侯之長，而是諸侯之君，《論語・季氏》云：「禮樂征伐自天子出」，〔註 13〕又《詩・小雅・北山》：「溥天之下，莫非王土；率土之濱，莫非王臣」即此之謂也，而這也正是周人分封制的重要精神與內涵。

　　因此，從西周分封制的特色來看，可以看出周人透過將分封制的內涵加以儀式化，使得分封制成爲穩固周王至尊地位的一種機制，樹立了周王地位的莊嚴性，周王之所以成爲最高的統治者，已不再純粹是來自於宗教性的庇佑，而是還來自於具有人文色彩的「等級分封制度」，透過儀式強化了君臣間的等級關係，也建立了君主的權威。在這樣分封儀式的過程中，有助於被分封者感念於君主的冊封與賞賜，進而對君主盡「孝」，對制度盡「忠」，以維

〔註 11〕黃中業，〈夏殷之鑒與周初建制〉，收於《西周史論文集（下）》，陝西人民教育出版社，西安，1993 年，頁 703。
〔註 12〕可見王暉，《商周文化比較研究》，頁 324～325。
〔註 13〕《論語・季氏》，《新編諸子集成》本，頁 354。

護君主的地位以及遵循禮法制度；同時，君主也透過分封的儀式過程，強調其地位的獨尊是不容侵犯的，只有透過君主的「加冕」才能確定受封者的地位，而這無形中即確立了君主的權威地位。這樣的情形，上自周王下至貴族最底層的士均是如此，如此建立了「萬邦和諧」的分封制，實是西周國家體制的基石。

　　另外要一提的是，具有儀式化特色的周人分封制，其所起的作用非殷人的分封制所能比擬，其實周人的分封制對於西周一朝而言，它不僅是鞏固周人統治的政治手段而已，實亦蘊含有民族、文化融合的作用，〔註14〕而這樣的作用，則是周人希望透過「分封制」的禮治手段以達到其長治久安的目的，由此可知，作為西周國家體制的「分封制」其作用涵蓋了政治、文化等層面，而其最終的目的，即在於有效地建立周人的統治地位，而這也反映了「分封制」作為當時周人國家根本體制所具有的重要性。

　　其次，再就宗法制來看。周人宗法制的精神即在於嫡長子繼承制，〔註15〕以及由此而衍生出的大宗、小宗的區別。周人建立嫡長子繼承制的用意即在避免因傳位而引來的王位之爭，以有助於穩定國家社稷，因此嫡長子繼承制可說是周人的大禮，是國家的根本大法，捨此則會引來無窮的禍患。從《國語》所載「仲山父諫宣王立戲」一事即可看出「嫡長子繼承制」的重要性：

> 魯武公以括與戲見王，王立戲，樊仲山父諫曰：「不可立也！不順必犯，犯王命必誅，故出令不可不順也。令之不行，政之不立，行而不順，民將棄上。夫下事上，少事長，所以為順也。今天子立諸侯而建其少，是教逆也。若魯從之而諸侯效之，王命將有所壅，若不從而誅之，是自誅王命也。是事也，誅亦失，不誅亦失，天子其圖之！」王卒立之。魯侯歸而卒，及魯人殺懿公，而立伯御。〔註16〕

再者，周幽王廢嫡立庶，最後招致殺身之禍，這兩個例子，一在王室，一在公室，均充分反映出「嫡長子繼承制」實是西周一朝的根本大法。因此，由「嫡長子繼承制」為核心所發展出來的「宗法制度」也就成了西周國家體制的重要

〔註14〕見馮慶余、康大鵬，〈談西周分封的兩個問題〉，收於《西周史論文集（下）》，頁762～768。

〔註15〕見郭偉川，〈周公稱王與周初「禮治」〉，收於郭偉川編，《周公攝政稱王與周初史事論集》，北京圖書館出版社，北京，1998年，頁220～221。

〔註16〕《國語・周語上》，頁22。

基礎，而透過宗法制度則將全國上下摶成一龐大的政治宗族體系，〔註17〕《詩・大雅・板》：「大邦維屏，大宗維翰，懷德維寧，宗子維城」，〔註18〕即此之謂也。由此可以看出，「宗法制」實是透過血緣關係將中央與地方之間的關係加以緊密結合，〔註19〕是故西周的「宗法制」不純然只是一種宗族組織的制度，它實是西周王朝體制的重要基礎，對於穩定周人統治起了很大的作用。

從前面分別來看周人「分封制」及「宗法制」的性質來看，「分封制」雖經過周人「儀式化」的改良，有助於建立「君臣」之間的從屬關係，促進民族、文化的融合，進而達到周人長治久安的目的，不過，若僅有「儀式化」了的分封制仍不足以保證其統治地位的穩固，畢竟君臣之間從屬的認同，以及民族、文化的交融是需要長時間的經營，非一蹴可幾的，於是周人卻別出心裁地將「宗法制」合而為一，使得「宗法分封制」具有「既分且合」〔註20〕的特色，透過「儀式化」分封制的「分」，有助於周人在「王土」之下建立眾多具有「軍事據點」性質的封國，而透過宗法制則可以因「血親」關係而有「收族」之「合」的功效，免於封國鞭長莫及日益疏遠，這樣蘊含有「既分且合」的「宗法分封制」在古今中外實不曾見，《左傳・僖公二十四年》所載富辰之語：「昔周公弔二叔之不咸，故封建親戚，以蕃屏周。」正是充份說明了周人將「宗法分封制」作為西周王朝體制基礎的重要作用，也是周人充滿「政治智慧」的表現。

二、「禮」是行政管理的規範

《禮記・曲禮上》云：「禮不下庶人，刑不上大夫。」〔註21〕說明了周人分別以「禮」、「刑」來作為規範貴族階級與平民階級的準則，不過，「禮」與「刑」在施行的對象上似乎並非如此絕對地截然二分，在這裡只是特別強調貴族階級以「禮」，平民階級以「刑」作為其行事的主要規範，意即是就「道德」層次而言，貴族由於受到教育的因素而較能有所自覺，因此可「約之以禮」，而平民則由於未能受到教育的薰陶，因此其對於道德的自覺不如貴族，故必須「齊之以刑」。再者，就「禮」與「刑」本身而言，彼此之間的關係可

〔註17〕 周蘇平，〈周代國家形態探析〉，收於《西周史論文集（下）》，頁738。
〔註18〕 《詩・大雅・板》，《十三經注疏》本，頁635。
〔註19〕 周蘇平，〈周代國家形態探析〉，收於《西周史論文集（下）》，頁744。
〔註20〕 任偉，《西周封國考疑》，社會科學文獻出版社，北京，2004年，頁381～382。
〔註21〕 《禮記・曲禮上》，《十三經注疏》本，頁55。

謂相輔相成：「刑」可以強制人們遵循「禮」所強調的行爲，而「禮」則可以規範人們「刑」所沒有處罰到的行爲，這兩者可說是「禮刑相輔」而同時統攝於周人所強調的以「德」爲本的「禮治」之中，成爲周人行政管理的依據。不過，以下仍將針對傳統上對「禮」、「刑」的主要施行對象來分別加以論述「禮」、「刑」所具有周人「行政管理」的禮治特性。

　　首先就規範貴族階級之「禮」來看。相對於平民階級而言，這些繁複的「禮」雖然有「規範」貴族的作用，以調和貴族內部的秩序，但同時卻也維護了貴族階級的地位與特權，而這也正是貴族們樂於接受「禮」的規範的重要原因，如《禮記‧仲尼燕居》：「禮也者，理也，樂也者，節也。君子無理不動，無節不作」。〔註22〕〈聘義〉：「此眾人之所難，而君子行之，故謂之有行。」〔註23〕均反映了行「禮」是貴族地位的象徵。不過，面對一些繁文縟節甚至不近人情〔註24〕而又未必會被「刑罰」的「禮」，貴族們又何以樂於接受？因爲，在氏族社會時期居於統治地位的貴族階級必須藉由氏族部落的傳統習俗以統治族人，在這樣的情形下，這些貴族們即必須以身作則才能收「上行下效」之功，如在《尚書‧堯典》、〈皋陶謨〉中所見舜、禹的身體力行而被歌頌即可見一般。因此，從以上所述反映了身爲上層社會的貴族，其「行禮」不只是地位的表徵，更是社會的表率。

　　在西周，「禮」似乎成了貴族階級的標誌，也是一種文化水平的表徵，而這些禮儀規範則可見於《儀禮》、《禮記》、《大戴禮記》等篇章中。因此，《儀禮》、《禮記》及《大戴禮記》等書可以視爲西周時代規範貴族階級出處進退祭祀朝覲等各種禮儀活動的行政管理依據。

　　至於作爲管理貴族間各種禮儀活動的中央機構，據《周禮》所載，〔註25〕

〔註22〕　《禮記‧仲尼燕居》，《十三經注疏》本，頁854。
〔註23〕　《禮記‧聘義》，《十三經注疏》本，頁1030。
〔註24〕　如皮錫瑞，《經學通論三‧三禮》：「古人制禮坊民，不以諧俗爲務。故禮文之精意，自俗情視之，多不相近……如〈士冠禮〉：『北面坐，取脯，降自西階。適東壁，北面見於母。母拜受，子拜送，母又拜』……〈冠義〉：『見於母，母拜之，成人而與爲禮也』是母之拜子……猶『嗣舉奠』以父拜子，所以重宗嗣。凡此等皆有深義存焉，杜佑《通典》乃以爲瀆亂人倫，以古禮不近人性也。」中華書局，北京，1954年，頁38。
〔註25〕　據張亞初、劉雨透過西周金文官制與《周禮》官制的對比，發現「《周禮》中有四分之一以上的職官在西周金文中可找到根據，有如此眾多的相似之處，無論如何不能說成是偶然的巧合，只能證實《周禮》一書在成書時一定是參照了西周時的職官實況。」見張亞初、劉雨，《西周金文官制研究》，中華書

則可見〈春官宗伯第三〉、〈大宗伯〉及〈小宗伯〉等篇章，其開宗明義說：

> 惟王建國，辨方正位，體國經野，設官分職，以爲民極，乃立春官
> 宗伯，使帥其屬而掌邦禮，以佐王和邦國。〔註26〕

以上充份表明了「春官」的職司在於掌管禮典等事務（其職官系統詳見以下表八：《周禮》春官表）。而從其職官及職司來看，他們要掌理各種禮儀及相關器物，可以看出《周禮》中的「春官」實是維繫周人禮樂制度運行的重要機構。

表八：《周禮》春官表〔註27〕

職　官		職　　掌	備　　註
宗伯		使帥其屬而掌邦禮，以佐王和邦國。	
大宗伯	卿	掌建邦之天神人鬼地祇之禮，以九儀之命正邦國之位，王命諸侯則儐。	
小宗伯	中大夫	掌建國之神位，國之大禮佐大宗伯。	
肆師	下大夫	掌立國祀之禮，以佐大宗伯。	
鬱人	下士	掌祼器。	
鬯人	下士	掌供秬鬯而飾之。	
雞人	下士	凡國事爲期則告之時，凡祭祀供雞牲。	
司尊彝	下士	掌六尊六彝之位，詔其酌，辨其用於其實。	
司几筵	下士	掌五几五序之名物，辨其用與其位。	
天府	上士	掌祖廟之守藏，大寶器，官府鄉州都鄙治中民數穀數，受而藏之。	
典瑞	中士	掌玉瑞玉器之藏。	
典命	中士	掌諸侯五儀，諸臣五等之命。	
司服	中士	掌王之吉凶衣服。	
典祀	中士	掌外祀之兆守皆有域，掌其政令。	
守祧	奄	掌守先王先公之廟祧。	
世婦 （每宮）	卿	掌女宮之宿戒，詔王后之禮事。	金文有婦氏與此相類
內　宗 （凡內女有爵者）		掌宗廟之祭祀荐加豆籩。	
外　宗 （凡外女有爵者）		掌宗廟之祭祀佐王后荐豆。	

局，北京，一九八六，頁140。因此，從《周禮》一書來看西周時期掌管禮制的職官系統，應當有其相當的參考價值的。

〔註26〕《周禮・春官宗伯第三》，《十三經注疏》本，頁259。

〔註27〕此表引自張亞初、劉雨，《西周金文官制研究》，頁123～126。

冢人	下大夫	掌公墓之地辨其兆域而爲之圖。	
墓大夫	下大夫	掌凡邦墓之地域爲之圖。	
職喪	上士	掌諸侯及卿大夫士凡有爵者之喪。	
大司樂	中大夫	治建國之學政，而合國之子弟焉。	
樂師	下大夫	掌教國子小舞，凡國之小事用樂者令奏鐘鼓。	
大胥	中士	掌學士之版，以待致諸子。	
小胥	下士	掌學士之徵令而比之，觵其不敬者。	
大師	下大夫	掌六律六同以合陰陽之聲，教六詩，凡國之瞽矇正焉。	
小師	上士	掌教樂器，凡小祭祀小樂事鼓朄。	
瞽矇十人	上瞽四	掌九德六詩之歌以役大師。	
眡瞭		掌凡樂事播鼗擊頌磬笙磬，凡樂事相瞽。	
典同	中士	掌爲樂器。	
磬師	中士	掌教擊磬擊編鐘。	
鍾師	中士	掌金奏。	師毀簋有鼓、鐘，與此同。
笙師	中士	掌教歙竽笙塤簫篴篷管。	
鎛師	中士	掌金奏之鼓。	師毀簋之鼓與此相當。
韎師	下士	掌教韎樂。（夷樂）	
旄人	下士	掌教舞散樂夷樂。	
籥師	中士	掌教國子舞羽歙籥。	金文有龠龠，龠與此同。
籥章	中士	掌土教國籥。	金文有龠龠，龠與此同。
鞮鞻氏	下士	掌四夷之樂與其聲歌。	
典庸器	下士	掌藏樂器庸器。	
司干	下士	掌舞器。	
大卜	下大夫	掌三兆之法，三易之法，三夢之法，以觀國家吉凶。	金文有卜，司卜與此相近。
卜師	上士	掌開龜之四兆，辨龜之上下左右陰陽以授命龜者。	
龜人	中士	掌六龜之屬。	
菙氏	下士	掌供燋契，以待卜事。	
占人	下士	掌占龜，以八簭占八頌。	
簭人	中士	掌三易以辨九簭。	
占夢	中士	掌以日月星辰占六夢之吉凶。	
眡祲	中士	掌以十煇之法以觀妖祥，辨吉凶，安宅敘降。	
大祝	下大夫	掌六祝之辭，以事鬼神祇。	金文有祝，五邑祝，大祝等與此相類，然地位較此爲高。

小祝	中士	掌小祭祀，凡事佐大祝。	申簋蓋銘之申，職司與此相類，下屬有九祝，豐人等。
喪祝	上士	掌大喪勸防之事。	
甸祝	下士	掌四時之田表貉之祝號。	
詛祝	下士	掌盟詛類造攻說襘禜之祝號。	
司巫	中士	掌群巫之政令。	
男巫		掌望祀望衍授號。	
女巫		掌歲時祓除釁浴。	
師	中士		
大史	下大夫	掌建邦六典，掌法則，頒告朔于邦國。	金文有史，大史與此同，地位較此為高。
小史	中士	掌邦國志，奠系世，辨昭穆，佐大史。	金文有史，大史與此同，地位較此為高。
馮相氏	中士	掌歲月辰日星之位辨。	
保章氏	中士	掌天星，以志星辰日月之變動。	
內史	中大夫	掌王之八枋之法，執國法國令之貳。凡命諸侯及孤卿大夫則策命之。	金文有內史與此同。
外史	上士	掌書外令，掌四方之志，三皇五帝之書。	
御史	中士	掌邦國都鄙及萬民之治令，以贊冢宰。	金文有御史一官，與此相近。
巾車	下大夫	掌公車之政令辨其用與其旗物而等敘之，以治其出入。	
典路	中士	掌王及后之五路。	
車僕	中士	掌戎路、廣車、闕車、蘋車、輕車之萃。	
司常	中士	掌九旗之物名。	金文有司旃及叔金與此相類。
都宗人	上士	掌都宗祀之禮，凡都祭祀致福于國。	
家宗人		掌家祭祀之禮。	

　　《儀禮》、《禮記》及《大戴禮記》的篇章記載了西周貴族所必須遵循的禮儀規範，而《周禮‧春官》則記載了周人掌管禮樂的重要職司，若將這些文獻綜合以觀，則不難看出其中透露周人透過「禮樂制度」以作為其行政管理的規範，即《儀禮》、《禮記》及《大戴禮記》是貴族階級行事的法則，而「春官」則是中央管理禮典的最高行政機構，周人透過這樣的制度，以「禮」來規範貴族，以調和貴族階級內部的秩序，達到諧和萬邦的目的，而這正是「禮不下庶人」的真義。不過，這裡要補充的是，庶人也有行禮，只是其所行的禮，稱之為「俗」，〔註28〕因此，庶人所行的禮即冠昏喪祭等基本的人生

──────────

〔註28〕所謂的「俗」，有學者作如下的詮釋：「冠昏喪祭是古代社會各階層日常生活

禮儀較為樸質，不若貴族講究等級差別的繁文縟節，而這也反映出貴族與平
民在文明程度上的差異。

其次，就規範平民階級的「刑」來看。《漢書‧刑法志》：

> 昔周之法，建三典以刑邦國，詰四方：一曰，刑新邦用輕典；二曰，
> 刑平邦用中典；三曰，刑亂邦用重典。五刑，墨罪五百，劓罪五百，
> 宮罪五百，刖罪五百，殺罪五百，所謂刑平邦用中典者也。凡殺人
> 者踣諸市，墨者使守門，劓者使守關，宮者使守內，刖者使守囿，
> 完者使守積。其奴，男子入于罪隸，女子入舂槀。凡有爵者，與七
> 十者，與未齓也，皆不為奴。周道既衰，穆王眊荒，命甫侯度時作
> 刑，以詰四方。墨罰之屬千，劓罰之屬千，髕罰之屬五百，宮罰之
> 屬三百，大辟之罰其屬二百。五刑之屬三千，蓋多於平邦中典五百
> 章，所謂刑亂邦用重典者也。〔註29〕

周人以所謂的「五刑」作為治理人民的依據，而且根據「新邦」、「平邦」、「亂
邦」等邦國不同的情況施以輕重不等的刑罰，對於有爵位之人、七十歲以上
的老人，以及未換乳齒的孩童施以免為奴隸的待遇，只是到了穆王之後，在
刑罰上更為加重，這跟周道中衰，治亂世用重典有很大的關係。從這裡我們
可以看出，周人對於平民奴隸大體上是採取「五刑」的刑罰來威治人民。

雖然看起來，對於平民是採取「嚴刑」來加以治理，不過從成王時期的
〈康誥〉，以及穆王時期的〈呂刑〉等兩篇的內容來看，可以看出其對於刑罰
的態度基本上是「明德慎罰」。〔註30〕儘管周人強調「刑罰」重要性，但是對
於如何「刑罰」卻是必須加以謹慎的，所謂的「明德慎罰」正是周人對於斷
刑獄之訟的態度，而這也正是周人以「刑」治理人民的基本精神，不借濫殺
以立威，而是對於有罪之人能夠「允執其中」，給予其合理的審判。

〈康誥〉、〈呂刑〉中所反映的「明德慎罰」的刑罰精神，從西周金文資
料中也得到了具體的印證，亦即體現了以下的幾項原則：（一）「中刑」的原
則，即要求要求司法公正、量刑適中及罪刑相適應。（二）區分初犯與再犯的
原則，即初犯從輕，再犯從重。（三）減免的原則，即指對犯罪者減輕或免除

中都要舉行的儀式，它們本來是民間的風俗，後來貴族制禮，於是在節文上
　等而上之。行於貴族者，等級森嚴，叫做禮，而行於民間者，稱家之有無，
　叫做俗。」常金倉，《周代禮俗研究》，頁49。
〔註29〕《漢書‧刑法志》，頁1091～1092。
〔註30〕見呂紹綱，〈《呂刑》約解〉，收於《西周史論文集（上）》，頁159～160。

刑罰的立法和司法原則。（四）教育感化原則，即對初犯或偶犯從寬論處以收感化之效等。〔註31〕從這些原則中，可以看出周人雖然以「刑」治民，但是卻也強調如何能夠「中刑」，以達到「德治」的目的。

　　至於中央掌管刑罰的機構，則可見於《周禮》的「秋官」（有關「秋官」的職司詳見以下表九）。從有關秋官的職司系統來看，秋官實是周人以「刑」治民的重要執行機構。

表九：《周禮》秋官表〔註32〕

職　官		職　　　掌	備　　　註
司寇		使師其屬而掌邦禁，以佐王刑邦國。	金文有司寇地位較此低。
大司寇	卿	掌建邦之三典以佐王刑邦國詰四方，以邦之典法定斷諸侯卿大夫庶民之獄訟。	金文有司寇地位較此低。
小司寇	中大夫	掌外朝之政以致萬民而詢焉，以五刑聽萬民之獄訟。	金文有司寇地位較此低。
士師	下大夫	掌國之五禁之法以左右刑罰，察獄訟之辭以詔司寇斷獄弊訟致邦令。	
鄉士	上士	掌國中，聽其獄訟察其辭。	
遂士	中士	掌四郊，聽其獄訟察其辭。	
縣士	中士	掌野，聽其獄訟察其辭。	
方士	中士	掌都家，聽其獄訟之辭，辨其死刑之罪。	
訝士	中士	掌四方之獄訟，邦有賓客則與行人送逆之。	
朝士	中士	掌建邦外朝之法。	
司民	中士	掌登萬民之數。	
司刑	中士	掌五刑之法以麗萬民之罪。	
司刺	下士	掌三刺三宥三赦之法。	
司約	下士	掌邦國及萬民之約劑，凡大約劑書于宗彝，小約劑書于丹圖。	金文有縵史，與此相近。
司盟	下士	掌盟載之法。	
職金	上士	掌凡金玉錫石丹青之戒令。	
司厲	下士	掌盜賊之任器貨賄入于司兵，男子入于罪隸，女子入于舂槀。	
犬人	下士	掌犬牲，凡相犬牽犬者屬焉。	金文有犬，與此相類。

〔註31〕 見崔永東，《金文簡帛中的刑法思想》，清華大學出版社，北京，2000年，頁14～26。

〔註32〕 此表引自張亞初、劉雨，《西周金文官制研究》，頁134～137。

司圜	中士	掌牧教罷民。	
掌囚	下士	掌守盜賊。	
掌戮	下士	掌斬殺賊諜而搏之。	
司隸	中士	掌師四翟之隸，使之皆服其邦之服，執其邦之兵，守王宮與野舍之厲禁。	金文虎臣乃由此五種隸人組成。
罪隸		掌役百官府，與凡有守者，掌使令之小事。	金文虎臣乃由此五種隸人組成。
蠻隸		掌役校人養馬其在王宮者。	金文虎臣乃由此五種隸人組成。
閩隸		掌役畜養鳥而阜蕃教擾之。	金文虎臣乃由此五種隸人組成。
夷隸		掌役牧人養牛馬與鳥言。	金文虎臣乃由此五種隸人組成。
貉隸		掌役服不氏而養獸。	金文虎臣乃由此五種隸人組成。
布憲	中士	掌憲邦之刑禁。	
禁殺戮	下士	掌司斬殺戮者。	
禁暴氏	下士	掌禁庶民之亂暴力正者。	
野廬氏	下士	掌達國道路至于四畿，掌凡道禁。	
蠟氏	下士	掌除骴。	
雍氏	下士	掌溝瀆澮池之禁。	
萍氏	下士	掌國之水禁。	
司寤氏	下士	掌夜時。	
司烜氏	下士	掌以夫遂取明火于日，以鑑取明水于月。	
條狼氏	下士	掌執鞭以趨辟。	
脩閭氏	下士	掌比國中宿互槀者。	
冥士	下士	掌設弧張，為阱擭以攻猛獸。	
庶氏	下士	掌除毒蠱。	
穴士	下士	掌攻蟄獸。	
翨氏	下士	掌攻猛鳥。	
柞氏	下士	掌攻草木及林麓。	
薙氏	下士	掌殺草。	
硩蔟氏	下士	掌復夭鳥之巢。	
剪氏	下士	掌除蠹物。	
赤犮氏	下士	掌除牆屋。	
蝈氏	下士	掌去鼃黽。	
壺涿氏	下士	掌除水蟲。	
庭氏	下士	掌射國中之夭鳥。	
銜枚氏	下士	掌司囂，禁嘂呼歎鳴于國中者，行歌哭于國中之道者。	
伊耆氏	下士	掌供杖咸。	
大行人	中大夫	掌大賓之禮及大客之儀，以親諸侯。	
小行人	下大夫	掌邦國賓客之禮籍，以待四方之使者。	

司儀	上士	掌九儀之賓客擯相之禮，以詔儀容辭令揖讓之節。	
行夫	下士	掌邦國傳遞之小事。	
環人	中士	掌送逆邦國之通賓客，以路節達諸四方。	
象胥	上士	掌蠻夷閩貉戎狄之國使，掌傳王之言而諭說焉，以和親之。	
掌客	上士	掌四方賓客之牢禮餼獻飲食之等與其政治。	
掌訝	中士	掌邦國之等籍以待賓客。	
掌交	中士	掌以節與幣巡邦國之諸侯及其萬民之所聚者，使和諸侯之好達萬民之說。	
掌祭四方	中士	（缺）	
掌貨賄	下士	（缺）	
朝大夫	上士	掌都家之國治。	
都則	中士	（缺）	
都士	中士	（缺）	
家士		（缺）	

　　將「五刑」刑罰以及「秋官」執法機構加以整合來看，可以看出「五刑」是用來規範平民的法律制度，也是統治者以「行政」管理平民階級的司法依據，而「秋官」則是執行刑罰及管理百姓的重要機構，周人透過這樣「行政管理」的設計，將平民階級有效地加以統治。雖然這些管理機制可說是「刑不下大夫」，不過若貴族犯法，可能是先貶為庶人，然後再施以刑罰；或者是如前所述採取減免的原則以減輕或取消他的罪行。而這些應該即是「刑不上大夫」的真義才是。

　　綜合以上的論述，我們可以了解，周人透過「禮」與「刑」作為管理貴族階級及平民階級的一種制度，雖然有所謂的「禮不下庶人，刑不上大夫」，然而在當時並非絕對地截然二分，平民也行禮，只是他們的禮沒有如貴族繁雜，而且行之於他們的禮主要還是在於冠、婚、喪、祭等人生禮儀。至於「刑」，也並非全然只針對平民階級，貴族階級也是可能受到「刑罰」的制裁，如在〈康誥〉中即有：「不率大戛；矧惟外庶子訓人、惟厥正人、越小臣、諸節，乃別播敷，造民大譽，弗念弗庸，瘝厥君；時乃引惡，惟朕憝。已，汝乃其速由茲義率殺。」〔註33〕這裡的大意即是指那些不遵循國家大法的官員將導

〔註33〕《尚書‧康誥》，《十三經注疏》本，頁204。

致國家行政上的混亂，你是要用刑法殺掉他們的。由此可知，貴族要是背棄國家的禮法也是要受到「五刑」等刑罰規範，只是在刑罰的處理上，可能享受到比平民還多的特權罷了。

因此，我們可以說周人的「禮」與「刑」不論就其本身或是施行的對象而言，基本上是相互整合的，同時並透過掌管禮典的「春官」及掌管刑罰的「秋官」等兩個機構作爲國家「行政管理」的禮治基礎。因此，周人的「禮俗」行之於貴族的謂之爲「禮」，當然其在內容及儀節上是較平民豐富的多，而行之於平民的人生禮俗，則謂之爲「俗」。其中的「禮」對於貴族是有所規範節制的，而平民的「俗」則不能踰越貴族的「禮」。而所謂的「刑」，施之於平民的主要爲「五刑」，當然貴族亦有可能受到「五刑」的制裁。而當貴族踰越了「禮」則將可能會受到「刑」的處置，貴族如此，則平民更不必說。而春官職官系統及秋官職官系統則是執「禮」、「刑」最主要的中央機構。透過這樣「禮刑相輔」的制度化設計，可說是建立了周人以禮治作爲行政管理的規範，也開啓了後世「法治」的先河。〔註34〕

三、禮治所反映西周的國家形態

周人歷經太王、季歷、文王、武王等幾代的經營，而在牧野一戰大敗殷人取得天下，雖說周人以「馬上」得天下，但深知「武力」不足以治天下，而這樣的智慮在《史記・周本紀》中如下的記載：

> 武王至于周，自夜不寐。周公旦即王所，曰：「曷爲不寐？」王曰：「告女：維天不饗殷，自發未生於今六十年，麋鹿在牧，蜚鴻滿野。天不享殷，乃今有成。維天建殷，其登名民三百六十夫，不顯亦不賓滅，以至今。我未定天保，何暇寐！」王曰：「定天保，依天室，悉求夫惡，貶從殷王受。日夜勞來定我西土，我維顯服，及德方明。自洛汭延于伊汭，居易毋固，其有夏之居。我南望三塗，北望嶽鄙，顧詹有河，粵詹雒、伊，毋遠天室。」營周居于雒邑而後去。縱馬於華山之陽，放牛於桃林之虛；偃干戈，振兵釋旅：示天下不復用也。〔註35〕

武王克殷之後，以爲「我維顯服，及德方明」，只有以「德」才足以治天下，軍事只是革除殷人「不義」政權的手段，因此「偃干戈，振兵釋旅：示天下

〔註34〕韓星，《先秦儒法源流探源》，中國社會科學出版社，北京，2004 年，頁 67。
〔註35〕《史記・周本紀》，頁 128～129。

不復用也」，藉此表明以「德教」的精神治理天下，無奈武王初定天下不久即去逝，這樣的治國理念由於繼位的成王年幼，只好交由武王之弟周公來加以實踐。因此，後世所謂的周公「制禮作樂」其實只是延續了武王建國之初的治國理念罷了，而這個治國理念的根本精神即在於「德治」，「禮治」即是體現這個精神的具體實踐，二者可說是互為表裏。《禮記・樂記》：「知樂，則幾於禮矣。禮樂皆得，謂之有德。德者得也。」〔註 36〕正充份說明了「德治」與「禮治」的密切關係。

既然周人在建國之初即已確定了「德治」的治國理念，而如何能夠將之具體地落實以達到這樣的理想進而謀求國家的長治久安，則是周人所必須立即面對的課題，因此從周人「敬德保民」的治國觀所發展出來的「禮樂制度」正是周人用以治裡國家的根本手段，是故唯有透過對於「禮治」內涵的認識，才能了解西周時期政治性質的真正面貌。

從前面所述「國家體制」及「行政管理」的「禮治」面來看，可以看出西周政治所具有的特性。首先，就「國家體制」而言，周人的「宗法分封」制，其制度在本質上即是欲透過「儀式化」及「血緣化」的方式，來作為穩定政權的基礎。周人透過「儀式化」的賞賜與受封的分封制度，確立了分封者與受封者的「君臣」關係，而這樣的君臣關係則藉由各種「等級差別」的儀節來加以規範「君臣」間該有的行事份際，由此而建立出一套井然有序的政治秩序。這些規範「君臣」間互動的禮樂制度，其立基點即始於「儀式化」的分封制度，透過「儀式」的象徵，進而確立了貴族間的「君臣」的名份關係，一旦這樣的關係確立了，由此而衍生出的種種禮樂制度即成了貴族間所必須遵守的規範。因此，透過分封儀式君臣名份的確立，即成了分封者與受封者之間必須謹守其地位而不可逾越的「道德」規範。從《左傳・昭公十五年》所載周天子對於晉國使臣未獻禮器於王室所說的話即可看出周人分封制所具有的道德意涵：

> 夫有勳而不廢，有績而載，奉之以土田，撫之以彝器，旌之以車服，
> 明之以文章，子孫不忘，所謂福也。〔註37〕

即周人的「分封制」中即含有「尊君」，亦可謂之為「孝」（當時「忠」是蘊含在「孝」的倫理價值之中）的道德觀念，而這也是周人意欲透過道德性的

〔註36〕《禮記・樂記》，《十三經注疏》本，頁 665。
〔註37〕《左傳・昭公十五年》，《十三經注疏》本，頁 824。

自覺以維繫君臣政治倫理的一種方式。

至於當時將貴族關係「血緣化」的宗法制度，則是周人意欲透過大宗、小宗的嫡庶血緣關係來作爲凝聚政治向心力的一種方式，是訴諸於人類最原始的血緣情感，透過血緣情感進而建構出血緣關係，在這樣的血緣關係下所形成的「孝」的道德意識即是周人藉以穩固其統治的重要基礎。所謂「昔武王克殷，成王靖四方，康王息民。并建母弟，以蕃屏周。」〔註38〕正說明了周人宗法分封的用意。又以下《禮記・祭義》所云則道出了藉由宗法制以維繫政治倫理的道德價值：

> 立愛自親始，教民睦也。立敬自長始，教民順也。教以慈睦，而民貴有親；教以敬長，而民貴用命。孝以事親，順以聽命，錯諸天下，無所不行。〔註39〕

因此，綜觀來看，周人的宗法分封制在性質上實有以「道德理性」作爲穩定周人統治的一種根本內涵，而這種道德理性就當時所使用的文字概念而言可名之爲「孝」。它是訴諸人們的道德意識，而非來自於「刑罰」的約束，或是純粹「利益」關係的建立，由春秋時期的霸主所提出「尊王」的口號，就某種程度言之，可以視爲一種「道德重整」的主張，而這背後所反映的正是作爲西周國家體制的「宗法分封」制其本身所具有的「道德」意涵。呂思勉道出了個中的眞意：

> 古代封建之制，與宗族之制，關係最密。職是故，古代國際間之道德，亦與同族之道德，大有關係。古之言政治者，恆以興滅國、繼絕世爲美談。所謂興滅國、繼絕世，則同族間之道德也。〔註40〕

由此可知，周人的宗法分封制實寓有以道德的意涵作爲維繫周人統治的重要基礎。其次，就「行政管理」而言，前面所述透過「春官」、「秋官」等行政機構以「禮刑相輔」的方式來治理貴族跟百姓，其背後亦反映出以「道德理性」作爲統治的根本精神，即如王國維所謂：「周之制度、典禮，乃道德之器械」〔註41〕之謂也。因此，周人的「禮」與「刑」在本質上即是「以禮行德，以刑輔德」，其作用即在達到周人「德治」的目的，也就是「禮」與「刑」本

〔註38〕《左傳・昭公二十六年》，《十三經注疏》本，頁903。
〔註39〕《禮記・祭義》，《十三經注疏》本，頁811。
〔註40〕呂思勉，《中國制度史》，上海教育出版社，上海，一九八五，頁419。
〔註41〕王國維，〈殷周制度論〉，見《觀堂集林》收於《王觀堂先生全集》冊二，頁459。

身不是目的，而只是手段，其背後的用意即在實踐「德」。而在這裡所謂的「德」即是指周人「禮治」的核心價值——等級差別，尤其是在政治地位上的尊卑、貴賤的等級關係，是周人以之作爲「行政管理」的依據，而這樣的目的即在建立周人的政治倫理，希冀有助於政治群己關係的和諧。因此，統括言之，強調等級差別的倫理關係，就道德的實踐上而言，亦可涵蓋在周人當時所謂的「孝」的概念之中，而這也充份體現出周人在行政管理上所蘊含的道德意義，亦即是「德治」的精神。

因此，透過以上的論述可以看出，從「國家體制」到「行政管理」，周人仰賴的並不是「刑罰」，而是靠道德意識來加以維繫，也就是「德治」，這樣的制度所體現的與後世所出現的「律令國家」〔註42〕在性質上有所不同，對於西周這樣的體制，本文以爲可以視爲「準」律令國家的性質，而這也是從禮治來看西周的國家形態。

所謂的「律」是指中國歷朝所正式頒行的主要法典，規定了各種刑罰，即是刑法；而「令」則是由皇帝所發佈的詔令，並不直接規定刑罰的一種單行法規，由行政制度及規則等構成，即是行政法、民法等。〔註43〕而從文獻中所見「律令」一詞的使用，則可見《史記‧蕭相國世家》：

> 沛公至咸陽，諸將皆爭走金帛財物之府分之，何獨先入收秦丞相御
> 史律令圖書藏之。〔註44〕

中國的律令制度始於秦漢而完成於隋唐，它融合了先秦時期儒家的德治思想與法家的法治思想，其特色則是透過君主的專制統治並結合了龐大的官僚組織以達到中央集權的統治目的，這即是所謂的「律令國家」。〔註45〕而從七、八世紀在東亞所形成的「中華法系」（或曰中國法文化圈）的幾項特色，則可以看出當時「律令」的特性：

〔註42〕 「律令國家」一詞原是用來指稱八～九世紀的日本，係以律令爲基本法而治國的時期。見林明德，《日本史》，三民書局，台北，民國75年，頁41。鄭顯文，《唐代律令制研究》，北京大學出版社，北京，2004年，頁76～80。在此引用這樣的概念，以「律令」演進爲標準來看西周時期在中國政治發展的過程中所具有的性質，而這也正符合從「禮治」來觀照西周的政治性質，因爲周人的「禮」與後世的「法」在歷史發展上實有其密切的關係。

〔註43〕 鄭顯文，《唐代律令制研究》，頁1。

〔註44〕 《史記‧蕭相國世家》，頁2014。

〔註45〕 參見林明德，《日本史》，頁41。鄭秦，《中國法制史綱要》，法律出版社，北京，2001年，頁1～5。

一、建制以唐律爲藍本的成文法典，這個成文法典必須是公布的，
具有強制性、權威性。二是罪刑法定主義傾向，如唐律《斷獄律》
曰：「斷罪皆須具引律、令、格、式正文，違者笞三十。」這是學界
常用來舉證隋唐律具有罪刑法定主義特色的證據。但因受到其他律
文規定的限制，如上請奏裁、以格破律等賦予皇權至高無上的裁決
權，所以皇權的存在實際又可破律，使罪刑法定主義無法完全實施，
此處只能說是具有罪刑法定主義的傾向。三、道德人倫主義，此即
以儒家思想中的家族主義所建立的親疏、貴賤、尊卑差序，來構成
國家社會秩序，法典的公布不過是將此種差序予以法制化而已。其
秩序的基礎，就是依道德所呈現的禮制。在禮制的要求下，乃有人
倫、恤刑等法制措施。〔註46〕

從以上所述來看律令國家的特性可知，西周的「禮治」強調的是「德治」，並
無強力的約束力，所憑藉的主要是以等級尊卑爲標準的道德意識來施行禮
制。就宗法分封制相對於後世的君主集權制而言，西周君主的權威主要透過
分封的「儀式」與宗法的「血緣」來加以建立，秦漢以後的君主則可借「律
令」以立威，雖然如此，西周卻已建立了君臣倫理關係，強化了君主的地位，
爲以後的君主集權專制奠定了基礎。而就「行政管理」體系而言，「禮刑兩分
的秩序原理，演變爲禮刑合一，後來藉由律令來呈現禮刑的秩序原理，正是
周以來到隋唐法制的演變過程。」〔註47〕從這樣的演變過程中，可以看出周
人以「德治」爲核心的「禮刑相輔」的行政管理制度，較之後世以「律令」
作爲「法治」的基礎來看，亦不如後世的「律令」來的具有「強制性」，其本
質上仍是訴諸於道德意識的自我制約。不過，就「以刑輔禮」來看，則反映
了周人禮治中所具有某種程度的「強制性」，對於後世具有「強制性」律令的
制定與發展起了一定的作用。同時，來看後世的律令制度中所蘊含的人倫道
德主義，則是延續了西周以來以等級差別作爲核心價值的禮治規範，而這則
是後世律令制度受到周人德治精神影響的一個面向。因此，總的來看，作爲
西周國家體制的「宗法分封制」以及「禮刑相輔」的行政管理制度，雖然其
強調的基本精神是「德治」，是傾向於道德自發性的遵循，但仍有某種程度的

〔註46〕有關中華法系及其特色節引自高明士，〈從律令制的演變看唐宋間的變革〉，
　　　　《臺大歷史學報》第三十二期，民國92年12月，頁25～26。
〔註47〕高明士，〈從律令制的演變看唐宋間的變革〉，頁26。

強制性，而秦漢以後所出現的「律令制度」，則是完全具有懲罰的「強制性」，不過其中卻蘊含了周人禮治中的人倫道德主義，同時也融入了禮、刑思想。而如前所述，以及後世律令制度中所具有的「以法爲治，以禮爲本」以及「律尙親親尊尊，令主教民養民」等特性〔註48〕來看，西周時期的國家形態已是一個類似秦漢以後所出現的「律令國家」，實是律令國家出現的先河，因此，由周人禮治文化所形成的西周國家形態，我們也可以說是「準」律令國家。

第二節　西周禮治下的社會性質

「禮」在當時可說是社會運行的基礎，不僅形構了社會的組織，也規範了人們的行爲，透過「禮治」下的社會，在孔子的眼中則謂之爲「小康」社會，《禮記‧禮運》篇中即載有孔子對於三代社會的描述：

> 今大道既隱，天下爲家，各親其親，各子其子，貨力爲己，大人世及以爲禮。城郭溝池以爲固，禮義以爲紀：以正君臣，以篤父子，以睦兄弟，以和夫婦，以設制度，以立田里，以賢勇知，以功爲己。故謀用是作，而兵由此起。禹湯文武成王周公，由此其選也。此六君子者，未有不謹於禮者也。以著其義，以考其信，著有過，刑仁講讓，示民有常。如有不由此者，在埶者去，眾以爲殃，是謂小康。〔註49〕

上述所言，可以看出周人以「禮」爲治的社會樣態，而這也反映了西周社會的特性。

一、宗族是社會組織的根本

如前章所述，在周人禮治文化同化的社會作用下，有助於宗族組織的強化，其強化的因素則來自於制度的變革，而這些制度正是周人禮治的內容之一，因此，這些強化了的宗族組織既然成爲了西周重要的社會組織，有關維繫宗族組織的相關制度也就成了當時重要的社會組織的根本。

透過制度的變革，西周所出現的宗族形態則具有下述的五個特徵：〔註50〕第一，具有共同的始祖和宗廟，有其特定的祭祀。第二，宗族各有族長，謂

〔註48〕 有關這些特性的內容詳見高明士，〈從律令制的演變看唐宋間的變革〉，頁20～24。

〔註49〕 《禮記‧禮運》，《十三經注疏》本，頁413～414。

〔註50〕 見田昌五、臧知非，《周秦社會結構研究》，頁23～27。

之「宗子」，亦曰「宗主」。第三，具有共同的姓氏。第四，宗族有公共族產，同宗共財。第五，有共同的墓地。從前述的五個西周宗族的特徵，亦反映了周人透過宗族組織以達到禮治社會的目的。不過，當時以宗法制度所發展出來的宗族組織主要仍只施行於貴族，如呂思勉據〈喪服傳〉即說：

> 宗法蓋僅貴族有之，以貴族食於人，可以聚族而居。平民食人，必逐田畝散處。貴族治人，其摶結不容渙散。平民治於人，於統系無所之。……其位愈尊，所追愈遠，即可見平民於統系不甚了了。於統系不甚了了，自無所謂宗法矣。〔註51〕

據此可知，由宗法制度所發展出來的宗族組織實是維繫貴族社會安定和諧的基礎組織，而平民社會則主要端賴由井田制所發展出來的村社組織〔註52〕作為維繫平民摶結的重要基石。而在村社組織的運作下，長老成為國君和貴族的屬吏，代表貴族來統治平民。〔註53〕

　　不過，這裡要補充的是，雖說上述所謂的平民階層不見宗族組織，然而其所指稱的當不包括降為庶人的沒落貴族，若將之涵蓋言之，在平民階層中或可見到一些不發達的宗族組織。〔註54〕

　　綜合以上的論述，大體而言，由宗法制度所發展出來的宗族組織實為西周社會組織的根本，宗族組織成為了王族、貴族，以及平民中沒落的貴族階級等各階層維繫社會安定的基礎，此外，對於廣大的平民階層則以井田制度為基礎的村社組織來作為安定社會的基石。因此，就西周的社會組織而言，主要是以「宗族組織」為主，「村社組織」為輔，來作為社會組織的結構基礎，而這些組織則分別以「宗法制度」及「井田制度」為本，來作為組織運行的禮治根本。

二、禮儀是人際關係的準則

　　在前面第二章第二節曾經述及以《儀禮》為核心論述的所謂冠、昏、喪、祭「人生禮儀」以及射、鄉、朝、聘「交接禮儀」等八大類屬於「達禮」的周人社會禮俗，這些禮俗可說是周人一生中所賴以遵循的人際關係的準則。周禮中有關「人生禮儀」的部份可說是以「孝」作為核心，以「親親」的精

〔註51〕 呂思勉，《中國制度史》，頁377～378。

〔註52〕 見楊寬，《西周史》，頁177～202。

〔註53〕 見楊寬，《西周史》，頁191。

〔註54〕 見馮爾康主編，《中國社會結構的演變》，河南人民出版社，鄭州，1994年，頁27。

神來建立宗族內部成員諧和的人際關係。〔註55〕而「交接禮儀」的部份則是強調貴族男子在朝為官，在地方為長等角色上所必須遵循的人際關係準則：在朝，就有了君臣之禮，並代表國家出使，這即是所謂的「尊於朝、聘」之禮；在地方，則著重於維繫人與人之間，家與家之間，族與族之間的各種關係，處理這種關係的禮儀活動，則集中體現在鄉飲酒禮和鄉射禮中，其舉行的主要目的是尊貴、尚齒、教民禮讓等。〔註56〕是故，所謂的「交接禮儀」即是以廣義的「孝」為核心，以「尊尊」的精神來做為維繫宗族與宗族間和諧的族際關係。因此，統括來看，這八大「達禮」的社會禮俗，實是以「孝」為核心，強調「親親」、「尊尊」的等級差別，《禮記・喪服小記》即謂：「親親尊尊長長，男女之有別，人道之大者也。」〔註57〕又在《禮記・中庸》：「仁者人也，親親為大。義者宜也，尊賢為大。親親之殺，尊賢之等，禮所生也。」〔註58〕這些均說明了周人這八大達禮中所透露的「親親」、「尊尊」的等級差別精神，而這樣具有等級差別的孝道觀，〔註59〕由宗族內部及於宗族與宗族、君與臣之間，在宗族內部強調「親親」，在宗族之外則以「尊尊」作為建立人際關係的準則。〔註60〕

從以上所述來看，由《儀禮》所見的八大達禮主要是以宗族成員作為行禮的基礎，〔註61〕而從儀禮的結構來看，「在《儀禮》的八類禮儀中，冠、昏、喪、祭占了四類，由此可見，宗族關係在《儀禮》整個系統中是處於核心地位的。」〔註62〕因此，《儀禮》中的八大達禮，實是以宗族關係為核心所架構出的以等級差別為核心價值的人際關係的準則。

三、禮治所反映西周社會的性質

從本節前面各小節的論述可知，宗族組織實是西周社會重要的基石，而規範宗族成員關係的宗法制度以及人生禮儀等則是宗族成員賴以遵循的準則，而由這些制度禮儀所抽繹出的倫理價值──孝，則是宗族成員奉為圭臬

〔註55〕陳來，《古代宗教與倫理──儒家思想的根源》，頁304～305。
〔註56〕見鄒昌林，《中國古禮研究》，頁162～163。
〔註57〕《禮記・喪服小記》，《十三經注疏》本，頁594。
〔註58〕《禮記・中庸》，《十三經注疏》本，頁887。
〔註59〕康學偉，《先秦孝道研究》，頁78。
〔註60〕劉豐，《先秦禮學思想與社會的整合》，頁145。
〔註61〕鄒昌林，《中國古禮研究》，頁163。
〔註62〕鄒昌林，《中國古禮研究》，頁162。

的道德規範，而這也正是維繫宗族團結的核心價值，王國維所謂的「道德團體」，或可以宗族組織作爲具體的表徵。

不過，雖然周人已經有了較之殷人更爲進步的宗族組織，〔註63〕然而就整個中國宗族組織發展的歷程來看，較之後世宗族組織的內涵以及對象的普及仍有其差異之處。因此，以下將從當代學者對於「宗族團體」（lineage group）〔註64〕的定義爲基礎，來一一縷述西周的宗族組織在歷史發展過程中的情況，進而從宗族組織的角度來論述西周社會的特性。

從後世的發展來看宗族組織，根據陳其南的定義，所謂狹義的「宗族團體」其定義有三個指標：〔註65〕第一是聚居的條件。即某一共同祖先傳下來的各個家戶所集中居住的地方社區（local community），具有「地域化」（localization）的父系血緣關係色彩，而這也構成宗族團體的要件。第二是族產或宗祠的建立。所謂的族產即如祀產、義田、學田等，宗祠也可視爲族產，但其功能較之族產更爲社會化，是族人活動並維持宗族道德與秩序的場所，而透過宗祠與族產的配合最能顯示宗族的內聚力與活動力。第三是族譜的修纂。族譜本身對宗族成員而言就是宗族集體意識的具體化，把「敬宗收族」的觀念形之於文字，其所耗費的力量與金錢更甚於族產的建立。而這三個指標正是判斷中國歷史上宗族團體存在與否的依據。

從上述三個指標來看，周人的宗族組織較之後世的差異爲何，以下將分幾點條述如下：

第一，就施行對象而言：如前面所述，周人的宗族組織多施行於貴族階層，平民階層則較不發達，因此我們可以說，周人的宗族組織是一種與政治權位相結合而仍未普及於民間百姓的貴族宗族組織形態。

〔註63〕陳其南，《家族與社會——臺灣和中國社會研究的基礎理念》，聯經出版事業公司，台北，民國79年，頁216。

〔註64〕陳其南對於「宗族團體」一詞有其精確而嚴謹的涵意，即指同一宗族成員間，不謹是系譜要相當明確，而且彼此要聚居在一起，並且要有共同祭祖以及其他互動的關係，若僅有明確的譜系，而不具備前述的其他要件，則只能謂之「宗族範疇」（lineage），不可謂之「宗族團體」。見陳其南，《家族與社會——臺灣和中國社會研究的基礎理念》，頁216～218。陳其南「宗族團體」一詞的定義，本文以爲充份反映了宗族組織在中國社會數千年來所發展的最終實況，故以之作爲探討西周宗族組織性質的標的。

〔註65〕以下所述詳見陳其南，《家族與社會——臺灣和中國社會研究的基礎理念》，頁219～220。

　　第二，就組成成員而言：周人宗族組織的成員有其共同的姓氏，不過，如前所述，「姓」與「氏」在當時是不同的，《左傳・隱公八年》載眾仲之言曰：「天子建德，因生以賜姓，胙之土而命之氏。諸侯以字爲氏，因以爲族。官有世功，則有官族。邑亦如之。」〔註66〕雖然姓與氏有所不同，然而彼此間卻有既分且合的密切關係，即「姓」是純血緣性的組織，「氏」則是建立在血緣關係基礎之上並與政治權力、經濟利益相結合的組織。〔註67〕

　　隨著姓與氏的分化，附屬於姓族或族氏的宗族成員也就隨之分化，在這分化的過程中，則有助於宗族「地域化」的形成，例如陳公子完歸附齊國之後，雖然在姓族上仍隸屬於嬀姓族，但就族氏而言則屬「齊國」，陳公子完原來的「嬀姓族」是其原始的血緣身份，但隨著其避居齊國之後，則又增加其在「齊國」的族氏，據《史記・田敬仲完世家》載：「敬仲（完之謚號）之如齊，以陳字爲田氏。」〔註68〕《集解》徐廣曰：「應劭云：『始食采地於田』，由是改姓田氏。」《索隱》：「據如此云，敬仲奔齊，以陳田二字聲相近，遂以爲田氏。應劭云：『始食采於田』，則田是地名，未詳其處。」《正義》案：「敬仲既奔齊，不欲稱本國故號，故改陳字爲田氏。」〔註69〕由此可知，不論是上述何種因素，陳公子完至齊國後改爲「田氏」，另立一宗族聚族而居，這樣的情形充份反映了宗族「地域化」的現象。又《左傳・定公四年》載子魚之言曰：

> 分魯以大路、大旂，……殷民六族，條氏、徐氏、蕭氏、索氏、長
> 勺氏、尾勺氏，使帥其宗氏，輯其分族，將其類醜，以法則周公，
> 用即命於周。是使之職事于魯，以昭周公之明德。〔註70〕

子魚所言說明了周人將殷民六族遷至魯之後，「使帥其宗氏，輯其分族」，並且「職事于魯」，這些殷民在周人這樣的安排下，大概也是長住下去，屬於魯國的「依附人」，在魯國當地發展其宗族組織聚族而居，而以「魯國」爲族氏。這些均透露出周人的宗族組織是有「地域化」的傾向，《左傳・桓公二年》載

〔註66〕　《左傳・隱公八年》，《十三經注疏》本，頁75～76。諸侯以字爲「氏」，《左傳》原文爲「謚」，當爲「氏」之誤。「顧炎武《杜解補正》據陸粲《左傳附注》，謂鄭玄駁《五經異義》引此《傳》文作『諸侯以字爲氏』，因謂『今作謚者，傳寫誤也』。」引自楊伯峻，《春秋左傳注》，頁62。

〔註67〕　見雁俠，《中國早期姓氏制度研究》，天津古籍出版社，天津，1996年，頁43～44。

〔註68〕　《史記・田敬仲完世家》，頁1880。

〔註69〕　同上註。

〔註70〕　《左傳・定公四年》，《十三經注疏》本，頁947。

師服之言曰：

　　天子建國，諸侯立家，卿置側室，大夫有貳宗，士有隸子弟。〔註71〕

師服之言則說明了貴族宗族隨著分封之後，其宗族則有「分化」的傾向，亦即由「姓族」而「族氏」的分化，而這樣的分化，隨著「土地」的分封，而有「地域化」的現象，這也是造成如秦國丞相李斯所言「後屬疏遠」的重要原因，隨著時間的久遠，宗族成員對於自己原始的血親——姓族，已逐漸失去其向心力，反而對其由居住地區所產生的新「族氏」逐漸產生了新的認同，由這樣的現象所發展出來的宗族組織實已具有「地域化」的傾向。不過這種地域化的傾向，並未完全打破「族氏」宗族成員對其「姓族」的疏遠，反而藉著宗法相關制度及各種社會禮儀等共同的「文化模式」下，維繫了「姓族」與「族氏」宗族成員間的關係。

　　第三，就族產或宗祠而言：首先來看族產，在前面論及西周宗族的五個特徵中，論及到周人的宗族組織中已有所謂的公共族產，不過要注意的是，這些所謂的族產是來自於土地的分封，在這樣的制度下，所謂的公共族產應是指土地及其依附在土地上的人口、牲畜、器用等財物，這些「族產」在透過周人層層的分封制度下，成了這些貴族宗子們所壟斷的財物，名義上雖屬於宗族成員的公共財，但實際上卻為宗子所掌控，《禮記‧禮運》篇云：「故天子有田以處其子孫，諸侯有國以處其子孫，大夫有采以處其子孫，是謂制度。」〔註72〕說明了宗子們以土地為根本作為宗族成員共居繁衍的經濟基礎，雖然如此，這跟後世所出現的「義田」、「學田」等具有「公義」性質的族產有所不同，大體上周人貴族宗族的族產是壟斷於宗子之手，帶有政治的獨佔性，即在君統及宗統合一的制度下，這些宗族所佔有的土地族產，並不純然屬於宗族成員所有，而是屬於君主一家一姓的所有物，〈禮運〉篇云：「天下為家，各親其親，各子其子，貨力為己，大人世及以為禮。」即充份說明了這一切。因此，在當時貴族「宗子」不只享有名義上尊崇的地位，更享有掌控、佔有「族產」的權利，也就是有這實質的利益，周人遂制定了「嫡長子繼承制」，如此也才能「爭乃不生」。因此，在周人「宗君合一」的制度下，所謂的「族產」是帶有其「私利」性的，跟後世帶有「公義」性的族產是有所不同的。

　　其次，就宗祠來看，周人的宗祠，在當時謂之宗廟。戰國時代以後，「宗

〔註71〕《左傳‧桓公二年》，《十三經注疏》本，頁97。
〔註72〕《禮記‧禮運》，《十三經注疏》本，頁421～422。

廟」開始專歸帝王，而帝王以下各階層祭祀祖先的場所，則單獨稱爲「祠堂」。
〔註73〕在前面的章節曾經論述到，周人對於廟制非常重視，如貴族的社會等
級與廟數有相應的關係，以及重要的社會禮儀以及軍國大事都會在宗廟舉
行，這些等等均透露出周人對於祭祀祖先的宗廟相當的重視，可以說宗廟成
了宗族成員活動的中心。若從金文來看，舉凡告朔、逆婦、公行、盟誓、征
伐等等重要的大事均有「告廟」的行爲。〔註74〕不過，如要指出宗廟與祠堂
的區別，那顯然是因爲前者有「萬世不遷之大宗」，而後者沒有這種嚴格與系
統的級別的緣故。〔註75〕這應是對於西周的宗廟以及後世的宗祠在根本上的
差異所作最好的註解，其原因大概是後世民間已難追溯其祖先完整的源流，
再加上大小宗的宗法制在西周時期盛行於貴族，隨著春秋戰國時期禮崩樂壞
的情形下，宗法制的精神已漸淡失，是故後世民間的宗祠在時代的變遷下，
遂不再出現「萬世不遷之大宗」了。不過作爲宗族標誌之一的祠堂，卻是到
了明代以後才眞正完全普及於庶民社會，〔註76〕至此才建立了宗族組織在中
國社會的廣大規模，並且發揮了重要的社會功能。

　　因此，從以上所述族產與宗祠來看，西周時期的族產與宗廟是貴族宗子
所壟斷的產物，除了在土地財物的「私有」外，宗廟則是宗子象徵其權威地
位的場所，「只要掌握了宗廟的主祭權，實際也就具有政治和經濟上的地位和
統治權。」〔註77〕因此，儘管周人的宗廟活動有「尊祖敬宗」之意，而族產
亦是名義上宗族的共有財產，但較之後世來看，周人的「私利性」則更重於
「公義性」，透過「萬世不遷」的宗主身份，強調其一家一姓的獨尊地位，藉
此以掌握族產與宗廟活動的大權，而這也正是周人在處理族產及宗廟的態度
上較之後世所不同的地方，同時，有關宗祠的修葺，直到明代才普及於民間，
在西周時期宗廟的修葺僅止於貴族階層而已。

　　第四，就族譜纂修而言：族譜，也就是譜牒，〔註78〕就族譜的編纂而言，

〔註73〕錢杭，《中國宗族制度新探》，頁187。
〔註74〕見劉正，《金文廟制研究》，中國社會科學出版社，北京，2004年，頁191～
　　　　200。
〔註75〕錢杭，《中國宗族制度新探》，頁189。
〔註76〕見麻國慶，《家與中國社會結構》，文物出版社，北京，1999年，頁81。
〔註77〕張鶴泉，《周代祭祀研究》，頁171。
〔註78〕「是指專門記錄家庭、家族內部血緣關係的文獻、簿籍，戰國以前稱爲世系、
　　　　世本、系本、牒記等，魏晉至隋唐稱爲族譜、家譜、姓譜、族姓譜、氏族譜、
　　　　血脈譜等，宋以後則通稱爲族譜、宗譜、家譜、家乘等。」徐揚傑，《家族制

西周雖然已臻於完備，〔註79〕然而就後世所見族譜的編纂形式則是奠基於漢代，〔註80〕此後即不再有實質的改變，就此點來看，西周時期實已為中國族譜的編纂建立了完善的基礎格局，亦即在貴族階層當有普遍修纂譜牒的風氣，同時亦有專官負責譜牒的纂修，由此亦可見其心力投注之多，而另外其所謂「昭明德，廢幽暗」的編纂態度，亦為後世「隱惡揚善」和「為親者諱」的編纂通例所繼承，亦可見其傳承的精神。雖然今已不見周代的譜牒，但在古書中所見《世本》的殘留，從中仍可見到當時譜牒進步的樣貌。〔註81〕至漢代則是在內容形式上奠定了後世依循的規範，而這應是後世譜牒跟西周時期最大不同之處。

就前述所指三個宗族團體的指標來看，西周時期的宗族組織實為後世中國社會所普遍出現的宗族團體之先聲。何者？首先，從西周時期來看宗族組織的情形：以對象而言：西周時期的宗族組織首先普及於貴族階層，但仍未普及於民間。以成員而言：隨著時間的推移，宗族成員已有「地域化」的傾向。以族產而言：未出現「公義性」的義田、學田，而是屬於「私利性」的封土。以宗祠而言：宗廟是宗族成員舉行各類重要活動的場所，充份展現出宗族成員的活動力與內聚力。以族譜的編纂而言：周人非常重視譜牒的編修，從官修的角度來看，可見已經制度化了。再來，從後世宗族組織發展的角度來看，到了秦漢時代，平民宗族勢力已開始迅速的發展。〔註82〕而魏晉南北朝的士族社會雖歷經隋唐的轉型，但父系繼嗣的意識形態不但沒有因士族政治的衰微而減弱，反而藉著族產、宗祠和族譜等具體的表徵，普遍存在於民間社會中，成為地方穩定和自治的基礎。〔註83〕因此，從後世所發展出來的「宗族團體」來看，雖然西周的宗族組織已出現宗族「地域化」的傾向、宗

度與前期封建社會》，湖北人民出版社，武漢，1999年，頁50。

〔註79〕徐揚傑，《家族制度與前期封建社會》，頁57。

〔註80〕見錢杭，《中國宗族制度新探》，頁139。漢代所建立的譜牒形式大概是這樣子：1. 橫格制表，一代一格。2. 以姓為單位，先敘得姓起源，再敘世系和官位。3. 綜合敘述。詳細內容參見前引書，頁137～139。

〔註81〕見徐揚傑，《家族制度與前期封建社會》，頁63。有關周譜跟《世本》的內容，可能是這樣子的：首先是詳記世系，其次是詳記宗子的諱、諡、生、忌。諱是名字，諡是稱號，生是生時，忌是死日。至於形式，考古未見，據推論可能是「旁行邪上」。詳細內容可參見前引書，頁57～70。

〔註82〕趙沛，《兩漢宗族研究》，山東大學出版社，濟南，2002年，頁164。

〔註83〕陳其南，《家族與社會——臺灣和中國社會研究的基礎理念》，頁222。

廟爲重要的活動中心，以及譜牒纂修的制度化，這些對於後代宗族團體的發展可說是奠立了基礎，不過由於對象的「普及性」及族產的「公義性」不足，使得周人的宗族組織還未成熟如後世自秦漢以後所逐漸發達起來的宗族團體，基於此，本文以爲就宗族發展的歷史角度來看，以宗族組織是西周貴族社會的基石而言，西周社會的性質已相類於後世所出現的「宗族團體」，因此在周人禮治文化影響下的西周社會的性質實是「準」宗族團體的宗法社會形態，而這也正是西周社會的特色。

小　結

西周的禮治文化對於秦漢以後政治社會的發展實具有「啓後」的開拓性意義，就政治而言，透過「禮刑相輔」的制度，爲秦漢以後所出現的「律令制度」，奠定了基石，這個時期的西周，吾人可謂之爲「準」律令國家封建政治時期。就社會而言，透過宗法制度以及相關的社會禮儀而發展出來的宗族組織，也爲秦漢以後所日漸發達的「宗族團體」奠定了基礎，吾人可謂之爲「準」宗族團體的宗法社會時期。「律令」及「宗族」可以說是中國自秦漢以後，維繫政治與社會諧和運作的兩大重要基礎，促進了國家內聚力的發展，而這也是中國能夠自秦漢以後建立龐大的帝國規模而不致分崩離析的重要因素之一，因此在這樣的制度下，使得中國相較於東亞其他國家在歷史文明的發展上能夠取得引導與進步的地位，而這樣的發展即奠基於西周時期的「禮治」，西周「禮治」的特性實已爲後世中國昌盛的典章制度的發展開啓了先河。

西周禮治社會所具有的「準」律令國家封建政治及「準」宗族團體宗法社會等特性，正說明了當時的周人正將中國的歷史文明帶上了如後世所發展出來的律令制度與宗族團體的方向上去，而這樣特性的背後實亦具有「人文道德」的精神在其中，而其中最突出的則是「孝」的觀念，這樣的人文道德精神，透過周人的禮治成了其治下的人們所共有的文化概念，而這樣文化概念的養成則對於後世的律令制度及宗族團體中所具有的「親親」、「尊尊」的精神起了很大的作用。因此，我們可以說西周「準」律令國家的國家形態以及「準」宗族團體的社會性質，它所影響的不僅是後世發達的律令制度及宗族團體，它更是後世中國所發展出來嚴密道德理論體系的濫觴，王國維所謂的「道德團體」或許正可以充份說明周人禮治下的國家形態與社會性質所具有的根本特性。

第六章　結　論

　　「禮」對於古代中國的政治與社會而言具有根本而重要的作用,《左傳‧隱公十一年》:「禮,經國家,定社稷,序人民,利後嗣者也。」〔註1〕「禮」不僅是周人安邦定國之基,也是此後中國社會重要的文化標誌,所謂「禮義之邦」正是中華文明的代名詞。

　　周人「禮治」的核心價值即是講求等級差別的倫理觀,這樣的「倫理性」為後世中國所傳承,並為儒家將之建構為以人倫為核心的道德價值體系而加以闡揚,儒家的道德思想成為了維繫政治與社會安定和諧的基石。不過,儒家的道德護衛了統治者的地位和權勢,並賦予其合法性,而這樣的思維形態很容易為人所接受,因為自古以來中國社會就是以建立在階級差異上的秩序為基礎的。〔註2〕而這種身份階級的差異透過制度加以強化,則從周人的禮治開始,不過在這樣等級差別的核心價值下,周人所發展的卻是「世俗性」而非「宗教性」的人倫價值,而這則充份體現了周人「禮治」的特性,即是強調人文精神,因為這樣的思維,周人則發展出不同於殷人「神權」的價值系統,而這也正是殷周之際最大變革之所在,即是「人文精神」的體現。因為這樣的轉變,中國並非發展出如印度婆羅門教種姓制度下的階級倫理以及中古西歐基督教社會的教會階級倫理等,〔註3〕以宗教信仰為依歸而發展出來的

〔註1〕《左傳‧隱公十一年》,《十三經注疏》本,頁81。

〔註2〕日‧中村元著、林太、馬小鶴譯,《東方民族的思維方法》,淑馨出版社,台北,1990年,頁244。

〔註3〕可參見施治生、徐建新,《古代國家的等級制度》,第二章第一節「印度種姓制的淵源」,頁61～86,及第七章第三節「西歐中古教會的等級結構和權威分布」,頁415～481。

「神本」身份等級關係，因著這樣的發展，反映在中國政治與社會的面貌則是以儒家的「仁」為依歸而講求等級差別的「人本」倫理道德關係，《大學》云：「為人君，止於仁；為人臣，止於敬；為人子，止於孝；為人父，止於慈；與國人交，止於信。」〔註4〕而這正是具有人文色彩的儒家倫理道德所追求的世俗性的政治與社會的理想，苟能如此，則君臣、父子上下和諧，由此亦能看出儒家在政治方面是以君臣關係，在社會方面是以父子關係為核心所建構出來的一套等級倫理道德關係，而在這樣的等級倫理道德關係下，卻也直接或間接地起了維護統治者地位的作用。

周人的「禮治」本身亦起了文化教化的作用，所謂的「禮」廣義來說無所不包，所謂「禮經三百，威儀三千」，它豐富的內涵即可視為中國古代「文化」的主體，甚至可視為中國古代「文明」的表徵。初得天下的「小邦周」，儘管在文化水平上仍不若殷人之美盛，但「周監於二代，禮文尤具，事為之制，曲為之妨」，〔註5〕在因革損益下，周人的禮樂文明日益昌盛，而周人藉由禮樂文明的優越性，透過分封制將禮樂文明推廣至各地，其中最完備的可以魯國為代表，這可能與周公的分封有密切的關係，至於其它封國亦以禮樂文明作為政治及社會結構的主體，只是在程度上有所不同罷了，在這樣文化教化的作用下，「禮」已成了周人治下所有封國的文明象徵，所謂的夷夏之別即是以「禮」作為重要的標誌。在這樣的情勢下，周人的「禮治文化」遂在政治與社會上起了根本性的作用。於政治方面，首先，確立了神道設教的「政教合一」體制，所謂「國之大事在祀與戎」，具有「宗教性質」的祭祀活動成了象徵貴族階級統治地位的表徵，即荀子所謂：「別尊者事尊，卑者事卑。宜大者巨，宜小者小也。」而同時透過這樣的祭祀活動，則可以達到「教化」的目的。再者，透過「血緣政治」的建立，使得周人建立了宗君合一的親親、尊尊的倫理關係，藉此以穩固周人的統治，而類似這樣分封宗室子弟的血緣政治也影響及於後世。最後，周人禮制等級差別的核心價值是當時所賴以遵循的倫理規臬，在這樣的影響下，根據政治等級身份來對人、對事的服從則是孕育了「忠」的觀念，儘管當時還沒有「忠」字，但是這樣的觀念卻是與「孝」相結合，直到了春秋時期才出現了分化。

於社會方面，周人的禮治則出現了以下三個文化教化的作用，即是尊卑

〔註4〕　《大學》，啓明書局，台北，未刊出版年，頁8。
〔註5〕　《漢書·禮樂志》，頁1029。

親疏倫理觀的建立，宗族組織的強化，以及「孝」觀念的彰顯。統括言之，這三者彼此間有環環相扣的三合一密切關係，即是隨著周人宗族組織的強化，相應於內部則須要有強調尊卑親疏的倫理關係來加以維繫，而這樣的倫理觀則正是周人所強調彰顯的「孝道觀」的重要內容之一，也就是在周人禮治文化的社會作用下，西周出現了以「孝」爲價值核心所建立起來的宗族倫理組織。

　　肇始於周人而歷經其三百年的「禮治」統治，周人禮治所形成的國家形態與社會性質在中國歷史的發展進程中自有其開創性的意義，就國家形態而言，實具有「準」律令國家的封建政治特性；就社會性質而言，則是「準」宗族團體的宗法社會性質。在這樣的特性下，開啓了中國自秦漢以後所出現且日益完善的律令國家與宗族團體體制，透過這樣的體制，國家的運作得以有常軌，人民的生活得以有安定，這對於促進中國「文明」發展實起了積極性作用。

　　進入了春秋戰國「禮崩樂壞」的時代，周人井然有序的「禮治」社會似乎已一去不復返，但周人「禮治」所帶來的影響卻從這個時期開始轉化、發酵。就政治來看，於制度已從「禮治」轉化爲「法治」，促進了後來「律令國家」的出現；於思想，則「德治」思想，尤其是「敬德保民」觀則成了統治者治國思想的主流，這樣的思想爲後來的儒家所繼承並加以發揚光大，也是輿論用來監督統治者的思想基礎，周人的「德治思想」在後世已發酵爲儒家「賢人政治」的理論基礎。而在這樣制度與思想的融合下，「德主刑輔」的「法治」精神成爲此後中國治國的主流，雖然如此，在中國雖有「法治」的傾向，但「禮治」似乎仍有很大的影響。

　　就社會來看，於制度則是從宗法組織轉化爲宗族團體，透過宗族成員親屬稱謂關係的建立，確立了宗族九世爲宗族團體的最大規模；〔註6〕於思想則是由周人的孝道觀發酵而爲儒家以「仁」爲核心的倫理道德理論系統。將制度與思想加以結合來看，吾人可以清楚地認識到，這正是中國社會的特色，亦即以人倫價值體系爲核心所建構出來宗族團體社會，在這樣的結構下，中國社會成了在國家的架構下，以「家」爲基礎，而以「宗族團體」爲樞紐的宗族倫理社會，而這即是淵源自西周的「禮治」文化。

　　周人「禮治」對於當時以及後世中國政治與社會的影響是深遠的，西周

〔註6〕見錢杭，《中國宗族制度新探》，頁71。

禮治文化所蘊含的以等級尊卑的倫理價值所建立起來的一種具有自律性的道德標準，不僅滲透於中國古代的政治與社會之中，而且也成了中華文化的重要內涵之一。因此，以「禮治」為治國之基的西周時期實是中國社會道德文明的啓蒙時期。

附　錄

一、先秦諸子政治思想中具有「保民作用」資料表

派別	提出者	論　述	出　處
儒家	孔子	道千乘之國，敬事而信，節用而愛人，使民以時。	《論語・學而》
		出門如見大賓，使民如承大祭。	《論語・顏淵》
		子貢問政。子曰：「足食，足兵，民信之矣。」子貢曰：「必不得已而去，於斯三者何先？」曰：「去兵。」子貢曰：「必不得已而去，於斯二者何先？」曰：「去食。自古皆有死，民無信不立。」	《論語・顏淵》
		子適衛，冉有僕。子曰：「庶矣哉！」冉有曰：「既庶矣，又何加焉？」曰：「富之。」曰：「既富矣，又何加焉？」曰：「教之。」	《論語・子路》
		丘也聞有國有家者，不患寡而患不均，不患貧而患不安。蓋均無貧，和無寡，安無傾。	《論語・季氏》
		天下有道，則庶人不議。	《論語・季氏》
		所重：民、食、喪、祭。	《論語・堯曰》
	孟子	穀與魚鱉不可勝食，材木不可勝用，是使民養生喪死無憾也。養生喪死無憾，王道之始也。……今夫天下之人牧，未有不嗜殺人者也。如有不嗜殺人者，則天下之民，皆引領而望之矣。誠如是也，民歸之，由水之就下，沛然誰能禦之。……（齊宣王）曰：「德何如，則可以王矣？」（孟子）曰：「保民而王，莫之能禦也。」……是故明君制民之產，必使仰足以事父母，俯足以畜妻子，樂歲終身飽，凶年免於死亡，然後驅而之善，故民之從之也輕。今也制民之產，仰不足以事父母，俯不足以畜妻子，樂歲終身苦，凶年不免於死亡。此惟救死而恐不贍，奚暇治禮義哉。	《孟子・梁惠王上》
		樂民之樂者，民亦樂其樂；憂民之憂者，民亦憂其憂。樂以天下，憂以天下，然而不王者，未之有也。	《孟子・梁惠王下》
		民之為道也，有恆產者有恆心，無恆產者無恆心，苟無恆心，放辟邪侈，無不為已。	《孟子・滕文公上》

儒家	孟子	孔子曰：「道二：仁與不仁而已矣。」暴其民，甚則身弒國亡；不甚則身危國削。……桀紂之失天下也，失其民也；失其民者，失其心也。得天下有道：得其民，斯得天下矣。得其民有道：得其心，斯得民矣。得其心有道：所欲與之聚之，所惡勿施，爾也。	《孟子・離婁上》
		以佚道使民，雖勞不怨。以生道殺民，雖死不怨殺者。……易其田疇，薄其稅斂，民可使富也。食之以時，用之以禮，財不可勝用也。	《孟子・盡心上》
		民為貴，社稷次之，君為輕。是故，得乎丘民而為天子，得乎天子而為諸侯，得乎諸侯而為大夫，諸侯危社稷，則變置。犧牲既成，粢盛既潔，祭祀以時，然而旱乾水溢，則變置社稷。	《孟子・盡心下》
	荀子	選賢良，舉篤敬，興孝悌，收孤寡，補貧窮，如是則庶人安政矣。庶人安政，然後君子安位，《傳》曰：「君者，舟也，庶人者，水也。水則載舟，水則覆舟。」此之謂也。故君人者，欲安，則莫若平政愛民矣。欲榮，則莫若隆禮敬士矣。欲立功名，則莫若尚賢使能矣。是君人者之大節也。三節者當，則其餘莫不當矣。三節者不當，則其餘雖曲當，猶將無益也。	《荀子・王制篇》
		足國之道，節用裕民，而善藏其餘。節用以禮，裕民以政，彼裕民故多餘，裕民則民富，民富則田肥以易。田肥以易，則出實百倍。上以法取焉，而下以禮節用之，餘若丘山，不時焚燒，無所藏之。……故仁人在上，百姓貴之如帝，親之如父母，為之出死斷亡而愉者……不利而利之，不如利而後利之之利也。不愛而用之，不如愛而後用之之功也。利而後利之，不如利而不利者之利也；愛而後用之，不如愛而不用者功也。利而不利也，愛而不用也者，取天下矣。利而後利之，愛而後用之者，保社稷也。不利而利之，不愛而用之者，危國家也。	《荀子・富國篇》
		君者，民之原也。原清則流清，原濁則流濁。故有社稷者而不能愛民，不能利民，而求民之親愛己，不可得也。民不親不愛，而求其為己用，為己死，不可得也。民不為己用，不為己死，而求兵之勁，城之固，不可得也。兵不勁，城不固，而求敵之不至，不可得也。敵至而求無危削，不滅亡，不可得也。危削滅亡之情，舉積此矣，而求安樂，是狂生者也。……故君人者，愛民而安，好士而榮，兩者無一焉而亡。	《荀子・君道篇》
		君人者，隆禮尊賢而王，重法愛民而霸，好利多詐而危。……不富無以養民情，不教無以理民性。故家五畝宅，百畝田，務其業而勿奪其時，所以富之也。立大學，設庠序，脩六禮，明十教，所以道之也。……天之生民，非為君也。天之立君，以為民也。	《荀子・大略篇》
道家	老子	不尚賢，使民不爭；不貴難得之貨，使民不為盜；不見可欲，使民心不亂。是以聖人之治，虛其心，實其腹，弱其志，強其骨。常使民無知無欲，使夫智者不敢為也。為無為，則無不治。	《老子》三章

道家	老子	絕聖棄智，民利百倍；絕仁棄義，民復孝慈；絕巧棄利，盜賊無有。此三者，以爲文不足，故令有所屬。見素抱樸，少私寡欲。	《老子》十九章
		以正治國，以奇用兵，以無事取天下。吾何以知其然哉？以此。天下多忌諱，而民彌貧；民多利器，國家滋昏；人多伎巧，奇物滋起；法令滋彰，盜賊多有。故聖人云「我無爲而民自化，我好靜而民自正，我無事而民自富，我無欲而民自樸。」	《老子》五十七章
		民不畏死，奈何以死懼之？若使民常畏死而爲奇者，吾得執而殺之，孰敢？常有司殺者殺，夫代司殺者殺，是謂代大匠斲，夫代大匠斲者，希有不傷其手矣。	《老子》七十四章
		民之饑，以其上食稅之多，是以饑。民之難治，以其上之有爲，是以難治。民之輕死，以其上求生之厚，是以輕死。夫唯無以生爲者，是賢於貴生。	《老子》七十五章
		小國寡民，使有什伯之器而不用，使民重死而不遠徙。雖有舟輿，無所乘之，雖有甲兵，無所陳之，使人復結繩而用之。甘其食，美其服，安其居，樂其俗。鄰國相望，雞犬之聲相聞，民至老死不相往來。	《老子》八十章
	莊子	彼民有常性，織而衣，耕而食，是謂同德。……夫赫胥氏之時，民居不知所爲，行不知所之，含哺而熙，鼓腹而遊，民能以此矣。	《莊子・馬蹄》
		故君子不得已而臨莅天下，莫若無爲。無爲也，而後安其性命之情。故貴以身於爲天下，則可以託天下；愛以身於爲天下，則可以寄天下。	《莊子・在宥》
		故曰：「古之畜天下者，無欲而天下足，無爲而萬物化，淵靜而百姓定。」	《莊子・天地》
墨家	墨子	然則富貴爲賢，以得其賞者，誰也？曰：「若昔者三代聖王，堯舜禹湯文武者，是也。」所以得其賞，何也？曰：「其爲政乎天下也，兼而愛之，從而利之，又率天下之萬民，以尚尊天事鬼，愛利萬民，是故天鬼賞之，立爲天子，以爲民父母，萬民從而譽之，曰：「聖王。」至今不已。則此富貴爲賢，以得其賞者也。	《墨子・尚賢中》
		聖王爲政，其發令興事使民用財也，無不加用而爲者，是故用財不費，民德不勞，其興利多矣。	《墨子・節用上》
		子墨子言曰：「古者明王聖人，所以王天下，正諸侯者，彼其愛民謹忠，利民謹厚，忠信相連，又示之以利，是以終身不饜，歿世而不卷。古者明王聖人，其所以王天下正諸侯者此也。」……凡足以奉給民用則止，諸加費不加于民利者，聖王弗爲。	《墨子・節用中》
法家	韓非子	治大國而數變法，則民苦之。是以有道之君，貴虛靜而重變法，故曰：「治大國者若烹小鮮。」	《韓非子・解老》
		法者，憲令著於官府，刑罰必於民心，賞存乎愼法，而罰加乎姦令者也。	《韓非子・定法》

法家	韓非子	凡治天下，必因人情，人情者有好惡，故賞罰可用，賞罰可用則禁令可立，而治道具矣。……故賞賢罰暴，舉善之至者也；賞暴罰賢，舉惡之至者也，是謂賞同罰異。賞莫如厚，使民利之；譽莫如美，使民榮之；誅莫如重，使民畏之；毀莫如惡，使民恥之，然後一行其法。	《韓非子‧八經》
		重刑少賞，上愛民，民死賞；多賞輕刑，上不愛民，民不死賞。利出一空者，其國無敵；利出二空者，其兵半用；利出十空者，民不守。重刑明民，大制使人，則上利。	《韓非子‧飭令》
陰陽家	不詳	是故春凋，秋榮，冬雷，夏有霜雪，此皆氣之賊也。刑德易節失次，則賊氣遬至。賊氣遬至，則國多災殃。是故聖王務時而寄政焉，作教而寄武，作祀而寄德焉。此三者聖王所以合於天地之行也。日掌陽，月掌陰，星掌和。陽為德，陰為刑，和為事。是故日食，則失德之國惡之；月食，則失刑之國惡之；彗星見，則失和之國惡之；風與日爭明，則失生之國惡之。是故聖王日食則修德，月食則修刑，彗星見則修和，風與日爭明則修生。此四者，聖王所以免於天地之誅也。信能行之，五穀蕃息，六畜殖，而甲兵強。治積則昌，暴虐積則亡。	《管子‧四時》

二、《孝經》所見身份等級行孝表

身份等級	孝 的 內 容	出 處
天子	愛親者，不敢惡於人；敬親者，不敢慢於人。愛敬盡於事親，而德教加於百姓，刑於四海。蓋天子之孝也。《甫刑》云：「一人有慶，兆民賴之。」	《孝經‧天子章》
諸侯	在上不驕，高而不危。制節謹度，滿而不溢。高而不危，所以長守貴也；滿而不溢，所以長守富也。富貴不離其身，然而能保其社稷，而和其民人。蓋諸侯之孝也。《詩》云：「戰戰兢兢，如臨深淵，如履薄冰。」	《孝經‧諸侯章》
卿大夫	非先王之法服不敢服，非先王之法言不敢道，非先王之德行不敢行。是故非法不言，非道不行，口無擇言，身無擇行。言滿天下無口過，行滿天下無怨惡。三者備矣，然後能守其宗廟。蓋卿大夫之孝也。《詩》云：「夙夜匪懈，以事一人。」	《孝經‧卿大夫章》
士	資於事父以事母，而愛同；資於事父以事君，而敬同。故母取其愛，而君取其敬，兼之者父也。故以孝事君則忠，以敬事長則順。忠順不失，以事其上，然後能保其祿位，而守其祭祀。蓋士之孝也。《詩》云：「夙興夜寐，無忝爾所生。」	《孝經‧士章》
庶人	用天之道，分地之利，謹身節用，以養父母。此庶人之孝也。故自天子至於庶人，孝無終始，而患不及者，未之有也。	《孝經‧庶人章》

三、徵引彝銘拓本

圖一　師詢簋

圖二　猷簋

圖三　毛公鼎之一

圖三　毛公鼎之二

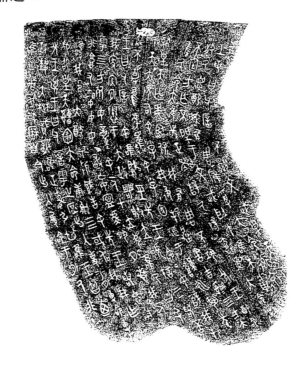

圖四　大克鼎

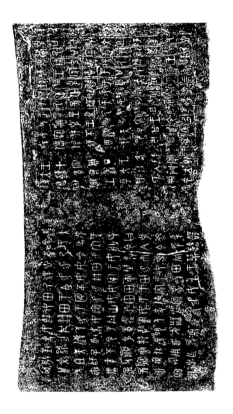

圖五　天亡簋

圖六　牆盤之一

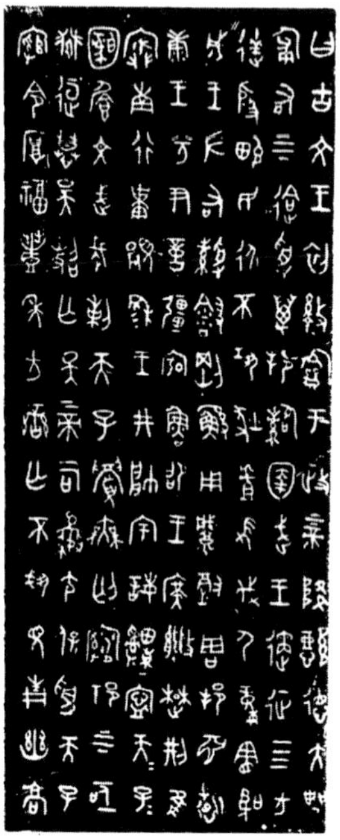

圖六　牆盤之二

圖七　**獸鐘**之一

圖七　**獸鐘**之二

圖七　獸鐘之三

圖八　邢侯簋

圖九　曶　鼎

圖十　德　盤

圖十一　德方鼎

圖十二　梁其鐘之一

圖一二　梁其鐘之二

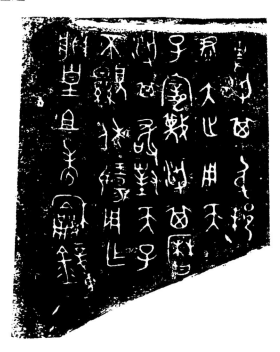

圖十三　叔向父禹簋

圖十四　虢叔旅鐘

圖十五　師訊鼎

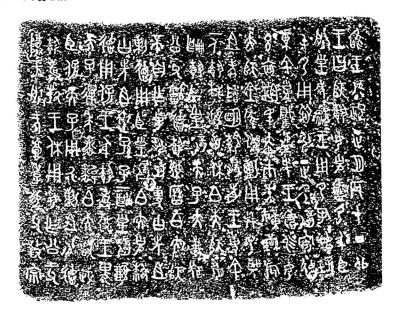

圖十六　何　尊

圖十七　班簋

圖十八　歷方鼎

圖十九　宜侯矢簋

圖二十　畐皇父簋

圖二一　仲師父鼎

圖二二　□叔買簋

圖二三　獻　簋

圖二四　師俞簋蓋

圖二五　十二年大簋蓋

圖二六　叔趙父卣

圖二七　元年師旋簋

圖二八　師克盨

圖二九　塱盨

參考書目

一、文獻（依四部順序排列）

1. 漢・孔安國傳、唐・孔穎達等疏，《尚書正義》，《十三經注疏》本，台北：藝文印書館，民國 86 年 8 月。

2. 漢・伏生《尚書大傳》，《四庫叢刊正編》本，台北：台灣商務印書館，民國 68 年 11 月。

3. 漢・毛亨傳、鄭玄箋、唐・孔穎達疏，《毛詩正義》，《十三經注疏》本，台北：藝文印書館，民國 86 年 8 月。

4. 宋・朱熹，《詩經集傳》，台北：學海出版社，民國 81 年 10 月。

5. 清・王先謙撰《詩三家義集疏》，台北：明文書局，民國 77 年 10 月。

6. 漢・鄭玄注、唐・賈公彥疏，《周禮注疏》，《十三經注疏》本，台北：藝文印書館，民國 86 年 8 月。

7. 漢・鄭玄注、唐・賈公彥疏，《儀禮注疏》，《十三經注疏》本，台北：藝文印書館，民國 86 年 8 月。

8. 漢・鄭玄注、唐・孔穎達疏，《禮記正義》，《十三經注疏》本，台北：藝文印書館，民國 86 年 8 月。

9. 晉・杜預注、唐・孔穎達疏，《春秋左傳正義》，《十三經注疏》本，台北：藝文印書館，民國 86 年 8 月。

10. 漢・何休解詁、唐・徐彥疏，《春秋公羊傳注疏》，《十三經注疏》本，台北：藝文印書館，民國 86 年 8 月。

11. 晉・范甯集解、唐・楊士勛疏，《春秋穀梁傳注疏》，《十三經注疏》本，台北：藝文印書館，民國 86 年 8 月。

12. 唐・唐玄宗注、宋・邢昺疏，《孝經注疏》，《十三經注疏》本，台北：藝文印書館，民國 86 年 8 月。

13. 晉・郭璞注、宋・邢昺疏，《爾雅注疏》，《十三經注疏》本，台北：藝文印書館，民國 86 年 8 月。

14. 漢・戴德撰、清・孔廣森撰，《大戴禮記》，《四部叢刊》本，台北：台灣商務印書館，民國 54 年 12 月。

15. 清・顧棟高，《春秋大事表》，台北：廣學社印書館，民國 64 年 9 月。

16. 清・劉寶楠、劉恭晃撰，《論語正義》，《新編諸子集成》本，台北：世界書局，民國 80 年 5 月新五版。

17. 清・焦循、焦琥撰，《孟子正義》，《新編諸子集成》本，台北：世界書局，民國 80 年 5 月新五版。

18. 清・朱右曾撰，《逸周書集訓校釋》，台北：世界書局，民國 46 年 1 月。

19. 楊家駱主編，《竹書紀年八種》，台北：世界書局，民國 78 年 4 月四版。

20. 上海師範大學古籍整理研究所校點，《國語》，上海：上海古籍出版社，1995 年 5 月。

21. 漢・司馬遷，《史記》，台北：鼎文書局，民國 82 年 2 月七版。

22. 漢・班固，《漢書》，台北：鼎文書局，民國 80 年 9 月七版。

23. 南朝宋・范曄，《後漢書》，台北：鼎文書局，民國 80 年 9 月六版。

24. 清・馬驌纂，《繹史》，濟南：齊魯書社，2001 年 6 月。

25. 魏・王肅注，《孔子家語》，《新編諸子集成》本，台北：世界書局，民國 80 年 5 月新五版。

26. 唐・楊倞注、清・王先謙集解，《荀子集解》，《新編諸子集成》本，台北：世界書局，民國 80 年 5 月新五版。

27. 晉・王弼撰、唐・陸德明釋文，《老子道德經注》，《新編諸子集成》本，台北：世界書局，民國 80 年 5 月新五版。

28. 晉・郭象注、唐・陸德明釋文、唐・成玄英疏、清・郭慶藩集釋，《莊子集釋》，《新編諸子集成》本，台北：世界書局，民國 80 年 5 月新五版。

29. 清・孫詒讓撰，《墨子閒詁》，《新編諸子集成》本，台北：世界書局，民國 80 年 5 月新五版。

30. 唐・尹知章注、清・戴望校正，《管子校正》，《新編諸子集成》本，台北：世界書局，民國 80 年 5 月新五版。

31. 清・嚴萬里撰，《商君書新校正》，《新編諸子集成》本，台北：世界書局，民國 80 年 5 月新五版。

32. 清・錢熙祚校，《慎子》，《新編諸子集成》本，台北：世界書局，民國 80 年 5 月新五版。

33. 清・王先慎撰，《韓非子集解》，《新編諸子集成》本，台北：世界書局，民國 80 年 5 月新五版。

34. 漢‧高誘注、清‧畢沅校，《呂氏春秋新校正》，《新編諸子集成》本，台北：世界書局，民國 80 年 5 月新五版。

35. 清‧蘇輿撰，《春秋繁露義證》，《新編諸子集成》本，北京：中華書局，1992 年 12 月。

36. 漢‧班固撰、清‧陳立疏證，《白虎通義》，台北：台灣商務印書館，民國 57 年 3 月台一版。

37. 漢‧許慎撰、清‧段玉裁注，《說文解字注》，杭州：浙江古籍出版社，1998 年 2 月。

38. 唐‧韓愈撰、清‧馬其昶校注，《韓昌黎文集校注》，台北：漢京文化事業有限公司，民國 72 年 11 月。

39. 宋‧王應麟撰、清‧翁元圻注，《翁注困學紀聞》，台北：世界書局，民國 73 年 4 月。

40. 清‧陳澧撰，《東塾讀書記》，台北：臺灣中華書局，民國 55 年 3 月。

41. 清‧顧炎武著、黃汝成集釋，《日知錄集釋》，長沙：岳麓書社，1996 年 2 月。

42. 清‧崔述，《考信錄》，台北：世界書局，民國 78 年 4 月四版。

43. 清‧章學誠，《章學誠遺書》，北京：文物出版社，1985 年 8 月。

44. 清‧魏源，《魏源集》，北京：中華書局，1976 年 8 月。

二、甲金文著錄及考釋書籍

1. 于省吾，《雙劍誃吉金文選》，北京：中華書局，1932 年初版，1998 年 9 月重印第一版。

2. 中國社會科學院考古研究所編輯，《甲骨文編》，北京：中華書局，1965 年 9 月初版。

3. 中國社會科學院考古研究所編，《殷周金文集成》第一冊～第十八冊，北京：中華書局，1984 年 8 月～1994 年 12 月。（簡稱《集成》）

4. 李旦丘，《殷契摭佚續編》，北京：中國科學院，1950 年 9 月。（簡稱《摭續》）

5. 李實，《甲骨文字叢考》，蘭州：甘肅人民出版社，1997 年 10 月。

6. 李學勤等，《英國所藏甲骨集》，北京：中華書局，1986 年。（簡稱《英藏》）

7. 周法高編，《金文詁林》，香港：香港中文大學，民國 63 年。

8. 周法高編，《金文詁林補》，台北：中央研究院歷史語言研究所，民國 71 年 5 月。

9. 胡厚宣，《戰後京津新獲甲骨集》，上海：群聯出版社，1954 年 3 月。

10. （簡稱《京》）

11. 容庚、瞿潤緡，《殷契卜辭》，哈佛燕京學社石印本，1933 年 5 月。（簡稱《契卜》）

12. 容庚，《金文編》，北京：中華書局，1985 年 7 月。

13. 容庚，《金文續編》，台北：中央研究院歷史語言研究所，民國 81 年 10 月景印一版。

14. 徐中舒主編，《甲骨文字典》，成都：四川辭書出版社，1998 年 10 月。

15. 浦野俊則，《近出殷周金文集成》第一集～第五集，東京：二松學舍大學，1989 年 3 月～1996 年 3 月。

16. 馬承源主編，《商周青銅器銘文選》第一卷～第四卷，北京：文物出版社，1986 年 8 月～1990 年 4 月。

17. 張宗方等，《金文編釋讀》，濟南：齊魯書社，1996 年 1 月。

18. 張亞初，《殷周金文集成引得》，北京：中華書局，2001 年 7 月。

19. 郭沫若，《兩周金文辭大系考釋》，上海：上海書店出版社，1935 年初版，1999 年 7 月重印第一版。

20. 郭沫若，《殷契粹編》，日本東京文求堂石印本，1937 年 5 月。科學出版社重印，1965 年 5 月。（簡稱《粹編》）

21. 郭沫若主編，《甲骨文合集》第一冊～第十三冊，北京：中華書局，1978 年 10 月～1982 年 6 月。（簡稱《合集》）

22. 陳邦懷，《嗣樸齋金文跋》，香港：香港中文大學中國文化研究所，1993 年 9 月。

23. 華東師範大學中國文字研究與應用中心編，《金文引得 —— 殷商西周卷》，南寧：廣西教育出版社，2001 年 10 月。

24. 楊樹達，《積微居金文說》，北京：中華書局，1959 年初版，1997 年 12 月重印第一版。

25. 董作賓，《殷虛文字甲編》，上海：商務印書館，1948 年 4 月。（簡稱《甲編》）

26. 董作賓，《殷虛文字乙編》上、中輯，上海：商務印書館，1948 年 10 月、1949 年 3 月；下輯，台北：中研院史語所，1953 年 12 月。（簡稱《乙編》）

27. 劉昭瑞，《宋代著錄商周青銅器銘文箋證》，廣州：中山大學出版社，2000 年 5 月。

28. 羅振玉，《殷虛書契前編》，《國學叢刊》石印本三期三卷，1911 年。1932 年重印本四冊。（簡稱《前編》）

29. 羅振玉，《殷虛書契菁華》，1914 年 10 月。重印本一冊。（簡稱《菁華》）

30. 羅振玉，《殷虛書契後編》，影印本一冊，1916 年 3 月。（簡稱《後編》）

31. 羅振玉，《殷虛書契續編》，影印本六冊，1933 年 9 月。（簡稱《續編》）

三、中文專書

1. 丁山，《甲骨文所見氏族及其制度》，北京：中華書局，1988 年 4 月重印新一版，1999 年 8 月第二次印刷。

2. 丁鼎，《《儀禮・喪服》考論》，北京：社會科學文獻出版社，2003 年 7 月。

3. 中國社會科學院考古研究所，《中國考古學 —— 夏商卷》，北京：中國社會科學出版社，2003 年 12 月。

4. 中國社會科學院考古研究所，《中國考古學 —— 兩周卷》，北京：中國社會科學出版社，2004 年 12 月。

5. 尹盛平等，《西周微史家族青銅器群研究》，北京：文物出版社，1992 年 6 月。

6. 尹盛平，《周原文化與西周文明》，南京：江蘇教育出版社，2005 年 4 月。

7. 巴新生，《西周倫理形態研究》，天津：天津古籍出版社，1997 年 8 月。

8. 方光華，《俎豆馨香》，西安：陝西人民教育出版社，2000 年 2 月。

9. 方俊吉，《禮記之天地鬼神觀》，台北：文史哲出版社，民國 74 年 3 月。

10. 王永波等，《齊魯史前文化與三代禮器》，濟南：齊魯書社，2004 年 10 月。

11. 王世明，《孔子倫理思想發微》，濟南：齊魯書社，2004 年 9 月。

12. 王玉哲，《中華遠古史》，上海：上海人民出版社，2000 年 7 月。

13. 王宇信，《西周甲骨探論》，北京：中國社會科學出版社，1984 年 4 月。

14. 王宇信，《甲骨學通論》，台北：中國社會科學出版社，1999 年 8 月。

15. 王宇信、楊升南主編，《甲骨學一百年》，北京：社會科學文獻出版社，1999 年 9 月。

16. 王宇清，《周禮六冕考辨》，台北：中華民族藝術文教基金會，2001 年 1 月。

17. 王廷洽，《中國早期知識份子的社會職能》，開封：河南人民出版社，1997 年 4 月。

18. 王亞南，《中國官僚政治研究》，台北：谷風出版社，民國 76 年 7 月。

19. 王計生等，《事死如事生 —— 殯葬倫理與中國文化》，上海：百家出版社，2002 年 1 月。

20. 王保國，《兩周民本思想研究》，北京：學苑出版社，2004 年 12 月。

21. 王健文，《奉天承運 —— 古代中國的「國家」概念及其正當性基礎》，台北：東大圖書公司，民國 84 年 6 月。

22. 王啓發，《禮學思想體系探源》，鄭州：中州古籍出版社，2005 年 1 月。

23. 王國維，《古史新證》，北京：清華大學出版社，1994 年 12 月。

24. 王斌主編，《虢國墓地的發現與研究》，北京：社會科學文獻出版社，2000 年 7 月。

25. 王貴民，《商周制度考信》，台北：明文書局，民國 78 年 12 月。

26. 王貴民，《中國禮俗史》，台北：文津出版社，民國 82 年 7 月。

27. 王鈞林，《中國儒學史 —— 先秦卷》，廣州：廣東教育出版社，1998 年 6 月。

28. 王暉，《商周文化比較研究》，北京：人民出版社，2000 年 5 月。

29. 王暉，《古文字與商周史新證》，北京：中華書局，2003 年 12 月。

30. 王愼行，《古文字與殷周文明》，西安：陝西人民教育出版社，1998 年 8 月。

31. 王滬寧，《當代中國村落家族文化 —— 對中國社會現代化的一項探索》，上海：上海人民出版社，1991 年 12 月。

32. 王震中，《中國文明起源的比較研究》，西安：陝西人民出版社，1994 年 11 月。

33. 王德培，《西周封建制考實》，北京：光明日報出版社，1998 年 7 月。

34. 王曉波，《先秦法家思想史論》，台北：聯經出版事業公司，民國 80 年 7 月。

35. 王巍，《詩經民俗文化闡釋》，北京：商務印書館，2004 年 3 月。

36. 史念海，《中國古都和文化》，北京：中華書局，1998 年 7 月。

37. 史鳳儀，《中國古代的家族與身份》，北京：社會科學文獻出版社，1999 年 9 月。

38. 田昌五等，《周秦社會結構研究》，西安：西北大學出版社，1996 年 10 月。

39. 石奕龍等，《文化理論與族群研究》，合肥：黃山書社，2004 年 2 月。

40. 任建東，《道德信仰論》，北京：宗教文化出版社，2004 年 2 月。

41. 任偉，《西周封國考疑》，北京：社會科學文獻出版社，2004 年 8 月。

42. 朱天順，《中國古代宗教初探》，台北：谷風出版社，1986 年 10 月。

43. 朱歧祥，《周原甲骨研究》，台北：臺灣學生書局，1997 年 7 月。

44. 朱鳳瀚，《古代中國青銅器》，天津：南開大學出版社，1995 年 6 月。

45. 朱鳳瀚，《商周家族形態研究（增訂本）》，天津：天津古籍出版社，2004 年 7 月。

46. 江林昌，《夏商周文明新探》，杭州：浙江人民出版社，2001 年 12 月。

47. 艾蘭等,《中國古代思維模式與陰陽五行說探源》,南京:江蘇古籍出版社,1998 年 6 月。

48. 何平,《中國傳統政治思維探源》,天津:天津人民出版社,2003 年 10 月。

49. 何平立,《巡狩與封禪——封建政治的文化軌跡》,濟南:齊魯書社,2003 年 1 月。

50. 何茲全,《中國古代社會》,北京:北京師範大學出版社,2001 年 8 月。

51. 何星亮,《中國圖騰文化》,北京:中國社會科學出版社,1992 年 11 月。

52. 何懷宏,《世襲社會及其解體——中國歷史上的春秋時代》,北京:三聯書店,1996 年 4 月。

53. 吳龍輝,《原始儒家考述》,北京:中國社會科學出版社,1996 年 2 月。

54. 呂大吉,《宗教學通論新編》,北京:中國社會科學出版社,1998 年 12 月。

55. 呂文郁,《周代采邑制度研究》,台北:文津出版社,民國 81 年 3 月。

56. 呂思勉,《中國制度史》,上海:上海教育出版社,1985 年 5 月。

57. 宋新潮,《殷商文化區域研究》,西安:陝西人民出版社,1991 年 10 月。

58. 宋會群,《中國術數文化史》,開封:河南大學出版社,1999 年 8 月。

59. 宋鎮豪,《夏商社會生活史》,北京:中國社會科學出版社,1994 年 9 月。

60. 岑仲勉,《兩周文史論叢（外一種）》,北京:中華書局,2004 年 4 月新一版。

61. 沈善洪、王鳳賢,《中國倫理學說史》,杭州:浙江人民出版社,1985 年 4 月。

62. 李力,《出土文物與先秦法制》,鄭州:大象出版社,1997 年 12 月。

63. 李山,《詩經的文化精神》,北京:東方出版社,1997 年 6 月。

64. 李元慶,《三晉古文化源流》,太原:山西古籍出版社,1997 年 8 月。

65. 李民等,《夏商周三族源流探索》,鄭州:河南人民出版社,1998 年 4 月。

66. 李玉潔,《中國早期國家性質——中國古代王權和專制主義研究》,開封:河南大學出版社,1999 年 10 月。

67. 李安宅,《《儀禮》與《禮記》之社會學的研究》,上海:上海世紀出版集團,2005 年 5 月。

68. 李先登,《夏商周青銅文明探研》,北京:科學出版社,2001 年 9 月。

69. 李伯謙,《中國青銅器文化結構體系研究》,北京:科學出版社,1998 年 4 月。

70. 李治安等,《中國古代官僚政治——古代行政管理及官僚病剖析》,北

京：書目文獻出版社，1993 年 11 月。

71. 李孟存、李尚師，《晉國史》，太原：山西古籍出版社，1999 年 9 月。

72. 李宗桐，《中國古代社會新研》，上海：開明書店，1949 年。

73. 李宗桐，《中國古代社會史》，台北：中國文化大學出版部，民國 43 年 7 月初版，民國 76 年 6 月四版。

74. 李炳海，《周代文藝思想概觀》，長春：東北師範大學出版社，1993 年 6 月。

75. 李凱，《儒家元典與中國詩學》，北京：中國社會科學出版社，2002 年 8 月。

76. 李朝遠，《西周土地關係論》，上海：上海人民出版社，1997 年 1 月。

77. 李雪山，《商代分封制度研究》，北京：中國社會科學出版社，2004 年 8 月。

78. 李福泉，《先秦文化史》，長沙：岳麓書社，1996 年 2 月。

79. 李新霖，《從左傳論春秋時代之政治倫理》，台北：文津出版社，民國 80 年 8 月。

80. 李曉東，《中國封建家禮》，台北：文津出版社，1986 年 12 月。

81. 李學勤，《新出青銅器研究》，北京：文物出版社，1990 年 6 月。

82. 李學勤主編，《中國古代文明與國家形成研究》，昆明：雲南人民出版社，1998 年 12 月。

83. 李學勤，《青銅器與古代史》，台北：聯經出版事業有限公司，2005 年 5 月。

84. 李衡眉，《論昭穆制度》，台北：文津出版社，民國 81 年 9 月。

85. 李憲堂，《先秦儒家的專制主義精神——對話新儒家》，北京：人民大學出版社，2003 年 10 月。

86. 杜正勝，《周代城邦》，台北：聯經出版事業公司，1979 年 1 月初版，1998 年 4 月初版第四刷。

87. 杜正勝，《編戶齊民》，台北：聯經出版事業有限公司，1990 年 3 月。

88. 杜而未，《中國古代宗教研究》，台北：臺灣學生書局，民國 65 年 12 月。

89. 杜勇，《《尚書》周初八誥研究》，北京：中國社會科學出版社，1998 年 12 月。

90. 沈文倬，《宗周禮樂文明考論》，杭州：浙江大學出版社，1999 年 12 月。

91. 沈長雲，《上古史探研》，北京：中華書局，2002 年 12 月。

92. 汪中文，《兩周官制論稿》，高雄：復文圖書出版社，1993 年 10 月。

93. 汪中文，《西周冊命金文所見官制研究》，台北：國立編譯館，民國 88 年

4 月。

94. 汪延,《先秦兩漢文化傳承述略》,西安:陝西人民教育出版社,1998 年 5 月。

95. 易建平,《部落聯盟與酋邦 —— 民主・專制・國家:起源問題比較研究》,北京:社會科學文獻出版社,2004 年 11 月。

96. 周文湘等,《周禮的政治思想》,台北:東大圖書公司,民國 70 年 7 月。

97. 周延良,《夏商周原始文化要論》,北京:學苑出版社,2004 年 7 月。

98. 周延良,《詩經學案與儒家倫理思想研究》,北京:學苑出版社,2005 年 2 月。

99. 周書燦,《中國早期國家結構研究》,北京:人民出版社,2002 年 9 月。

100. 孟祥才,《先秦秦漢史論》,濟南:山東大學出版社,2001 年 9 月。

101. 李乃禮,《三綱六紀與社會的整合 —— 由《白虎通》看漢代社會人倫關係》,北京:人民大學出版社,2004 年 2 月。

102. 尚會鵬,《種姓與印度教社會》,北京:北京大學出版社,2001 年 5 月。

103. 屈萬里,《尚書集釋》,台北:聯經出版事業公司,民國 72 年 2 月初版,民國 83 年 11 月初版第三刷。

104. 屈萬里,《詩經詮釋》,台北:聯經出版事業公司,1983 年 2 月初版,1998 年 1 月初版第十一刷。

105. 林存光,《儒教中國的形成 —— 早期儒學與中國政治文化的演進》,濟南:齊魯書社,2003 年 10 月。

106. 林明德,《日本史》,台北:三民書局,民國 75 年 10 月。

107. 林素英,《古代祭禮中之政教觀 —— 以《禮記》成書前為論》,台北:文津出版社,1997 年 9 月。

108. 林素英,《喪服制度的文化意義 —— 以《儀禮・喪服》為討論中心》,台北:文津出版社,2000 年 10 月。

109. 祁海文,《禮樂文化》,濟南:齊魯書社,2001 年 6 月。

110. 邱衍文,《中國上古禮制考辨》,台北:文津出版社,民國 81 年 4 月。

111. 金尚理,《禮宜樂和的文化理想》,成都:巴蜀書社,2002 年 9 月。

112. 金春峰,《周官之成書及其反映的文化與時代新考》,台北:東大圖書公司,民國 82 年 11 月。

113. 俞偉超,《古史的考古學探索》,北京:文物出版社,2002 年 7 月。

114. 姚小鷗,《詩經三頌與先秦禮樂文化》,北京:北京廣播學院出版社,2000 年 1 月。

115. 姚政,《先秦文化研究》,成都:巴蜀書社,2004 年 11 月。

116. 姚偉鈞,《中國傳統飲食禮俗研究》,武漢:華中師範大學出版社,1999年9月。

117. 施治生等,《古代國家的等級制度》,北京:中國社會科學出版社,2001年6月。

118. 段志洪,《周代卿大夫研究》,台北:文津出版社,民國83年5月。

119. 胡厚宣,《甲骨學商史論叢初集(上)(下)》,成都:齊魯大學國學研究所,民國33年3月初版,台北大通書局影印本。

120. 胡厚宣,《甲骨學商史論叢續集(全)》,成都:齊魯大學國學研究所,民國34年3月初版,台北大通書局影印本。

121. 胡厚宣、胡振宇,《殷商史》,上海:上海人民出版社,2003年4月。

122. 侯外盧,《中國古代社會史論》,石家莊:河北教育出版社,2000年12月。

123. 侯志義,《采邑考》,西安:西北大學出版社,1989年12月。

124. 侯家駒,《周禮研究》,台北:聯經出版事業公司,民國76年6月。

125. 姜建設,《周秦時代理想國探索》,鄭州:中州古籍出版社,1998年9月。

126. 祝瑞開主編,《中國婚姻家庭史》,上海:學林出版社,1999年8月。

127. 唐嘉弘,《先秦史新探》,開封:河南大學出版社,1988年6月。

128. 唐蘭,《西周青銅器銘文分代史徵》,北京:中華書局,1986年6月。

129. 孫作雲,《《詩經》研究》,開封:河南大學出版社,2003年9月。

130. 孫廣德等,《中國政治思想史》,台北:國立空中大學,民國86年1月。

131. 容庚等,《殷周青銅器通論》,台北:康橋出版事業有限公司,民國75年5月。

132. 席涵靜,《周代祝官研究》,台北:勵志出版社,民國67年5月。

133. 席涵靜,《周社研究》,台北:福記文化圖書公司,民國75年6月。

134. 徐良高,《中國民族文化源新探》,北京:社會科學文獻出版社,1999年11月。

135. 徐揚傑,《家族制度與前期封建社會》,武漢:湖北人民出版社,1999年9月。

136. 徐復觀,《中國人性論史──先秦篇》,台北:台灣商務印書館,1969年1月初版,1994年4月初版第十一次印刷。

137. 徐復觀,《兩漢思想史──周秦漢政治社會結構之研究》,台北:台灣學生書局,民國61年3月初版,民國79年2月七版。

138. 徐復觀,《周官成立之時代及其思想性格》,上海:上海書店出版社,2002年4月(1980年初版)。

139. 徐鴻修，《先秦史研究》，濟南：山東大學出版社，2002 年 12 月。

140. 晁福林，《夏商西周的社會變遷》，北京：北京師範大學出版社，1996 年 6 月。

141. 晁福林，《先秦民俗史》，上海：上海人民出版社，2001 年 1 月。

142. 秦永洲，《中國社會風俗史》，濟南：山東人民出版社，2000 年 4 月。

143. 秦照芬，《商周時期的祖先崇拜》，台北：蘭臺出版社，民國 92 年 3 月。

144. 郝鐵川，《經國治民之典——《周禮》與中國文化》，開封：河南大學出版社，1995 年 8 月。

145. 馬小紅，《中國古代社會的法律觀》，鄭州：大象出版社，1997 年 4 月。

146. 馬小紅，《禮與法：法的歷史連接》，北京：北京大學出版社，2004 年 8 月。

147. 馬正林，《中國城市歷史地理》，濟南：山東教育出版社，1998 年 10 月。

148. 馬承源等，《中國青銅器》，上海：上海古籍出版社，1996 年 10 月。

149. 馬新等，《中國遠古社會史論》，北京：科學出版社，2003 年 9 月。

150. 馬曜等，《西雙版納份地制與西周井田制比較研究（修訂本）》，昆明：雲南人民出版社，2001 年 9 月。

151. 高木森，《西周青銅彝器彙考》，台北：中國文化大學出版部，民國 75 年 7 月。

152. 高光晶，《中國國家起源及形成》，長沙：湖南人民出版社，1998 年 11 月。

153. 高亨，《詩經今注》，台北：里仁書局，民國 70 年 5 月。

154. 常金倉，《周代禮俗研究》，台北：文津出版社，民國 82 年 2 月。

155. 康學偉，《先秦孝道研究》，台北：文津出版社，民國 81 年 10 月。

156. 張一兵，《明堂制度研究》，北京：中華書局，2005 年 8 月。

157. 張之恒、周裕興，《夏商周考古》，南京：南京大學出版社，1997 年 2 月。

158. 張分田，《中國帝王觀念——社會普遍意識中的「尊君——罪君」文化範式》，北京：人民大學出版社，2004 年 3 月。

159. 張天恩，《關中商代文化研究》，北京：文物出版社，2004 年 12 月。

160. 張全民，《《周禮》所見法制研究》，北京：法律出版社，2004 年 5 月。

161. 張光明等編，《夏商周文明研究》，臨沂：中國文聯出版社，1999 年 9 月。

162. 張岩，《從部落文明到禮樂制度》，上海：上海三聯書店，2004 年 5 月。

163. 張亞初、劉雨，《西周金文官制研究》，北京：中華書局，1986 年 5 月。

164. 張秉楠，《商周政體研究》，瀋陽：遼寧人民出版社，1987 年 1 月。

165. 張秉權，《甲骨文與甲骨學》，台北：國立編譯館，民國 77 年 9 月。

166. 張建軍，《詩經與周文化考論》，濟南：齊魯書社，2004 年 9 月。

167. 張國，《中國治國思想史》，北京：新華出版社，2002 年 10 月。

168. 張國碩，《夏商時代都城制度研究》，鄭州：河南人民出版社，2001 年 9 月。

169. 張榮明，《殷周政治與宗教》，台北：五南圖書出版有限公司，民國 86 年 5 月。

170. 張榮明，《權力的謊言 —— 中國傳統的政治宗教》，杭州：浙江人民出版社，2000 年 1 月。

171. 張榮明，《中國的國教 —— 從上古到東漢》，北京：中國社會出版社，2001 年 3 月。

172. 張廣志、李學功，《三代社會形態 —— 中國無奴隸社會發展階段研究》，西安：陝西師範大學出版社，2001 年 12 月。

173. 張廣志，《中國古史分期討論的回顧與反思》，西安：陝西師範大學出版社，2003 年 11 月。

174. 張鶴泉，《周代祭祀研究》，台北：文津出版社，民國 82 年 5 月。

175. 曹大林，《中國傳統文化探源 —— 先秦儒墨法道比較研究》，長春：吉林人民出版社，1998 年 10 月。

176. 曹兆蘭，《金文與殷周女性文化》，北京：北京大學出版社，2004 年 7 月。

177. 曹毓英，《井田制研究》，武漢：華中師範大學出版社，2005 年 2 月。

178. 梁啓超，《先秦政治思想史》，北京：東方出版社，1922 年 12 月初版，1996 年 3 月重印第一版。

179. 許宏，《先秦城市考古學研究》，北京：北京燕山出版社，2000 年 8 月。

180. 許倬雲，《西周史》，台北：聯經出版事業公司，民國 73 年 10 月。

181. 郭于華主編，《儀式與社會變遷》北京：社會科學文獻出版社，2000 年 10 月。

182. 郭克煜等，《魯國史》，北京：人民出版社，1994 年 12 月。

183. 郭沫若，《中國古代社會研究》，北京：人民出版社，1964 年 10 月。

184. 郭沫若，《中國史稿》第一冊，北京：人民出版社，1976 年 6 月。

185. 郭建，《五刑六典 —— 刑罰與法制》，長春：長春出版社，2004 年 1 月。

186. 郭振華，《中國古代人生禮俗文化》，西安：陝西人民教育出版社，1998 年 9 月。

187. 郭偉川，《儒家禮治與中國學術 —— 史學與儒、道、釋三教論集（修訂本）》，北京：北京圖書館出版社，2002 年 2 月。

188. 郭興文，《中國傳統婚姻風俗》，西安：陝西人民出版社，2002 年 9 月。

189. 郭寶鈞，《中國青銅器時代》，台北：駱駝出版社，民國 76 年 7 月。

190. 陳全方，《周原與周文化》，上海：上海人民出版社，1988 年 9 月。

191. 陳來，《古代宗教與倫理——儒家思想的根源》，北京：三聯書店，1996 年 3 月。

192. 陳咏明，《儒學與中國宗教傳統》，北京：宗教文化出版社，2003 年 6 月。

193. 陳其南，《家族與社會——台灣和中國社會研究的基礎理念》，台北：聯經出版事業公司，民國 79 年 3 月。

194. 陳長琦，《中國古代國家與政治》，北京：文物出版社，2002 年 1 月。

195. 陳烈，《中國祭天文化》，北京：宗教文化出版社，2000 年 12 月。

196. 陳淳，《考古學理論》，上海：學林出版社，2003 年 3 月。

197. 陳啟雲，《中國古代思想文化的歷史論析》，北京：北京大學出版社，2001 年 2 月。

198. 陳筱芳，《春秋婚姻禮俗與社會倫理》，成都：巴蜀書社，2000 年 6 月。

199. 陳夢家，《殷墟卜辭綜述》，台北：大通書局，民國 60 年 5 月（1956 年初版）。

200. 陳夢家，《西周銅器斷代》，北京：中華書局，2004 年 4 月（初稿於 1966 年完成）。

201. 陳顧遠，《中國古代婚姻史》，上海：商務印書館，民國 13 年 4 月。

202. 崔永東，《金文簡帛中的刑法思想》，北京：清華大學出版社，2000 年 3 月。

203. 章景明，《殷周廟制論稿》，台北：學海出版社，民國 68 年 4 月。

204. 陶毅、明欣，《中國婚姻家庭制度史》，北京：東方出版社，1994 年 7 月。

205. 傅亞庶，《中國上古祭祀文化》，長春：東北師範大學出版社，1999 年 9 月。

206. 彭林，《《周禮》主體思想與成書年代研究》，北京：中國社會科學出版社，1991 年 8 月。

207. 彭林，《中國古代禮儀文明》，北京：中華書局，2004 年 1 月。

208. 曾松友，《中國原始社會之探究》，台北：臺灣商務印書館，民國 55 年 2 月。

209. 童書業，《春秋史》，台北：台灣開明書店，民國 58 年 9 月台一版，民國 67 年 11 月台四版。

210. 童書業，《春秋左傳研究》，上海：上海人民出版社，1983 年 4 月。

211. 馮爾康主編，《中國社會結構的演變》，鄭州：河南人民出版社，1994 年 4 月。

212. 黃宛峰，《禮樂淵藪 —— 《禮記》與中國文化》，開封：河南大學出版社，1997 年 10 月。

213. 黃俊傑，《春秋戰國時代尚賢政治的理論與實際》，台北：問學出版社，民國 66 年 9 月。

214. 黃展岳，《古代人牲人殉通論》，北京：文物出版社，2004 年 12 月。

215. 黃然偉，《殷周史料論集》，香港：三聯書店，1995 年 10 月。

216. 黃懷信，《古文獻與古史考論》，北京：出版社，2003 年 6 月。

217. 雁俠，《中國早期姓氏制度研究》，天津：天津古籍出版社，1996 年 8 月。

218. 楊向奎，《宗周社會與禮樂文明》，北京：人民出版社，1987 年 8 月初版，1997 年 11 月第二版。

219. 楊伯峻，《春秋左傳注》，北京：中華書局，1981 年 3 月第一版，1995 年 10 月第二版第五次印刷。

220. 楊志剛，《中國禮儀制度研究》，上海：華東師範大學出版社，2001 年 5 月。

221. 楊建祥，《中國古代官德研究》，上海：上海古籍出版社，2004 年 8 月。

222. 楊師群，《東周秦漢社會轉型研究》，上海：上海古籍出版社，2003 年 4 月。

223. 楊國榮，《中國古代思想史》，北京：人民出版社，1954 年 4 月。

224. 楊華，《先秦禮樂文化》，漢口：湖北教育出版社，1997 年 3 月。

225. 楊朝明，《周公事蹟研究》，鄭州：中州古籍出版社，2002 年 1 月。

226. 楊寬，《中國古代都城制度史研究》，上海：上海古籍出版社，1993 年 12 月。

227. 楊寬，《西周史》，台北：台灣商務印書館，1999 年 4 月。

228. 楊寬，《中國陵寢制度史研究》，上海：上海人民出版社，2003 年 6 月。

229. 楊寬，《古史論文選集》，上海：上海人民出版社，2003 年 7 月。

230. 葉孝信主編，《中國法制史》，上海：復旦大學出版社，2002 年 3 月。

231. 葉達雄，《西周政治史研究》，台北：明文書局，民國 71 年 12 月。

232. 葛兆光，《中國思想史第一卷 —— 七世紀前中國的知識、思想與信仰世界》，上海：復旦大學出版社，1998 年 4 月。

233. 葛志毅等，《先秦兩漢的制度與文化》，哈爾濱：黑龍江教育出版社，1998 年 8 月。

234. 葛荃，《權力宰制理性 —— 士人、傳統政治文化與中國社會》，天津：南開大學出版社，2003 年 11 月。

235. 董家遵，《中國古代婚姻史研究》，番禺：廣東人民出版社，1995 年 9 月。

236. 詹鄞鑫，《神靈與祭祀 —— 中國傳統宗教綜論》，南京：江蘇古籍出版社，1992 年 6 月。

237. 鄒昌林，《中國古禮研究》，台北：文津出版社，民國 81 年 9 月。

238. 鄒昌林，《中國禮文化》，北京：社會科學文獻出版社，2000 年 5 月。

239. 鄒衡，《夏商周考古學論文集（第二版）》，北京：科學出版社，2001 年 8 月（1980 年初版）。

240. 鄒衡，《夏商周考古學論文集（續集）》，北京：科學出版社，1998 年 4 月。

241. 雷漢卿，《《說文》「示部」字與神靈祭祀考》，成都：巴蜀書社，2000 年 3 月。

242. 廖群，《中國審美文化史 —— 先秦卷》，北京：出版社，2000 年 10 月。

243. 趙世超，《周代國野關係研究》，台北：文津出版社，民國 82 年 10 月。

244. 趙丕傑，《中國古代禮俗》，北京：語文出版社，1996 年 5 月。

245. 趙行良，《中國文化的精神價值 —— 中國人文精神之探討》，上海：上海古籍出版社，2003 年 12 月。

246. 趙伯雄，《周代國家形態研究》，長沙：湖南教育出版社，1990 年 8 月。

247. 趙沛，《兩漢宗族研究》，濟南：山東大學出版社，2002 年 8 月。

248. 趙誠，《甲骨文與商代文化》，瀋陽：遼寧人民出版社，2000 年 1 月。

249. 魯士春，《先秦容禮研究》，台北：天工書局，民國 87 年 7 月。

250. 劉正，《金文氏族研究 —— 殷周時代社會、歷史和禮制視野中的氏族問題》，北京：中華書局，2002 年 1 月。

251. 劉正，《金文廟制研究》，北京：中國社會科學出版社，2004 年 1 月。

252. 劉玉健，《中國古代龜卜文化》，桂林：廣西師範大學出版社，1992 年 4 月。

253. 劉沛林，《古村落：和諧的人聚空間》，上海：上海三聯書店，1997 年 12 月。

254. 劉家和，《古代中國與世界 —— 一個古史研究者的思考》，武漢：武漢出版社，1995 年 7 月。

255. 劉起釪，《古史續辨》，北京：中國社會科學出版社，1991 年 8 月。

256. 劉清河、李銳，《先秦禮樂》，台北：雲龍出版社，1995 年 10 月。

257. 劉源，《商周祭祖禮研究》，北京：商務印書館，2004 年 10 月。

258. 劉興均，《《周禮》名物詞研究》，成都：巴蜀書社，2001 年 5 月。

259. 劉澤華，《中國政治思想史（先秦卷）》，杭州：浙江人民出版社，1996 年 11 月。

260. 劉澤華，《中國傳統政治哲學與社會整合》，北京：中國社會科學出版社，2000 年 11 月。

261. 劉澤華、張榮明等著，《公私觀念與中國社會》，北京：人民大學出版社，2003 年 12 月。

262. 劉澤華，《先秦士人與社會》，天津：天津人民出版社，2004 年 2 月。

263. 劉豐，《先秦禮學思想與社會的整合》，北京：人民大學出版社，2003 年 12 月。

264. 樊樹雲，《詩經宗教文化探微》，天津：南開大學出版社，2001 年 3 月。

265. 潘顯一、舟再光主編，《宗教與文明》，成都：四川人民出版社，1999 年 5 月。

266. 蔡尚思，《中國禮教思想史》，香港：中華書局，1991 年 8 月。

267. 蔡和森，《社會進化史》，北京：東方出版社，1996 年 3 月。

268. 蔡俊生等，《文化論》，北京：人民出版社，2003 年 3 月。

269. 鄭定國，《周禮夏官的軍禮思想》，台北：文史哲出版社，民國 84 年 9 月。

270. 鄭泰，《中國法制史綱要》，北京：法律出版社，2001 年 5 月。

271. 鄭慧生，《上古華夏婦女與婚姻》，鄭州：河南人民出版社，1988 年 5 月。

272. 鄭顯文，《唐代律令制研究》，北京：北京大學出版社，2004 年 12 月。

273. 蕭公權，《中國政治思想史》，台北：聯經出版事業公司，民國 71 年 3 月。

274. 錢玄，《三禮通論》，南京：南京師範大學出版社，1996 年 10 月。

275. 錢杭，《周代宗法制度史研究》，上海：學林出版社，1991 年 8 月。

276. 錢杭，《中國宗族制度新探》，香港：中華書局，1994 年 4 月。

277. 錢宗武、杜純梓，《尚書新箋與上古文明》，北京：北京大學出版社，2005 年 2 月。

278. 錢宗範，《周代宗法制度研究》，桂林：廣西師範大學出版社，1989 年 7 月。

279. 錢遜，《先秦儒學》，瀋陽：遼寧教育出版社，1991 年 11 月。

280. 錢穆，《國史大綱》，台北：台灣商務印書館，民國 29 年 6 月初版，民國 76 年 5 月修訂十四版。

281. 閻步克，《士大夫政治演生史稿》，北京：北京大學出版社，1996 年 5 月。

282. 謝承仁，《中國傳統思想文化淵源》，北京：人民出版社，2004 年 10 月。

283. 謝崇安，《商周藝術》，成都：巴蜀書社，1997 年 8 月。

284. 謝維揚，《周代家庭形態》，北京：中國社會科學出版社，1990 年 6 月。

285. 謝維揚，《中國早期國家》，杭州：浙江人民出版社，1995 年 12 月。

286. 謝謙，《中國古代宗教與禮樂文化》，成都：四川人民出版社，1996 年 7

月。

287. 戴康生、彭耀主編，《宗教社會學》，成都：巴蜀書社，2000 年 6 月。

288. 韓星，《先秦儒法源流述論》，北京：中國社會科學出版社，2004 年 6 月。

289. 瞿同祖，《中國封建社會——周代社會組織》，台北：里仁書局，民國 25 年 10 月初版，民國 86 年 4 月重印初版三刷。

290. 瞿同祖，《中國法律與中國社會》，北京：中華書局，民國 36 年初版，2003 年 9 月新一版。

291. 羅永麟，《先秦諸子與民間文化》，哈爾濱：黑龍江人民出版社，2003 年 4 月。

292. 羅獨修，《先秦勢治思想探微》，台北：中國文化大學出版部，民國 91 年 1 月。

293. 嚴毅沈，《周代氏族制度》，哈爾濱：黑龍江出版社，2001 年 12 月。

294. 顧希佳，《禮儀與中國文化》，北京：人民出版社，2001 年 8 月。

四、期刊論文

1. 尹盛平，〈新出太保銅器銘文及周初分封諸侯授民問題〉，收於《西周史論文集》上冊，西安：陝西人民教育出版社，1993 年 6 月。

2. 巴新生，〈試論先秦「德」的起源與流變〉，《中國史研究》1997 年第三期。

3. 文軍，〈宗教本質在西周祖先崇拜現象中的表現〉，收於《西周史論文集》下冊，西安：陝西人民教育出版社，1993 年 6 月。

4. 文藻，〈中國喪禮沿革〉，收於陳其泰等編《二十世紀中國禮學研究論集》，北京：學苑出版社，1998 年 6 月（原載《新東方》第二卷第四期，1941 年）。

5. 牛世山，〈論先周文化的淵源〉，收於《三代考古》（一），北京：科學出版社，2004 年 9 月（原載《考古與文物》2000 年第二期）。

6. 王人聰，〈西周金文「嚴在上」解——並述周人的祖先神觀念〉，《考古》1998 年第一期。

7. 王玉哲，〈有關西周社會性質的幾個問題〉，收於《古史集林》，北京：中華書局，2002 年 9 月（原載《歷史研究》1957 年第五期）。

8. 王玉哲，〈西周春秋時代的「民」的身份問題——兼論西周春秋時的社會性質〉，收於《古史集林》，北京：中華書局，2002 年 9 月（原載《南開大學學報》（哲學社會科學版）1978 年第六期）。

9. 王玉哲，〈陝西周原所出甲骨文的來源試探〉，收於《古史集林》，北京：中華書局，2002 年 9 月（原載《社會科學戰線》1982 年第一期）。

10. 王玉哲，〈周公旦的當政及其東征考〉，收於《古史集林》，北京：中華書

局，2002 年 9 月（原載《人文雜誌叢刊》第二輯《西周史研究》，1984年 8 月）。

11. 王玉哲，〈西周國家的歷史作用〉，收於《古史集林》，北京：中華書局，2002 年 9 月（原載《歷史研究》1999 年第二期）。

12. 王仲孚，〈殷商覆亡原因試釋〉，收於《中國上古史專題研究》，台北：五南圖書出版有限公司，民國 85 年 12 月（原載《國立台灣師範大學歷史學報》第十期，民國 71 年 6 月）。

13. 王仲孚，〈試論春秋時代的諸夏意識〉，收於《中國上古史專題研究》，台北：五南圖書出版有限公司，民國 85 年 12 月（原載《第二屆國際漢學會議論文集：歷史與考古組》上冊，民國 78 年）。

14. 王仲孚，〈試論周人先世傳說與先周考古〉，收於《中國上古史專題研究》，台北：五南圖書出版有限公司，民國 85 年 12 月。

15. 王和，〈商周人際關係思想的發展與演變〉，《歷史研究》1991 年第六期。

16. 王明珂，〈周人的族源與華夏西部族群邊界的形成〉，《大陸雜誌》第八十七卷第二期，民國 82 年 8 月。

17. 王冠英，〈周初的王位紛爭和周公制禮〉，收於郭偉川編《周公攝政稱王與周初史事論集》，北京：北京圖書館出版社，1998 年 11 月。

18. 王恩田，〈周代昭穆制度源流〉，收於《西周史論文集》下冊，西安：陝西人民教育出版社，1993 年 6 月。

19. 王啓發，〈禮的屬性與意義〉，收於《古史文存——綜合卷》，北京：社會科學文獻出版社，2004 年 11 月（原載《中國社會科學院研究生院學報》1999 年第六期）。

20. 王國維，〈明堂廟寢通考〉，《觀堂集林》收於《王觀堂先生全集》，台北：文華出版公司，民國 57 年 3 月。

21. 王國維，〈釋禮〉，《觀堂集林》收於《王觀堂先生全集》，台北：文華出版公司，民國 57 年 3 月。

22. 王國維，〈殷周制度論〉，《觀堂集林》收於《王觀堂先生全集》，台北：文華出版公司，民國 57 年 3 月。

23. 王震中，〈西周城邑國家文明的起源〉，收於《西周史論文集》上冊，西安：陝西人民教育出版社，1993 年 6 月。

24. 王震中，〈祭祀、戰爭與國家〉，收於《古史文存——先秦卷》，北京：社會科學文獻出版社，2004 年 11 月（原載《中國史研究》一九九三第三期）。

25. 王德培，〈書傳求是札記（上）〉，《天津師大學報》一九八三第四期。

26. 王巍、徐良高，〈先周文化的考古學探索〉，收於《三代考古》（一），北京：科學出版社，2004 年 9 月（原載《考古學報》2000 年第三期）。

27. 石永士，〈聚落・城・都城——試論夏、商、周三代在我國都城、宮殿建築發展中的地位〉，收於《三代文明研究》（一），北京：科學出版社，1999 年 8 月。

28. 田昌五，〈周原出土甲骨中反映的商周關係〉，《文物》1989 年第十期。

29. 石蘭梅，〈論商代的王權及其發展〉，國立臺灣師範大學歷史研究所博士論文，民國 91 年 6 月。

30. 匡亞明，〈西周領主制封建社會的主要特徵〉，《複印報刊資料——先秦、秦漢史》1987 年 10 月。

31. 印群，〈西周墓地制度之管窺〉，收於《三代考古》（一），北京：科學出版社，2004 年 9 月（原載《遼寧大學學報》（哲學社會科學版）2000 年第四期）。

32. 曲英傑，〈周都王廟考〉，收於《西周史論文集》下冊，西安：陝西人民教育出版社，1993 年 6 月。

33. 朱君孝，〈周族的起源及其遷徙〉，收於《西周史論文集》上冊，西安：陝西人民教育出版社，1993 年 6 月。

34. 朱鳳瀚，〈商周時期的天神崇拜〉，《中國社會科學》1993 年第四期。

35. 朱鴻，〈論魯國「一生一及」的君位繼承制度〉，《國立台灣師範大學歷史學報》第九期，台北：國立台灣師範大學歷史研究所・歷史學系，民國 70 年 5 月。

36. 何柄棣，〈原禮〉，《二十一世紀》1992 年第二期。

37. 余永梁，〈易卦爻辭的時代及其作者〉，《古史辨》第三冊，台北：藍燈文化事業股份有限公司，民國 82 年 8 月二版（原載《中央研究院歷史語言研究所集刊》第一本第一分，民國 17 年 10 月）。

38. 余樹聲，〈西周社會的封建性質及封閉性社會結構〉，《中國古史論叢》八，1983 年 12 月。

39. 余樹聲，〈宗法農奴制基礎上的西周婚制〉，收於《西周史論文集》下冊，西安：陝西人民教育出版社，1993 年 6 月。

40. 吳承仕，〈中國古代社會研究者對於喪服應認識的幾個根本觀念〉，收於陳其泰等編《二十世紀中國禮學研究論集》，北京：學苑出版社，1998 年 6 月（原載《文史》第一期第一卷，1934 年）。

41. 呂紹綱，〈《呂刑》約解〉，收於《西周史論文集》上冊，西安：陝西人民教育出版社，1993 年 6 月。

42. 宋鎮豪，〈中國上古日神崇拜的祭禮〉，收於《西周史論文集》下冊，西安：陝西人民教育出版社，1993 年 6 月。

43. 李世平，〈西周宗教觀淺論〉，收於《西周史論文集》下冊，西安：陝西人民教育出版社，1993 年 6 月。

44. 李仲立,〈試論西周社會性質〉,《中國古史論叢》八,1983 年 12 月。

45. 李宗桐,〈封建的解體〉,《台大文史哲學報》第十五期,台北:國立台灣大學出版委員會,民國 55 年。

46. 李禹階,〈史前中原地區的宗教崇拜和「禮」的起源〉,《中國史研究》1995 年第一期。

47. 李亞農,〈周族的氏族制與拓跋族的前封建〉,收於《李亞農史論集》上冊,上海:上海人民出版社,1978 年 1 月。

48. 李雪山,〈貞人為封國首領來朝職掌占卜祭祀之官〉,收於《董作賓與甲骨學研究》,開封:河南大學出版社,2003 年 10 月。

49. 李學勤,〈西周時期的諸侯國青銅器〉,收於《新出青銅器研究》,北京:文物出版社,1990 年 6 月（原載《中國社會科學院研究生院學報》1985 年第六期）。

50. 李衡眉,〈「刑不上大夫」的真諦何在〉,收於《先秦史論集》,濟南:齊魯書社,1999 年 10 月（原載《史學集刊》1982 年第一期）。

51. 李衡眉,〈先秦刑法的沿革〉,收於《先秦史論集（續）》,濟南:齊魯書社,2003 年 1 月（原載《研究生集刊》1982 年第二期）。

52. 李衡眉,〈「刑不上大夫」之「刑」為「肉刑」說補證〉,收於《先秦史論集（續）》,濟南:齊魯書社,2003 年 1 月（原載《河南大學學報》1986 年第一期）。

53. 李衡眉,〈論周代的「同姓不婚」禮俗〉,收於《先秦史論集》,濟南:齊魯書社,1999 年 10 月（原載《煙台大學學報》1988 年第四期）。

54. 李衡眉,〈「刑」字古義發微〉,收於《先秦史論集（續）》,濟南:齊魯書社,2003 年 1 月（原載《洛陽師專學報》1990 年第三期）。

55. 李衡眉,〈周代婚姻禁忌述略〉,收於《先秦史論集（續）》,濟南:齊魯書社,2003 年 1 月（原載《人文雜誌》1990 年第六期）。

56. 李衡眉,〈試論中國古代的「樂治」〉,收於《先秦史論集》,濟南:齊魯書社,1999 年 10 月（原載《煙台大學學報》1992 年第一期）。

57. 李衡眉,〈兄弟相繼為君的昭穆異同問題〉,收於《先秦史論集》,濟南:齊魯書社,1999 年 10 月（原載《史學集刊》1992 年第四期）。

58. 李衡眉,〈「奴隸社會不存在獨立於禮的法」說質疑〉,收於《先秦史論集》,濟南:齊魯書社,1999 年 10 月（原載《河南大學大學學報》1993 年第一期）。

59. 李衡眉,〈殷人昭穆制度試探〉,收於《先秦史論集》,濟南:齊魯書社,1999 年 10 月（原載《求是學刊》1995 年第三期）。

60. 李衡眉,〈昭穆制度與宗法制度關係略論〉,收於《先秦史論集》,濟南:齊魯書社,1999 年 10 月（原載《歷史研究》1996 年第二期）。

61. 李衡眉，〈魯國昭穆制度蠡測〉，收於《先秦史論集（續）》，濟南：齊魯書社，2003 年 1 月（原載《河南大學學報》2000 年第四期）。

62. 李衡眉，〈論西周的王位繼承制度〉，收於《先秦史論集（續）》，濟南：齊魯書社，2003 年 1 月。

63. 李衡眉，〈晉國昭穆制度管窺〉，收於《先秦史論集（續）》，濟南：齊魯書社，2003 年 1 月。

64. 杜正勝，〈周代的武裝殖民與邦國──周代城邦的社會基礎之一〉，《大陸雜誌》第四十九卷第六期，民國 63 年 12 月。

65. 杜正勝，〈周代封建的建立〉，《中央研究院歷史語言研究所集刊》第五十本第三分，民國 68 年 9 月。

66. 杜正勝，〈西周封建特質──兼論夏政、商政與戎索、周索〉，《食貨月刊》第九卷五、六合期，民國 68 年 9 月。

67. 杜正勝，〈周代封建制度的社會結構〉，《中央研究院歷史語言研究所集刊》第五十本第三分，民國 68 年 9 月。

68. 杜迺松，〈論列鼎制度〉，收於《吉金文字與青銅文化論集》，北京：紫禁城出版社，2003 年 10 月（原載《考古》1976 年第一期）。

69. 杜迺松，〈西周銅器銘文中的「德」字〉，收於《吉金文字與青銅文化論集》，北京：紫禁城出版社，2003 年 10 月（原載《故宮博物院院刊》1981 年第二期）。

70. 沈文倬，〈略論禮典的實行和《儀禮》書本之撰作〉，收於陳其泰等編《二十世紀中國禮學研究論集》，北京：學苑出版社，1998 年 6 月（原載《文史》第十六輯）。

71. 沈恆春，〈宗法制度研究〉，《國立台灣師範大學國文研究所集刊》第二十七號，台北：國立台灣師範大學，民國 72 年 6 月。

72. 沈長雲，〈論周康王〉，收於《西周史論文集》下冊，西安：陝西人民教育出版社，1993 年 6 月。

73. 周蘇平，〈周代國家形態探析〉，收於《西周史論文集》下冊，西安：陝西人民教育出版社，1993 年 6 月。

74. 屈萬里，〈周語十二篇中的政治思想〉，收於《屈萬里先生文存》第一冊，台北：聯經出版事業公司，民國 74 年 2 月（原載《中國政治思想與制度史論集》，民國 43 年 11 月）。

75. 屈萬里，〈東西周之際的詩篇所反映的民生及政治情況〉，收於《屈萬里先生文存》第一冊，台北：聯經出版事業公司，民國 74 年 2 月（原載《臺大青年》57 年三期，民國 57 年 6 月）。

76. 屈萬里，〈西周史事概述〉，《中央研究院歷史語言研究所集刊》第四十二本第四分，台北：中央研究院歷史語言研究所，民國 60 年 12 月。

77. 林甘泉，〈說庶人的身份〉，收於《古史文存——先秦卷》，北京：社會科學文獻出版社，2004 年 11 月（原載《光明日報》《史學》專刊第二五一號，1962 年）。

78. 尚海麗，〈殷人與猶太人的上帝觀及其歷史取向〉，收於《董作賓與甲骨學研究》，開封：河南大學出版社，2003 年 10 月。

79. 林沄，〈關於中國早期國家形式的幾個問題〉，《吉林大學社會科學學報》1986 年第六期。

80. 林志純，〈孔孟書中所反映的古代中國城市國家制度〉，《歷史研究》1980 年第三期。

81. 林崗，〈宗法新解〉，《九州學刊》第四卷第二期，1991 年 7 月。

82. 金景芳，〈談禮〉，收於陳其泰等編《二十世紀中國禮學研究論集》，北京：學苑出版社，1998 年 6 月（原載《傳統文化與現代化》1997 年第一期）。

83. 金景芳，〈周公對鞏固姬周政權所起的作用〉，收於郭偉川編《周公攝政稱王與周初史事論集》，北京：北京圖書館出版社，1998 年 11 月。

84. 金經一，〈第二期卜辭所見「帝」的神威變化與其文化內含〉，收於《容庚先生百年誕辰紀念文集》，韶關：廣東人民出版社，1998 年 4 月。

85. 侯家駒，〈周禮中的政治思想及制度〉，《幼獅學誌》第十八卷第二期，民國 73 年 10 月。

86. 俞偉超、高明，〈周代用鼎制度研究〉，《北京大學學報（哲學社會科學版）》1978 年第一、二期，1979 年第一期。

87. 查昌國，〈西周「孝」義試探〉，《中國史研究》1993 年第二期。

88. 查昌國，〈西周「孝」有抑制父權的作用〉，收於《西周史論文集》下冊，西安：陝西人民教育出版社，1993 年 6 月。

89. 段凌平等，〈試論殷商德的觀念〉，《廈門大學學報》1988 年第四期。

90. 胡厚宣，〈殷卜辭中的上帝與王帝（上）〉，《歷史研究》1959 年第九期。

91. 胡厚宣，〈殷卜辭中的上帝與王帝（下）〉，《歷史研究》1959 年第十期。

92. 胡厚宣，〈甲骨文「家譜刻辭」真偽問題再商榷〉，收於《古史文存——先秦卷》，北京：社會科學文獻出版社，2004 年 11 月（原載《古文字研究》第四輯，1980 年 12 月）。

93. 胡新生，〈西周春秋時期的國野制與部族國家形態〉，《文史哲》1985 年第三期。

94. 胡謙盈，〈豐、鎬地區諸水道的踏察——兼論周都豐、鎬位置〉，收於《胡謙盈周文化考古研究選集》，成都：四川大學出版社，2000 年 2 月（原載《考古》1963 年第四期）。

95. 胡謙盈，〈姬周陶鬲研究——周族起源探索之一〉，收於《胡謙盈周文化

考古研究選集》，成都：四川大學出版社，2000 年 2 月（原載《考古與文物》1982 年第一期）。

96. 胡謙盈，〈郭沫若論商、周人殉的基本觀點〉，收於《胡謙盈周文化考古研究選集》，成都：四川大學出版社，2000 年 2 月（原載《郭沫若研究》二集，1986 年）。

97. 胡謙盈，〈姬周族屬及其文化探源 —— 周族起源探索之二〉，收於《胡謙盈周文化考古研究選集》，成都：四川大學出版社，2000 年 2 月（原載《亞洲文明論叢》第一集，1986 年）。

98. 胡謙盈，〈試談先周文化及相關問題〉，收於《胡謙盈周文化考古研究選集》，成都：四川大學出版社，2000 年 2 月（原載《中國考古學研究 —— 夏鼐先生考古五十年紀念論文集》第二冊，1986 年）。

99. 胡謙盈，〈太王以前的周史管窺 —— 周族起源探索之三〉，收於《胡謙盈周文化考古研究選集》，成都：四川大學出版社，2000 年 2 月（原載《考古與文物》1987 年第一期）。

100. 胡謙盈，〈淺談先周文化分布與傳說中的周都 —— 周族起源探索之四〉，收於《胡謙盈周文化考古研究選集》，成都：四川大學出版社，2000 年 2 月（原載《華夏文明》二集，1990 年）。

101. 胡謙盈，〈南邠碾子坡先周墓葬和西周墓葬 —— 周人早期葬俗探討之一〉，收於《胡謙盈周文化考古研究選集》，成都：四川大學出版社，2000 年 2 月（原載《中國考古學論叢 —— 中國社會科學院考古研究所建所四十年紀念》，1993 年）。

102. 胡謙盈，〈商周關係史和先周文化中的商文化因素管窺〉，收於《胡謙盈周文化考古研究選集》，成都：四川大學出版社，2000 年 2 月（原載《中國商文化國際學術討論會論文集》，1998 年）。

103. 柳詒徵，〈從《周禮》觀其時社會〉，收於陳其泰等編《二十世紀中國禮學研究論集》，北京：學苑出版社，1998 年 6 月（原載《國立中央大學文史哲季刊》第二卷第二期，1945 年）。

104. 范文瀾，〈關於上古歷史階段的商榷〉，載於《中國文化》1940 年第一卷第三期。

105. 夏子賢，〈殷周天人觀對比研究〉，收於《西周史論文集》下冊，西安：陝西人民教育出版社，1993 年 6 月。

106. 孫慶偉，〈周代祭祀及其用玉三題〉，收於《古代文明》第二卷，北京：文物出版社，2003 年 6 月。

107. 徐中舒，〈從古書中推測之殷周民族〉，收於《徐中舒歷史論文選集》，北京：中華書局，1998 年 9 月（原載《國學論叢》第一卷第一號，1927 年 6 月）。

108. 徐中舒，〈關於銅器之藝術〉，收於《徐中舒歷史論文選集》，北京：中華書局，1998 年 9 月（原載《中國藝術論叢》，1938 年）。

109. 徐中舒，〈井田制度探原〉，收於《徐中舒歷史論文選集》，北京：中華書局，1998 年 9 月（原載《中國文化研究彙刊》第四卷第上冊，1944 年 9 月）。

110. 徐中舒，〈試論周代田制及其社會性質〉，收於《徐中舒歷史論文選集》，北京：中華書局，1998 年 9 月（原載《四川大學學報》（哲學社會科學版）1955 年第二期）。

111. 徐中舒，〈論西周是封建社會——兼論殷代社會性質〉，收於《徐中舒歷史論文選集》，北京：中華書局，1998 年 9 月（原載《歷史研究》1957 年第五期）。

112. 徐中舒，〈孔子的政治思想〉，收於《徐中舒歷史論文選集》，北京：中華書局，1998 年 9 月（原載《成都晚報》1963 年 1 月三十一日）。

113. 徐中舒、唐嘉弘，〈論殷周的外服制——關於中國奴隸制和封建制分期的問題〉，收於《徐中舒歷史論文選集》，北京：中華書局，1998 年 9 月（原載《人文雜誌》增刊《先秦史論文集》，1982 年 5 月）。

114. 徐中舒，〈周原甲骨初論〉，收於《徐中舒歷史論文選集》，北京：中華書局，1998 年 9 月（原載《四川大學學報叢刊》第十輯《古文字研究論文集》，1982 年 5 月）。

115. 徐中舒，〈殷周文化之蠡測〉，《上古史論》，台北：天山出版社，民國 75 年 2 月。

116. 徐永傑，〈再論殷代神與人的關係〉，收於《董作賓與甲骨學研究》，開封：河南大學出版社，2003 年 10 月。

117. 徐宏，〈禮制遺存與禮樂文化的起源〉，收於《三代考古》（一），北京：科學出版社，2004 年 9 月（原載《古代文明》第三卷，2004 年）。

118. 徐良高，〈周文化演進模式的考古學觀察〉，收於《三代考古》（一），北京：科學出版社，2004 年 9 月（原載《蘇秉琦與當代中國考古學》，2001 年）。

119. 徐進，〈禮治的精義及其影響〉，收於陳其泰等編《二十世紀中國禮學研究論集》，北京：學苑出版社，1998 年 6 月（原載《文史哲》1997 年第一期）。

120. 徐錫台，〈早周文化的特點及其淵源的探索〉，《文物》1979 年第十期。

121. 晁福林，〈論殷代神權〉，《中國社會科學》1990 年第一期。

122. 晁福林，〈試論西周分封制的若干問題〉，收於《西周史論文集》下冊，西安：陝西人民教育出版社，1993 年 6 月。

123. 秦照芬，〈殷周宗法制度研究之回顧〉，《簡牘書報》第十五期，民國 82

年 12 月。

124. 秦照芬，〈從宗法禮制看殷周變革〉，中國文化大學史學研究所博士論文，民國 83 年 6 月。

125. 郝鐵川，〈周朝國家結構考述〉，《華東師大》1987 年第二期。

126. 高明士，〈中國律令與日本律令〉，《臺大歷史學報》第二十一期，民國 86 年 12 月。

127. 高明士，〈從律令制的演變看唐宋間的變革〉，《臺大歷史學報》第三十二期，民國 92 年 12 月。

128. 高崇文，〈中國古代都城禮制文化的形成〉，收於《揖芬集——張政烺先生九十華誕紀念文集》，北京：社會科學文獻出版社，2002 年 5 月。

129. 常金倉，〈西周的典範政治及其文化基礎〉，收於《西周史論文集》下冊，西安：陝西人民教育出版社，1993 年 6 月。

130. 張天恩，〈先周文化早期相關問題淺議〉，收於《西周史論文集》上冊，西安：陝西人民教育出版社，1993 年 6 月。

131. 張玉勤，〈「庶人」辨〉，收於《西周史論文集》上冊，西安：陝西人民教育出版社，1993 年 6 月。

132. 張光直，〈殷禮中的二分現象〉，收於《中國青銅時代》，台北：聯經出版事業公司，民國 72 年 4 月（原載《慶祝李濟先生七十歲論文集》，民國 56 年）。

133. 張光直，〈從夏商周三代考古論三代關係與中國古代國家的形成〉，收於《中國青銅時代》，台北：聯經出版事業公司，民國 72 年 4 月（原載《屈萬里先生七秩榮慶論文集》，民國 67 年）。

134. 張光直，〈殷周關係的再檢討〉，收於《中國青銅時代》，台北：聯經出版事業公司，民國 72 年 4 月（原載《中央研究院歷史語言研究所集刊》第五十一本第二分，民國 69 年 6 月）。

135. 張光直，〈夏商周三代都制與三代文化異同〉，收於《中國青銅時代（第二集）》，台北：聯經出版事業公司，民國 79 年 11 月（原載《中央研究院歷史語言研究所集刊》第五十五本第一分，民國 73 年 3 月）。

136. 張秉權，〈祭祀卜辭中的犧牲〉，《中央研究院歷史語言研究所集刊》第三十八本，民國 57 年 1 月。

137. 張秉權，〈殷代的祭祀與巫術〉，《中國上古史待定稿》第二本，台北：中央研究院歷史語言研究所，民國 74 年 4 月。

138. 張秉權，〈卜辭中所見殷商政治統一的力量及其達到的範圍〉，《中國上古史待定稿》第二本，台北：中央研究院歷史語言研究所，民國 74 年 4 月。

139. 張蔭麟，〈周代的封建社會〉，《清華學報》第十卷第四期，民國 24 年 10 月。

140. 曹瑋，〈周原新出西周甲骨文研究〉，《考古與文物》2003 年第四期。

141. 梁國真，〈論商代的王位繼承制度〉，《中國歷史學會史學集刊》第二十一期，民國 78 年 7 月。

142. 許倬雲，〈周人的興起及周文化的基礎〉，收於《求古編》，台北：聯經出版事業公司，民國 73 年 3 月再版（原載《中央研究院歷史語言研究所集刊》第三十八本第二分，民國 57 年）。

143. 郭沫若，〈安陽新出土的牛胛骨及其刻辭〉，《考古》1972 年第二期。

144. 郭偉川，〈論《史記》的禮治思想──兼論「樂」與「仁」及大一統觀〉，收於陳其泰等編《二十世紀中國禮學研究論集》，北京：學苑出版社，1998 年 6 月（原載《歷史文獻研究》新七輯，1996 年）。

145. 郭偉川，〈周公稱王與周初禮治──《尚書・周書》與《逸周書》新探〉，收於郭偉川編《周公攝政稱王與周初史事論集》，北京：北京圖書館出版社，1998 年 11 月。

146. 陳公柔，〈士喪禮、既夕禮中所記載的喪葬制度〉，收於陳其泰等編《二十世紀中國禮學研究論集》，北京：學苑出版社，1998 年 6 月（原載《考古學報》一九五六第四期）。

147. 陳全方，〈陝西岐山鳳雛村西周甲骨文概論〉，收於《古文字研究論集》，成都：四川大學，1982 年。

148. 陳全方，〈周文化的形成〉，收於《三代文明研究》（一），北京：科學出版社，1999 年 8 月。

149. 陳昌遠，〈談「周公制禮作樂」〉，收於《西周史論文集》下冊，西安：陝西人民教育出版社，1993 年 6 月。

150. 陳春會，〈商代青銅器宗教思想探析〉，《考古與文物》2004 年第六期。

151. 陳致，〈夷夏新辨〉，《中國史研究》2004 年第一期。

152. 陳雲鶯，〈金文所載的西周社會形態〉，收於《西周史論文集》上冊，西安：陝西人民教育出版社，1993 年 6 月。

153. 陳錦忠，〈西周史官制度成立的背景與基礎──兼論西周封建政治的基本性格〉，《東海大學歷史學報》第三期，民國 68 年 7 月。

154. 章炳麟，〈禮隆殺論〉，收於陳其泰等編《二十世紀中國禮學研究論集》，北京：學苑出版社，1998 年 6 月（原載《檢論》卷二，1916 年）。

155. 章景明，〈周人宗法制度考〉，《幼獅學誌》第十九卷第三期，民國 76 年 5 月。

156. 傅斯年，〈論所謂「五等爵」〉，《中央研究院歷史語言研究所集刊》第二本第一分，民國 60 年 1 月再版（民國 19 年初版）。

157. 彭林，〈周代禘祭平議〉，收於《西周史論文集》下冊，西安：陝西人民教育出版社，1993 年 6 月。

158. 彭邦本，〈武王之世分封的初步探討〉，收於《西周史論文集》下冊，西安：陝西人民教育出版社，1993 年 6 月。

159. 曾振宇、崔明德，〈由法返德：商鞅社會理想之分析〉，《中國史研究》1997 年第一期。

160. 曾謇，〈周代非封建社會論〉，《食貨》第三卷第十期，民國 25 年 4 月。

161. 馮慶余、康大鵬，〈談西周分封的兩個問題〉，收於《西周史論文集》下冊，西安：陝西人民教育出版社，1993 年 6 月。

162. 斯維至，〈說德〉，收於《中國古代社會文化論稿》，台北：允晨文化實業股份有限公司，民國 86 年 4 月（原載《人文雜誌》1986 年第二期）。

163. 斯維至，〈周公的思想及其政策〉，收於《西周史論文集》下冊，西安：陝西人民教育出版社，1993 年 6 月。

164. 黃中業，〈西周分封制是國家政體說〉，《史學月刊》1985 年第二期。

165. 黃中業，〈夏殷之鑒與周初建制〉，收於《西周史論文集》下冊，西安：陝西人民教育出版社，1993 年 6 月。

166. 黃頌康，〈儒家思想的特色及其文化表現形式〉，收於《古史文存——先秦卷》，北京：社會科學文獻出版社，2004 年 11 月（原載《清華大學學報》（哲學社會科學版）1988 年第三卷第二期）。

167. 黃耀能，〈周代土地制度的演變及其歷史意義〉，《國立成功大學歷史語言研究所論文集》第一號，民國 77 年 3 月。

168. 楊升南，〈商代的王權和對王權的神化〉，收於《古史文存——先秦卷》，北京：社會科學文獻出版社，2004 年 11 月（原載《中國史研究》1997 年第四期）。

169. 楊向奎，〈《周禮》的內容分析及其成書時代〉，收於陳其泰等編《二十世紀中國禮學研究論集》，北京：學苑出版社，1998 年 6 月（原載《山東大學學報》1954 年第四期）。

170. 楊向奎，〈禮的起源〉，收於陳其泰等編《二十世紀中國禮學研究論集》，北京：學苑出版社，1998 年 6 月（原載《孔子研究》一九八六創刊號）。

171. 楊向奎，〈周公攝政與成王建國〉，收於郭偉川編《周公攝政稱王與周初史事論集》，北京：北京圖書館出版社，1998 年 11 月。

172. 楊希枚，〈《左傳》「因生以賜姓」解與「無駭卒」故事的分析〉，收於《先秦文化史論集》，北京：中國社會科學出版社，1995 年 8 月（原載《中央研究院院刊》第一輯，民國 43 年）。

173. 楊希枚，〈先秦賜姓制度理論的商榷〉，收於《先秦文化史論集》，北京：中國社會科學出版社，1995 年 8 月（原載《中央研究院歷史語言研究所集刊》第二十六本，民國 44 年）。

174. 楊希枚，〈論先秦所謂姓及其相關問題〉，收於《先秦文化史論集》，北京：

中國社會科學出版社，1995 年 8 月（原載《中國史研究》1984 年第三期，1984 年）。

175. 楊希枚，〈論先秦姓族和氏族〉，收於《先秦文化史論集》，北京：中國社會科學出版社，1995 年 8 月（寫成於 1992 年 6 月）。

176. 楊希枚，〈再論先秦姓族和氏族〉，收於《西周史論文集》下冊，西安：陝西人民教育出版社，1993 年 6 月。

177. 楊志剛，〈中國禮學史發凡〉，收於陳其泰等編《二十世紀中國禮學研究論集》，北京：學苑出版社，1998 年 6 月（原載《復旦學報》1995 年第六期）。

178. 楊亮功，〈周代封建制度對於政治文化所生的影響〉，《大陸雜誌》第五十七卷第六期，民國 67 年 12 月。

179. 楊善群，〈關於西周分封制的幾個問題〉，《複印報刊資料 —— 先秦、秦漢史》1984 年 7 月。

180. 楊寬，〈「射禮」新探〉，收於陳其泰等編《二十世紀中國禮學研究論集》，北京：學苑出版社，1998 年 6 月（原載《古史新探》，1965 年）。

181. 葉文憲，〈先周史與先周文化淵源辨析〉，收於《西周史論文集》上冊，西安：陝西人民教育出版社，1993 年 6 月。

182. 葉達雄，〈西周土地制度探研〉，《國立台灣大學歷史學系學報》第十四期，民國 77 年 7 月。

183. 董作賓，〈商代龜卜之推測〉，今收於《中國現代學術經典 —— 董作賓卷》，石家莊：河北教育出版社，1996 年 10 月（原刊於《中央研究院歷史語言研究所專刊之一‧安陽發掘報告》第一期，民國 18 年 12 月）。

184. 董作賓，〈五等爵在殷商〉，《中央研究院歷史語言研究所集刊》第六本第三分，民國 61 年 1 月再版（民國 25 年初版）。

185. 詹子慶，〈周禮和西周社會〉，收於《西周史論文集》下冊，西安：陝西人民教育出版社，1993 年 6 月。

186. 管東貴，〈從李斯廷議看周代封建制的解體〉，《中央研究院歷史語言研究所集刊》第六十四本第三分，民國 82 年 12 月。

187. 蒙文通，〈從社會制度及政治制度論《周官》成書年代〉，收於《經史抉原》，成都：巴蜀書社，1995 年 9 月（原載《圖集刊書》創刊號，1942 年）。

188. 趙世超，〈論早期國家〉，收於《西周史論文集》上冊，西安：陝西人民教育出版社，1993 年 6 月。

189. 趙世超，〈天人合一述論〉，收於《二十一世紀中國歷史學展望》，北京：中國社會科學出版社，2003 年 3 月。

190. 趙伯雄，〈周人的先王崇拜〉，收於《西周史論文集》下冊，西安：陝西

人民教育出版社，1993 年 6 月。

191. 齊思和，〈封建制度與儒家思想〉，《燕京學報》第二十二期，民國 26 年
12 月。

192. 齊思和，〈周代錫命禮考〉，收於陳其泰等編《二十世紀中國禮學研究論
集》，北京：學苑出版社，1998 年 6 月（原載《燕京學報》第三十二期，
1947 年）。

193. 齊思和，〈西周時代的政治思想〉，收於陳其泰等編《中國史探研》，石家
莊：河北教育出版社，2000 年 12 月（原載《燕京社會科學》第一卷，1948
年 8 月）。

194. 劉一曼，〈安陽殷墟甲骨出土地及其相關問題〉，收於《商文化論集（上）》，
北京：文物出版社，2003 年（原載《考古》1997 年第五期）。

195. 劉志琴，〈禮——中國文化傳統模式探析〉，收於陳其泰等編《二十世紀
中國禮學研究論集》，北京：學苑出版社，1998 年 6 月（原載《天津社會
科學》1987 年第六期）。

196. 劉芳，〈論周人的進取精神〉，收於《西周史論文集》下冊，西安：陝西
人民教育出版社，1993 年 6 月。

197. 劉軍社，〈太王「翦商」史事辨〉，收於《西周史論文集》上冊，西安：
陝西人民教育出版社，1993 年 6 月。

198. 劉信芳，〈「禮不下庶人，刑不上大夫」辨疑〉，《中國史研究》2004 年第
一期。

199. 劉家和，〈先秦儒家仁禮學說新探〉，收於陳其泰等編《二十世紀中國禮
學研究論集》，北京：學苑出版社，1998 年 6 月（原載《孔子研究》1990
年第一期）。

200. 劉師培，〈逸禮考〉，收於陳其泰等編《二十世紀中國禮學研究論集》，北
京：學苑出版社，1998 年 6 月（原載《國民》第一卷第一、二期，1919
年）。

201. 劉韵葉，〈周昭王初論〉，收於《西周史論文集》下冊，西安：陝西人民
教育出版社，1993 年 6 月。

202. 劉澤華，〈先秦禮論初探〉，收於陳其泰等編《二十世紀中國禮學研究論
集》，北京：學苑出版社，1998 年 6 月（原載《中國文化研究集刊》，1987
年）。

203. 樊浩，〈倫理政治：中國特色的文化原理與文化機制〉，《人文雜誌》1992
年第六期。

204. 蔡介民，〈《禮記》成書之時代〉，收於陳其泰等編《二十世紀中國禮學研
究論集》，北京：學苑出版社，1998 年 6 月（原載《新東方》第一卷第一
期，1940 年）。

205. 蔡介民，〈《禮記》成書時代再考〉，收於陳其泰等編《二十世紀中國禮學研究論集》，北京：學苑出版社，1998 年 6 月（原載《新東方》第一卷第五期，1940 年）。

206. 蔡介民，〈漢代禮治的建立及其對後世的影響〉，收於陳其泰等編《二十世紀中國禮學研究論集》，北京：學苑出版社，1998 年 6 月（原載《第九屆秦漢史學術研討會論文集》，1997 年）。

207. 錢穆，〈周官著作時代考〉，收於《兩漢經學今古文平議》，台北：東大圖書有限公司，民國 60 年台初版（原載《燕京學報》第十一期，1932 年）。

208. 應永深，〈說「庶人」〉，收於《古史文存——先秦卷》，北京：社會科學文獻出版社，2004 年 11 月（原載《中國史研究》1981 年第二期）。

209. 韓玉鈴、桑永夫，〈禮儀制度與文明起源〉，收於《夏文化研究論集》，北京：中華書局，1996 年 9 月。

210. 魏良弢，〈忠節的歷史考察：先秦時期〉，《南京大學學報》1994 年第一期。

211. 龐德謙，〈試析西周文化的生態基礎〉，收於《西周史論文集》上冊，西安：陝西人民教育出版社，1993 年 6 月。

212. 嚴一萍，〈夏商周文化異同考〉，《大陸雜誌特刊》第一輯，民國 41 年 7 月。

213. 饒宗頤，〈天神觀與道德思想〉，《中國上古史待定稿》第四本，台北：中央研究院歷史語言研究所，民國 74 年 4 月。

214. 饒宗頤，〈神道思想與理性主義〉，《中國上古史待定稿》第四本，台北：中央研究院歷史語言研究所，民國 74 年 4 月。

215. 饒宗頤，〈《春秋左傳》中之「禮經」及重要禮論〉，收於陳其泰等編《二十世紀中國禮學研究論集》，北京：學苑出版社，1998 年 6 月（原載《香港聯合書院三十週年紀念論文集》，1986 年）。

216. 顧頡剛，〈三代世表〉，收於《古史文存——先秦卷》，北京：社會科學文獻出版社，2004 年 11 月（原載《史林雜識初編》，1963 年 2 月）。

217. 顧頡剛，〈「周公制禮」的傳說和《周官》一書的出現〉，收於陳其泰等編《二十世紀中國禮學研究論集》，北京：學苑出版社，1998 年 6 月（原載《文史》第六輯，1979 年）。

五、考古發掘報告

1. 丁乙，〈周原的建築遺存和銅器窖藏〉，《考古》1982 年第四期。

2. 山東省文物考古研究所等，《曲阜魯國故城》，濟南：齊魯出版社，1982 年 6 月。

3. 中國社會科學院考古研究所，《上村嶺虢國墓地》，北京：科學出版社，

1959 年 5 月。

4. 中國社會科學院考古研究所安陽工作隊，〈1958～1959 年殷墟發掘簡報〉，《考古》1961 年第二期。

5. 中國社會科學院考古研究所灃西發掘隊，〈1960 年秋陝西長安張家坡發掘簡報〉，《考古》1962 年第一期。

6. 中國社會科學院考古研究所，《灃西發掘報告》，北京：文物出版社，1962 年 6 月。

7. 中國社會科學院考古研究所安陽工作隊，〈1973 年安陽小屯南地發掘簡報〉，《考古》1975 年第一期。

8. 中國社會科學院考古研究所安陽工作隊，〈1975 年安陽殷墟的新發現〉，《考古》1976 年第四期。

9. 中國社會科學院考古研究所安陽發掘隊等，〈安陽殷墟奴隸祭祀坑的發掘〉，《考古》1977 年第一期。

10. 中國社會科學院考古研究所安陽工作隊，〈1969～1977 年殷墟西區墓葬發掘報告〉，《考古學報》1979 年第一期。

11. 中國社會科學院考古研究所灃西發掘隊，〈1967 年長安張家坡周墓的發掘〉，《考古學報》1980 年第四期。

12. 中國社會科學院考古研究所灃西發掘隊，〈1976～1978 年長安灃西發掘簡報〉，《考古學報》1981 年第一期。

13. 中國社會科學院考古研究所灃西發掘隊，〈1979～1981 年長安灃西、灃東發掘簡報〉，《考古》1986 年第三期。

14. 中國社會科學院考古研究所灃西發掘隊，〈1984 年灃西大原村西周墓地發掘簡報〉，《考古》1986 年第十一期。

15. 中國社會科學院考古研究所洛陽漢魏故城工作隊，〈偃師商城的初步戡探和發掘〉，《考古》1984 年第六期。

16. 中國社會科學院考古研究所安陽工作隊，〈安陽小屯村北的兩座殷代墓〉，《考古學報》1981 年第四期。

17. 中國社會科學院考古研究所灃鎬發掘隊，〈長安灃西早周墓葬發掘記略〉，《考古》1984 年第九期。

18. 中國社會科學院考古研究所灃西發掘隊，〈1979～81 年長安灃西、灃東發掘簡報〉，《考古》1986 年第三期。

19. 中國社會科學院考古研究所灃鎬工作隊，〈1984～85 年灃西西周遺址墓葬發掘報告〉，《考古》1987 年第一期。

20. 中國社會科學院考古研究所灃西發掘隊，〈陝西長安灃西客省莊西周夯土基址發掘報告〉，《考古》1987 年第八期。

21. 中國社會科學院考古研究所，〈殷墟發掘報告（1958～1961）〉，北京：文物出版社，1987 年 11 月。

22. 中國社會科學院考古研究所安陽工作隊，〈安陽武官村北地商代祭祀坑的發掘〉，《考古》1987 年第十二期。

23. 中國社會科學院考古研究所編，《洛陽發掘報告（1955～1960 年洛陽澗濱考古發掘資料）》，北京：北京燕山出版社，1989 年 11 月。

24. 中國社會科學院考古研究所、北京市文物工作隊琉璃河考古隊，〈北京琉璃河一一九三號大墓發掘簡報〉，《考古》1990 年第一期。

25. 中國社會科學院考古所安陽隊，〈1982～1984 年安陽苗圃北地殷代遺址的發掘〉，《考古學報》1991 年第一期。

26. 中國社會科學院考古研究所安陽工作隊，〈1986～1987 年安陽花園莊南地發掘報告〉，《考古學報》1992 年第一期。

27. 中國社會科學院考古研究所安陽工作隊，〈1991 年安陽花園莊東地、南地發掘簡報〉，《考古》1993 年第六期。

28. 中國社會科學院考古研究所安陽工作隊，〈河南安陽殷墟大型建築基址的發掘〉，《考古》2001 年第五期。

29. 中國社會科學院考古研究所，〈河南偃師商城商代早期王室祭祀遺址〉，《考古》2002 年第七期。

30. 中國社會科學院考古研究所安陽工作隊，〈河南安陽市洹北商城的戡察與試掘〉，《考古》2003 年第五期。

31. 中國社會科學院考古研究所安陽工作隊，〈河南安陽市洹北商城宮殿區一號基址發掘簡報〉，《考古》2003 年第五期。

32. 中國社會科學院考古研究所琉璃河考古隊，〈琉璃河燕國古城發崛的初步收穫〉，《北京文博》1995 年第一期。

33. 北京大學考古學系、山西省考古所，〈天馬——曲村遺址北趙晉侯墓地第一次發掘〉，《文物》1993 年第三期。

34. 北京大學考古學系、山西省考古所，〈天馬——曲村遺址北趙晉侯墓地第二次發掘〉，《文物》1994 年第一期。

35. 北京大學考古學系、山西省考古所，〈天馬——曲村遺址北趙晉侯墓地第三次發掘〉，《文物》1994 年第八期。

36. 北京大學考古學系、山西省考古所，〈天馬——曲村遺址北趙晉侯墓地第四次發掘〉，《文物》1994 年第八期。

37. 北京大學考古學系、山西省考古所，〈天馬——曲村遺址北趙晉侯墓地第五次發掘〉，《文物》1995 年第七期。

38. 北京大學考古學系、山西省考古所，〈天馬——曲村遺址北趙晉侯墓地第六次發掘〉，《文物》2001 年第八期。

39. 北京市文物研究所，《琉璃河西周燕國墓地（1973～1977）》，北京：文物出版社，1995 年 7 月。

40. 史言，〈扶風莊白大隊出土的一批西周銅器〉，《文物》1972 年第六期。

41. 甘肅省博物館文物工作隊，〈甘肅靈臺白草坡西周墓〉，《考古學報》1977 年第二期。

42. 石興邦，〈長安普渡村西周墓發掘記〉，《考古學報》1954 年第八冊。

43. 安陽市博物館，〈安陽大司空村殷代殺殉坑〉，《考古》1978 年第一期。

44. 吳鎮烽、雒忠如，〈陝西省扶風縣強家村出土的西周銅器〉，《文物》1975 年第八期。

45. 周原扶風文物管理委員會，〈陝西扶風強家一號西周墓〉，《文博》1987 年第四期。

46. 河南省文化局文物工作隊第一隊，〈1955 年秋安陽小屯殷墟的發掘〉，《考古學報》1958 年第三期。

47. 河南省文物研究所、三門峽文物工作隊，〈三門峽上村嶺虢國墓地 M2001 發掘簡報〉，《華夏考古》1992 年第三期。

48. 河南省文物研究所、三門峽文物工作隊，〈三門峽上村嶺虢國墓地 M2006 的清理〉，《文物》1995 年第一期。

49. 河南省文物考古研究所，〈1995 年鄭州小雙橋遺址的發掘〉，《華夏考古》1996 年第三期。

50. 河南省文物考古研究所、周口地區文化局，〈河南鹿邑縣太清宮西周墓的發掘〉，《考古》2000 年第九期。

51. 河南省文物考古研究所，《鄭州商城》，北京：文物出版社，2001 年 10 月。

52. 河南省博物館，〈鄭州商城遺址內發現商代夯土台基和奴隸頭骨〉，《文物》1974 年第九期。

53. 洛陽市文物工作隊，〈洛陽東關五座西周墓的清理〉，《中原文物》1984 年第三期。

54. 洛陽市文物工作隊，《洛陽北窰西周墓地》，北京：文物出版社，1999 年 4 月。

55. 洛陽博物館，〈洛陽北窰西周鑄銅遺址 1974 年度發掘簡報〉，《文物》1981 年第七期。

56. 唐祿庭等，〈山東黃縣東營周家村西周殘墓清理簡報〉，《海岱考古》1989 年創刊號。

57. 徐良高、王巍，〈陝西扶風雲塘西周建築基址的初步認識〉，收於《三代考古》（一），北京：科學出版社，2004 年 9 月（原載《考古》2002 年第

九期）。

58. 栖霞縣文物管理委員會,〈山東栖霞縣松山鄉呂家埠西周墓〉,《考古》1988
年第九期。

59. 陝西周原考古隊,〈陝西扶風莊白一號西周銅器窖藏發掘簡報〉,《文物》
1978 年第三期。

60. 陝西周原考古隊,〈陝西扶風縣雲塘、莊白二號西周銅器窖藏〉,《文物》
1978 年第十一期。

61. 陝西周原考古隊,〈陝西岐山鳳雛村西周建築基址發掘簡報〉,《文物》1979
年第十期。

62. 陝西周原考古隊,〈陝西扶風齊家十九號西周墓〉,《文物》1979 年第十
一期。

63. 陝西周原考古隊,〈扶風雲塘西周墓〉,《文物》1980 年第四期。

64. 陝西周原考古隊,〈扶風召陳西周建築群基址發掘簡報〉,《文物》1981
年第三期。

65. 陝西周原考古隊,〈扶風黃堆西周墓地鑽探清理簡報〉,《文物》1986 年
第八期。

66. 陝西周原考古隊,〈陝西扶風縣雲塘、齊鎮西周建築基址 1999～2000 年
度發掘簡報〉,《考古》2002 年第九期。

67. 陝西周原考古隊,〈2001 年度周原遺址調查報告〉,收於《古代文明》第
二卷,北京:文物出版社,2003 年 6 月。

68. 陝西周原考古隊,〈2001 年度周原遺址(王家嘴、賀家地點)發掘簡報〉,
收於《古代文明》第二卷,北京:文物出版社,2003 年 6 月。

69. 陝西周原考古隊,〈1999 年度周原遺址 IA1 區及 IVA1 區發掘簡報〉,收
於《古代文明》第二卷,北京:文物出版社,2003 年 6 月。

70. 陝西省文物管理委員會,〈長安張家坡西周遺址的重要發現〉,《文物參考
資料》1956 年第三期。

71. 陝西省文物管理委員會,〈長安普渡村西周墓的發掘〉,《考古學報》1957
年第一期。

72. 陝西省文物管理委員會,〈西周鎬京附近部分墓葬發掘簡報〉,《文物》1986
年第一期。

73. 陝西省考古研究所,〈岐山賀家村周墓發掘簡報〉,《考古與文物》1980
年第一期。

74. 陝西省博物館,〈陝西岐山賀家村西周墓葬〉,《考古》1976 年第一期。

75. 琉璃河考古隊,〈琉璃河遺址 1996 年度發掘簡報〉,《文物》1997 年第六
期。

76. 郭寶鈞,〈1950 年安陽殷墟發掘報告〉,《中國考古學報》1951 年第五冊。

77. 郭寶鈞,《濬縣辛村》,北京:科學出版社,1964 年 3 月。

78. 傅熹年,〈陝西岐山鳳雛建築遺址初探〉,《文物》1981 年第一期。

79. 開封地區文物管理委員會等,〈河南省新鄭縣唐戶兩周墓葬發掘簡報〉,《文物資料叢刊(二)》,北京:文物出版社,1978 年。

80. 楊鴻勛,〈西周岐邑建築遺址的初步考察〉,《文物》1987 年第三期。

81. 葛今,〈涇陽高家堡早周墓發掘記〉,《文物》1972 年第七期。

82. 雍城考古隊,〈鳳翔南指揮西村周墓的發掘〉,《考古與文物》1982 年第四期。

83. 趙永福,〈1961～1962 年灃西發掘簡報〉,《考古》1984 年第九期。

84. 趙福生,〈西周燕都遺址(琉璃河商周遺址)〉,《北京文博》1995 年第一期。

85. 龐懷清等,〈陝西省岐山縣董家村西周青銅器窖穴發掘簡報〉,《文物》1976 年第五期。

86. 寶雞市博物館,〈寶雞竹園溝西周墓地發掘簡報〉,《文物》1983 年第二期。

87. 寶雞茹家莊西周墓發掘隊,〈陝西省寶雞市茹家莊西周墓發掘簡報〉,《文物》1976 年第四期。

六、外文及翻譯論著

(一)韓　文

1. 宋榮培,《中國社會思想史 ── 儒家思想、儒家式社會與馬克思主義的中國化》,北京:社會科學出版社,2004 年。

(二)日　文

1. 小南一郎編,《中國の禮制と禮學》,京都:朋友書店,2001 年。

2. 中村元著、林太、馬小鶴譯,《東方民族的思維方法》,台北:淑馨出版社,民國 79 年 6 月。

3. 白川靜著、溫天河、蔡哲茂合譯,《金文的世界:殷周社會史》,台北:聯經出版事業公司,民國 78 年。

4. 伊藤道治著、江藍生譯,《中國古代王朝的形成 ── 以出土資料爲主的殷周史研究》,北京:中華書局,2002 年。

5. 西晉一郎,《禮の意義と構造》,東京:國民精神文化研究所,1941 年。

6. 西嶋定生著、高明士譯,〈關於中國古代社會結構特質的問題所在〉,收於《日本學者研究中國史論著選譯》第二卷專論,北京:中華書局,1993 年(原載《中國古代帝國的形成與結構》,1961 年)。

7. 西嶋定生著、高明士譯,《中國古代帝國形成史論》,收於《日本學者研究中國史論著選譯》第二卷專論,北京:中華書局,1993 年(原載《中國古代國家與東亞世界》,1983 年)。

8. 西嶋定生著、高明士譯,《東亞世界的形成》,收於《日本學者研究中國史論著選譯》第二卷專論,北京:中華書局,1993 年(原載《中國古代國家與東亞世界》,1983 年)。

9. 西嶋定生著、尚武清譯,《中國古代帝國的形成與結構——二十等爵制研究》,北京:中華書局,2004 年。

10. 尾形勇著、張鶴泉譯,《中國古代的「家」與國家》,長春:吉林文史出版社,1993 年。

11. 谷川道雄著、王霜媚譯,《中國社會構造的特質與士大夫的問題》,收於《日本學者研究中國史論著選譯》第二卷專論,北京:中華書局,1993 年(原載《思想》第五八二號,1972 年 12 月)。

12. 島邦男撰、溫天河、李壽林譯,《殷墟卜辭研究》,台北:鼎文書局,民國 64 年。

13. 增淵龍夫,《中國古代の社會と國家》,東京:弘文堂,1960 年。

14. 瀨川昌久著、錢杭譯,《族譜:華南漢族的宗族・風水・移居》,上海:上海書店出版社,1999 年。

15. 藤川正數,《魏晉時代につける喪服禮の研究》,東京:敬文社,1960 年。

16. 藤川正數,《漢代につける禮學の研究》,東京:風間書房,1985 年。

(三)德 文

1. 馬克思・韋伯(Max Weber)著、洪天富譯,《儒教與道教》,南京:江蘇人民出版社,1997 年(1915 年初版)。

2. 羅曼・赫爾佐克(Roman Herzog)著、趙蓉恆譯,《古代的國家——起源和統治形式》,北京:北京大學出版社,1998 年(1988 年初版)。

(四)法 文

1. 列維・斯特勞斯(Claude Lévi-Strauss)著、李幼蒸譯,《野性的思維》,北京:商務印書館,1987 年(1962 年初版)。

2. 列維・斯特勞斯(Claude Lévi-Strauss)著、渠東譯,《圖騰制度》,上海:上海人民出版社,2002 年(1962 年初版)。

3. 涂爾幹(Émile Durkheim)著、林宗錦等譯,《宗教生活的初級形式》,北京:中央民族大學出版社,1999 年(1913 年初版)。

4. 馬克・布洛克(Marc Bloch)著、談谷錚等譯,《封建社會》,台北:桂冠圖書公司,1995 年(1940 年初版)。

5. 費爾南・布勞岱(Fernand Braudel)著、曾培耿、唐家龍譯,《地中海史》,

台北：台灣商務印書館，2002 年（1949 年初版）。

6. 費爾南・布勞岱（Fernand Braudel）編、劉北成譯，《論歷史》，台北：五南圖書出版公司，民國 77 年（1969 年初版）。

（五）英 文

1. 史壯柏格（Roland N. Stromberg）著、蔡伸章譯，《近代西方思想史》，台北：桂冠圖書公司，1993 年。

2. 基辛（R. Keesing）著、張恭啓等譯，《當代文化人類學》，台北：巨流圖書公司，民國 78 年（1958 年初版）。

3. 張光直著、毛小雨譯，《商代文明》，北京：北京工藝美術出版社，1999 年（1980 年初版）。

4. 張光直著、郭 淨譯，《美術、神話與祭祀》，瀋陽：遼寧教育出版社，2002 年（1983 年初版）。

5. 路易斯・亨利・摩爾根（Lewis H. Morgan）著、楊東蒓等譯，《古代社會》，北京：商務印書館，1977 年（1877 年初版）。

6. 愛德華・泰勒（Edward Tylor）著、連樹聲譯，《原始文化》，桂林：廣西師範大學出版社，2005 年（1871 年初版）。

7. 愛德華・泰勒（Edward Tylor）著、連樹聲譯，《人類學》，桂林：廣西師範大學出版社，2004 年（1881 年初版）。

8. 雷蒙德・弗思（Raymond Firth）著、費孝通譯，《人文類型》，北京：華夏出版社，2002 年（1975 年修訂初版）。

9. 賽班（George H. Sabine）著、李少軍、尚新建譯，《西方政治思想史》，台北：桂冠圖書公司，1992 年（1973 年初版）。

10. Ahern, Emily Martin., *Chinese Ritual and Politics*, Cambridge University Press, 1981。

11. Fingarette Herbert, *Confucius ──the Secular as Sacred*, Harper & Row. Publishers, 1972。

12. Loewe, Michael and Shaughnessy, Edward L.（ed. ）, *The Cambridge History of Ancient China: From the Origins of Civilization to 221 B. C.*, Cambridge University Press, 1999。

13. Schwartz, Benjamin I., *The World of Thought in Ancient China*, The Belknap Press of Harvard University Press, 1985。

（六）俄 文

1. Д. Е. *海通*著，何星亮譯，《圖騰崇拜》，桂林：廣西師範大學出版社，2004 年。